易行领导力：
《周易》中的领导智慧

国|学|创|新|系|列

高奇琦　李欢◎著

中国出版集团公司

世界图书出版公司

广州·上海·西安·北京

·图书在版编目（CIP）数据

易行领导力：《周易》中的领导智慧 / 高奇琦，李欢著 . —广州：
世界图书出版广东有限公司 , 2017 4
　ISBN 978-7-5192-2819-4

　Ⅰ . ①易… Ⅱ . ①高… ②李… Ⅲ . ①《周易》－应用－领导学－
研究 Ⅳ . ① C933

中国版本图书馆 CIF 数据核字（2017）第 090307 号

书　　名	易行领导力：《周易》中的领导智慧	
	YIXING LINGDAOLI ZHOUYI ZHONG DE LINGDAO ZHIHUI	
著　　者	高奇琦　李　欢	
责任编辑	孔令钢	
装帧设计	黑眼圈工作室	
出版发行	世界图书出版广东有限公司	
地　　址	广州市新港西路大江冲 25 号	
邮　　编	510300	
电　　话	020-84460408	
网　　址	http:// www.gdst.com.cn	
邮　　箱	wpc_gdst@163.com	
经　　销	新华书店	
印　　刷	三河市华东印刷有限公司	
开　　本	710mm×1000mm　1/16	
印　　张	23.5	
字　　数	400 千	
版　　次	2019年4月第1版第2次　印刷	
国际书号	ISBN　978-7-5192-2819-4	
定　　价	72.00 元	

版权所有，翻版必究
（如有印装错误，请与出版社联系）

目　　录

导　论
易行领导力：缘起与内涵

唐代虞世南有言："不读《易》不可为将相。"

领导活动是人类社会影响最大的组织活动之一。改革开放以后，中国的领导学发展方兴未艾，但是其中很多内容是对海外领导学的翻译与借鉴。但事实上，中国文化也对海外领导学有很大的影响。例如，彼得·圣吉（Peter M. Senge）的《第五项修炼》就受到了中国哲学的启发。另如，日本专门培养党政领导人的"松下政塾"借鉴《中庸》，在大厅中悬挂着中文条幅"至诚如神"。近代以来，中国往往在被动学习西方的时候忘却自己的本源。人类学经常强调，懂得了起源，就懂得了本质。而《周易》作为中国文化之源，可以帮助我们更好地探寻中国领导学的本质。

《周易》之理蕴于乾坤，书名"易行领导力"，即取自《系辞》："乾以易知，坤以简能；易则易知，简则易从。"朱熹讲："乾之易，知之事也，坤之简，行之事也。"（《朱子语类》）乾是立心处世，取易之"简易"、"变易"与"不易"——简易之义，即大道至简，容易得到追随者的认同；"变易"和"不易"之义，即情境（变化）和结构（不变）中的领导力。乾是领导者的主动力，立心有恒，见机而作，不滞碍于外物变化。坤是行无险阻，人心莫不有私，有私则有险阻，坤行之所以能够顺，便是顺人的私心，使人易行，故坤卦之行，更强调被动。如赵光大所说："'易从则有功'，有功不是人来助我做事，是我能使人如此，便是我之功。"（《周易折中》）总之，易行领导力便旨在使领导者在这变与不变、动与被动之中，进退如神。

第一节　易行领导力之缘起

不同的文化对人们的性情和思维规范有着重要的影响。罗伯特·豪斯（Robert J. House）认为，随着文化的变化，人们能够接受的有效的领导行为也会随之发生变化（Robert J. House，1997）。在中国传统文化中，虽然没有系统的领导学理论，却蕴藏着丰富的领导思想。这些领导思想是中国文化的组成部分，有许多有价值的内容值得今天学习和借鉴（邱霈恩，2004：16），而《周易》哲学是其中最需要挖掘的内容之一。譬如，哲学家成中英就曾试图从《周易》里发展出一套适合于中国的领导理论——"C 理论"（成中英，2012）。

因此，在中国语境下，研究适合于中国文化的领导力思想，对我们理解中国人的思维模式，创建更好的领导方式，具有极其深刻的意义。

一、领导在人类社会中的重要地位

领导是社会科学的核心概念之一，而社会科学的研究对象是作为群体的人。一般而言，在农业社会，形成群体的方式主要是统治；在工业社会，形成群体的方式主要是管理；在信息社会，形成群体的方式则变成了领导。领导和领导力散布于社会科学的方方面面，已成为经济学、法学、政治学、社会学、心理学的重要研究内容之一。具体而言，经济学的核心问题是企业家如何领导企业和员工创造财富。法学的核心问题是如何规范人们的领导方式（譬如胁迫的、非正义和非公平的领导方式是不被法律所认可的）。政治学的核心问题是如何在国家构建和公民参与的层面构建有效的政治领导。社会学的核心问题是如何处理好社会中人与人之间的权力领导关系。心理学的核心问题是如何处理好人对自我身心的领导把握。因此，无论从人类社会的发展而言，还是从社会科学的研究偏好来看，领导与领导力都在人类社会的发展中居于非常重要的地位。

二、为什么在《周易》中寻找领导力的灵感？

尽管在信息社会中人们更多地使用领导，但领导并不是一个新的现象，它在人类社会初期就有很多经验。目前领导力和领导学的主要研究成果都是西方学者完成的，其基本上都是基于西方经验和西方经典，譬如，有学者研究《圣经》中的领导力。领导力是植根于人的心灵的一种存在。中西方有一些共通的东西，这意味着我们可以从西方知识中借鉴一些成果。然而，中西方又存在一些显著的差异。因此，我们又需要从中国的地方性知识（local knowledge）中寻找灵感。而《周易》则是中国传统知识的高峰。在欧美地区，一些经济很发达的国家中，人们的生活仍有一些问题没有获得解决，事实上，正因为工业经济的发展，新的问题接踵而至，所以要追求一种平衡和谐的人生，追寻心理、生理的宁静之和谐，反而更需要追求东方的智慧。基于这种情况，对《周易》的研究，在西方反而是非常受欢迎的。

正如成中英所指出的："'易'作为变化的描述，是人生活中的日常经验，也是人的心灵思考中的深度体验。生老病死，世事更替，沧海桑田，万象流转，推陈出新，突如其来，无一不涉及时空之变，生命之变，境遇之变。"（成中英，2006：4）《周易》所展示的是一种现象学与宇宙论，可直接用于人事，彰显人生举止取舍之间吉凶祸福的动向，也显示人生进德修业与时偕行的重要，更透露天地万物发展进程的信息。

三、为什么《周易》是中国传统文化之精髓？

《周易》是群经之首。中国思想中最重要的两支——儒家和道家都是从《周易》中发展出来的。儒家以它为"五经"（《易》、《书》、《诗》、《礼》、《春秋》）之首，道家以它为"三玄"（《老》、《庄》、《易》）之一（廖名春，2012：1）。哲学家冯友兰认为《周易》是一部"宇宙代数学"，即"只讲一些空套子，但是任何事物都可以套进去"（冯友兰，1986：7）。

在多数人的认知之中，《周易》是一部占卜之书。但同时，《周易》更是一部哲学之书和思想之书。正如成中英所说："占卜之用即在秉知而行，故必须预设一个观象察物以明体的思维活动。我极其重视此一内涵先发的思维活动，认为它已包含了体用相需、主客互通、人天合德、知行合一的思维模式的雏形，故我肯定《周易》的形成是中国哲学思维的源头活水。"（成中英，2006：1）

《周易》在中国历史上有非常大的影响。毛泽东的《矛盾论》就在很大程度上受到《周易》的影响。毛泽东哲学的代表作《矛盾论》的基本内容就是阐述"一分为二"和矛盾转化，这也体现了《周易》阴阳哲学的发展。毛泽东曾明确指出："一点论是从古以来就有的，两点论也是从古以来就有的。这就是形而上学跟辩证法。中国古人讲，'一阴一阳谓之道'。不能只有阴没有阳，或者只有阳没有阴。这是古代的两点论。形而上学是一点论。"（毛泽东，1977：320）

《周易》中的许多名词和理念已经深深地进入中国人的骨髓和血液之中。譬如，"厚德载物"出自坤卦《大象传》"地势坤，君子以厚德载物"，而"自强不息"出自乾卦《大象传》"天行健，君子以自强不息"。再如，"三阳开泰"，羊和阳谐音，而《周易》泰卦的卦形为 ䷊，从下往上数，其初爻和第二、三爻都是阳爻，所以说"三阳"。开，始。泰卦开始的三爻都是阳爻，所以说"三阳开泰"。又如，女同志带的手包称为"坤包"，女表称为"坤表"。这其中的原因是，在《周易》中，坤代表女性。蒋介石名中正，字介石，这名与字均出自《周易》。《周易》豫卦六二的爻辞是"介于石，不终日，贞吉"。《小象传》的解释是"不终日，贞吉，以中正也"。"介石"之字，取自豫卦六二的爻辞；名为"中正"，则出自《小象传》。根据爻位说，《周易》六画卦的二爻、五爻为"中"，而阳爻居奇数位、阴爻居偶数位为得"正"。豫卦六二爻爻位为"二"，为下卦之"中"。"六"为阴爻，居于偶位"二"，是为得"正"。豫卦六二爻既居"中"又得"正"，所以称为"中正"（廖名春，2012：12）。

如今，人们赛龙舟，舞龙灯，把皇帝叫作真龙天子，将中华儿女称为龙的传人。龙作为中国文化的象征，也与《周易》有着千丝万缕的联系。《周易》一共提到狐狸、鹤、牛、马等15种动物，龙出现的次数最多，共7次。如乾卦"亢龙有悔"，坤卦"龙战于野"等。可以说，龙是《周易》中卦爻辞的作者最熟悉的动物之一，人们很熟悉龙，应该就像我们现代人熟悉小猫或小狗那样（张朋，2007：4-5）。

《周易》作为中华文明的第一经典，也一直是中国人取名的重要参考。古代许多知名人物的名字都从《周易》中采撷，或慷慨言志，或寓意美好。而人生轨迹又与名字隐约相连，有可赞者，有可鄙者，十分有趣。以下罗列一些，以飨读者：

人物	出处	主要事件
吕蒙（178—219），三国吴国将领	《周易》蒙卦，"蒙"指启蒙	吕蒙刻苦读书，自我启蒙，鲁肃赞：士别三日，即更刮目相待
傅巽，三国文人	《周易》巽卦，"巽"指风	傅巽吹风厉害，说服一方之主刘琮投降曹操
李豫，唐代宗	《周易》豫卦，"豫"指安乐	王朝"败家子"，吃喝玩乐，穷奢极欲
程颐（1033—1107），北宋儒家学者	《周易》颐卦，"颐"指颐养	提出"涵养须用敬，进学在致知"，把"养"与"学"结合起来修身养性，克己自省
黄裳，宋朝学者	《周易》坤卦，六五爻辞"黄裳，元吉"，意为黄色的衣服，吉祥如意	研究道家，善于养生，活了八十七岁，金庸想象他为武林高手，写了《九阴真经》
王重阳，道教宗师，全真派创始人，原名王中孚	《周易》中孚卦，"中孚"指诚	诚待人生，不苟俗事，参悟真谛，终成宗师
詹天佑（1861—1919），近代铁路专家	《周易》大有卦，上九爻辞，意为上天保佑	修建我国自建第一条铁路——京张铁路
李达（1890—1966），号鸣鹤，学者，中国最早的马克思主义者之一	《周易》中孚卦，九二爻辞，"鸣鹤在阴"，鹤象征高雅情操	反对陈独秀独断，愤而脱党；批评反对大跃进，"文革"中含冤而死
严复（1853—1921），清末民初学者	《周易》复卦，"复"指返回正道	倡导向中国传统文化复归，试图把北京大学文科与经学合一而治旧学

古人用如下语句描述人生："一命，二运，三风水，四积阴德，五读书"。风水也是《周易》理论在中国古代的全方位应用。对人的居住环境而言，好"风水"首先是在北面有高山遮挡，使寒冷的北风难以直接侵入，这种地方用《周易》的话来讲，即"天地氤氲，万物化生"；反之，就是大风凛冽的"当风"之地（张朋，2007：70）。

然而到底风水是不是迷信呢？我们一起来看几条简单的风水规则，读者可以自己判断：第一，屋小人多比屋大人少好。屋小人多会使人的气场充分运转，调节阴阳二气，对人有益。第二，家门不能对着马路、河流及湖泊。古人讲：凡宅不居当冲口处。就气息流动而言，人来人往的大路，气流很强，正对马路，相当于猛烈的大风不断吹入，对家人很不好。第三，院落要前低后高。古有"前低后高，代出英豪"的说法，反之，"前高后低，长幼昏迷；后低前高，一生奔逃"。因为院落前是气息进口，前低后高，可以让气流进入整个院落，使院落生气勃勃。

另外，根据《周易》理论，按地理区位，八卦也对应八个方位不同作用的风，决定了是否要有山来阻隔：

风的方向	对应卦名	风的属性	是否应该用山阻隔
东北	艮卦	"凶风"，凶恶的风	是
正北	坎卦	"大刚风"，特别刚猛的风	是
西北	乾卦	"折风"，摧折的风	是
正西	兑卦	"刚风"，刚猛的风	是
西南	坤卦	"媒风"，媒介、调和作用的风	否
正南	离卦	"大弱风"，特别温和的风	否
东南	巽卦	"弱风"，温和的风	否
正东	震卦	"婴儿风"，有生长发育作用的风	否

在建筑方面与《周易》的联系，以北京皇城最为典型。明清时代北京城多取九之数，九代表乾阳。如它内城九座城门，九座旗炮房，九座皇家祭坛，重要建筑高九丈九尺，建筑格式都是九间开，每间九根柱子。故宫房屋有九千九百九十九间，皇城每扇大门都是九行九列，等等。皇城中有"乾清宫"，乾代表天，特性为清，故住君主；有"坤宁宫"，坤代表地，特性为宁，后妃居此；有"交泰殿"，意为《周易》中"天地交泰"，暗示帝后关系和谐美满。由于《周易》天圆地方的理念，天坛的建筑形象为圆形，地坛的建筑特点为方形。天坛周围四个门，东门泰元门，南门昭亨门，西门广利门，北门成贞门，这四个门中的元、亨、利、贞四个字，就取自《周易》乾卦卦辞。

《周易》又与中国文学有密切联系，如南朝刘勰的《文心雕龙》，全书半数以上都直接间接地引证《周易》的原理，把它们运用到关于具体的文章写作的讨论过程中。他用乾卦"刚健"的思想解释文学上的"风骨"，以矫正时弊；用《周易》"通变"思想说明文学发展，主张创新。

　　中国的文人也不断地从《周易》中汲取哲学与人生的给养。如苏东坡从小读易，毕生研究，而且写了本理论专著《东坡易传》。苏东坡一生颠沛，"历典八州"，不仅没有被打垮，反而以其达观的智慧与独特的人格魅力，写下 2 700 余首诗，300 多首词，800 多篇书信，为后人留下了宝贵的文化财富。正是对《周易》的研究，对世事的洞彻，让他始终能够抱朴守心，行健不息。

　　就连现代的小说，也大量的引用《周易》。如笔者最喜欢的金庸小说中有"降龙十八掌"，便是源于《周易》。在《射雕英雄传》中，降龙十八掌"至刚至猛"，"天下无双，古今独步"，是天下第一掌法，是洪七公生平绝学，一半得自师授，一半自行参悟，虽招式不多，然威力无穷。下面笔者把这十八种掌法的名称与出处列出，供大家参考：

招数	名称	出处	释义
第一招	亢龙有悔	《周易·乾卦》	龙飞太高，会有悔恨
第二招	或跃在渊	《周易·乾卦》	在空中的飞龙，有时也要在深渊潜伏
第三招	飞龙在天	《周易·乾卦》	龙腾飞天空
第四招	羝羊触藩	《周易·大壮卦》	大公羊抵触藩篱
第五招	时乘六龙	《易传·乾卦》	乾卦六个阳爻就像六条飞龙
第六招	龙战于野	《周易·坤卦》	两条龙在田野上打斗
第七招	潜龙勿用	《周易·乾卦》	龙潜伏在深渊，不要出头
第八招	利涉大川	《周易》多次出现	有利于横渡大河
第九招	鸿渐于陆	《周易·渐卦》	大雁跑到陆地上，要有危险
第十招	突如其来	《周易·离卦》	来得飞快，出乎意料
第十一招	神龙摆尾（本名履虎尾）	《周易·履卦》	脚踩老虎尾巴，被反咬一口
第十二招	双龙取水	无	民间双龙戏珠与龙吸水之说
第十三招	密云不雨	《周易·小畜卦》	浓云到了头顶，但没有下雨
第十四招	损则有孚	《周易·损卦》	虽有损失，但是增加信用
第十五招	履霜冰至	《周易·坤卦》	脚踩寒霜，知道冬天要来
第十六招	见龙在田	《周易·乾卦》	龙在田野上空飞过
第十七招	震惊百里	《周易·震卦》	巨雷轰鸣，百里震动
第十八招	无	无	无

《周易》在国外也有非常大的影响。1949 年韩国正式确定了国旗样式：旗中央是太极图案，四周配八卦图形。据官方解释：太极图中红色代表阳，蓝色代表阴，阴阳合一代表宇宙的平衡和谐。这个太极旗是以中央"太极圈"来命名的，虽然借用了中国"太极"的名字，但与中国的太极图还是有一些不同的：

中国（太极图）	韩国（太极圈）
从左向右顺时针旋转	从右向左逆时针旋转
黑白两色	红蓝两色
有两个"鱼眼"，象征阴阳转化	没有此样式
"阴阳鱼"一左一右	"阴阳鱼"一上一下

（韩国国旗太极旗）

心理学家荣格（Carl Gustav Jung）曾说："《周易》是科学。"并承认自己的某些观点根本上源自东方思想的启发，最明显的莫过于源于《易经》的"同时性原理"（傅佩荣，2013：2，15）。同时性在荣格的概念中是一个最抽象、最难以捉摸的概念。荣格把同时性描述为"两种或两种以上事件的意味深长的巧合（meaningful coincidence），其中包含着某种并非意外的或然性东西"。事件之间的联系不是因果律的结果，而是另一种荣格称为非因果性联系的原则（acausal connecting principle），其决定性因素是意义，是来自个人的主观经验：各种事件以意味深长的方式联系起来，即内心世界与外部世界的活动之间、无形与有形之间、精神世界与物质世界之间的联系。而非只是巧合。

非因果性原则又与量子力学中量子纠缠有着奇妙的联系，两个粒子互相纠缠，即使相距遥远距离，一个粒子的行为将会影响另一个的状态。当其中一颗被操作（例如量子测量）而状态发生变化，另一颗也会即刻发生相应的状态变化。这种爱因斯坦所称的"幽灵般的超距作用"，或许可以为《周易》的神奇预测提供解释。

德国著名的哲学家和数学家莱布尼茨（Gottfried Wilhelm Leibniz，1646-1716）因为从二进制数学理解了六十四卦图（邵雍的六十四卦方圆图）而高兴地说："几千年不能很好地被理解的奥秘由我理解了，应该让我加入中国籍吧！"（廖名春，2012：13）莱布尼茨看到《周易》的六十四卦方圆图，就想用二进位来做世界性的语言。因二进位可以包含六十四卦，而推到无穷，其基本精神与哲学基础就是一阴一阳之道。对此，成中英写道："莱布尼茨的二进位数字被看成普遍性的语言，亦可供计算使用，因此他是二进位计算机的创造人。把二进位当作运算符号，来计算数量，牵涉到二进位逻辑、推算与计算的能力。这些能力的组合，现在人类已有高深、高层次、先进的电脑，并建构到电子网络。而其基本精神即是《周易》一体通行、多元并陈的理念。"（成中英，2006：334）

量子力学的创始人玻尔（N. Bohor，1885-1962）1937年访问中国时，了解到中国的阴阳概念，深受震惊，尤其对太极图感兴趣，认为他一生反复阐述的量子力学中的互补观念在中国也有它的先河。他因科学成就被封为爵士时，亲自设计自己家族的族徽，以太极图作为主要图案，并刻上了"对立即互补"，以象征中西文化的融合（徐道一，1992：27）。

1988年，在北京召开了"二维强关联电子系统国际讨论会"，中国著名画家吴作人为此次会议制作了"太极图"会标（廖名春，2012：14）。

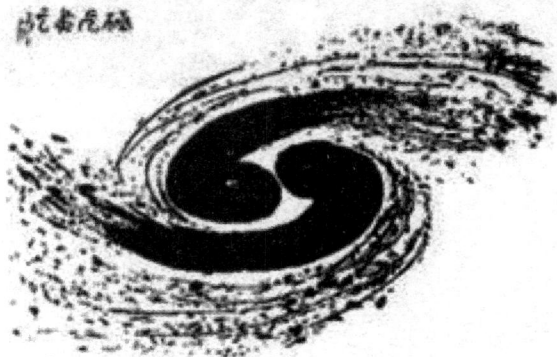

（太极会标图）

中国的一位留法学生刘子华在巴黎大学用河洛数理结合摩尔旋涡星云图推算，证实了太阳系存在第 10 颗行星（刘子华，1989）。在半个世纪后，美国和前苏联都发现了这颗行星存在。另外，近代学者由于《易经》启示而获得诺贝尔奖者已有 4 人，如法国的海森堡的测不准原理，丹麦玻尔的相生相克原理，美国的杨振宁、李政道的不对等原理等。20 世纪 60 年代以来，世界上重大科研成果共有 14 项，其中 12 项源于《易经》原理，如耗散结构理论、混沌理论、分形几何理论、一元数学理论、物元分析理论；天地生偶次序、全球地质构造吕德斯线、地球经济穴位理论、地球自然节律、自然同期可公度理论、生物全息律、宇宙全息论等（吕山峰，2011）。

2016 年 2 月，人类首次探测出引力波的存在，双星和双黑洞的融合也有太极之象。而之后中国科学院公布的我国的宇宙空间引力波探测研究计划就叫作"空间太极计划"。以"太极"命名空间引力波计划，寓意探索宇宙的起源和演化。

（引力波图）

第二节 《周易》简史与入门

郭沫若说："《周易》是一座神秘的殿堂……这座殿堂一直到二十世纪的现代都还发着神秘的幽光。"（郭沫若，1982）历代研究《周易》的著作汗牛充栋，数以千计，或考据点校，或探赜索隐，或阐发新意，蔚为大观。现抛开学术的争论，为读者做一简单的介绍。

一、《周易》形成简史

廖名春指出："《周易》是卦画符号与汉字的结合体……关于《周易》的历史，《汉书·艺文志》有'人更三圣，世历三古'说。这是说，《周易》一书，经历了上古的八卦阶段，中古的六十四卦阶段，下古的《易传》阶段。而八卦为伏羲所作，六十四卦为周文王所演，《易传》为孔子（前551—前479）所作。"（廖名春，2012：3）

据东汉郑玄的说法，第一部《易经》诞生于夏代初期，其名为《连山》(《周易正义》)。夏代之前，洪水泛滥，人或为鱼鳖；大禹治水，洪灾稍息，舜将帝位禅让于禹，建立夏朝。由于长期的洪灾，人们对赖以避难的高山心怀感激；洪灾之后的渔猎生活，山上盛产的野果和飞禽走兽，为人们的主要生活来源；对山的崇拜，也就成为一种必然。因此，在对六十四卦排序之时，象征山的《艮》卦名列榜首，也就顺理成章。六爻重卦《艮》是由两个经卦"艮"相重而成，象形山连着山。

商朝初期诞生的第二部《易经》称名《归藏》，可以确定这部《易经》的首卦已由《艮》改换为《坤》。坤为地，以《坤》为首卦的《归藏》，表达了商代先人对大地的崇拜。

成熟的农业生产，使先人们意识到农作物的收成好坏并不取决于土地，而是取决于天气：风调雨顺，五谷丰登；洪涝旱灾，歉收甚至颗粒无收。于是，先人的观念又开始发生第三次转变，即由对"地"的崇拜转向对"天"的崇拜。商朝末年，周族领袖姬昌被商纣王囚禁于羑里，在狱中对第二部《易经》即《归藏》做了全新的编纂，即史称"演易"。经姬昌重新编纂之后的这第三部《易经》，在周朝取代商政权之后正式命名为《周易》，即"周朝的《易经》"。

二、《周易》研究简史

西周开始，《周易》一直由天子的史祝官员把守，只是间接性地影响国家，一般的百姓无缘睹其神秘。春秋战国时期，《周易》流入民间，《周易》的内涵变得更加复杂，也越来越难理解，开始出现许多名人大家研究解读《周易》。

孔子无疑是研究《周易》的开山鼻祖。据刘大钧先生《周易概论》的考证，以孔子为代表的儒家弟子创作了《十翼》，即《易传》，来解读《周易》，此时的《易传》与《易经》是两部独立的书籍（刘大钧，2008：9—16）。然而直到汉朝之前，《周易》的学术地位一直不高，在秦始皇的"焚书"中，也因是卜筮之书幸免于难。

汉朝是《周易》研究的第一个高峰。因为"独尊儒术"，《周易》甚至凌驾于《诗》、《书》、《礼》、《乐》、《春秋》之上，成为"六经之首"。

西汉因去古未远，注重对《周易》本源的研究，故对《周易》象数之学阐发甚多。传易者主要有施仇、孟喜（约前90—前40，宣帝时）、焦赣（宣帝时）、梁丘贺（宣帝时）四家，焦赣又传京房（前77—前37，元帝时）。梁丘贺开创今文易学，费直（景帝时）开创古文易学。京房的《京氏易传》、孟喜的《周易章句》、焦赣的《焦氏易林》中对气卦与变卦的研究对后世产生了较大影响。东西汉之交的人物是扬雄（前53—18，成帝时），由文学而入于经学，作《太玄经》。

东汉象数易学逐渐衰落。费直一派的易学经历了由马融（79—166）作传、后由大易学家郑玄（127—200）作注、易学家荀爽（128—190）再作传的过程，地位得到极大提升；东汉时期的易学大家除了郑玄与荀爽外，另一人就是本于西汉孟喜的虞翻（164—233）；东汉时期易学发展不如西汉辉煌，但是今天所能接触到的较为系统的汉易都是东汉人的，其中虞翻的易学保存最为完备，成为历代易学家研究《易》的主要资料。其中虞翻的《周易注》、荀爽的《周易注》、魏伯阳（100—170）的《周易参同契》等著作，其影响都很大。

三国时期本于费直的王弼（226—249）开创了易学的易理学派，为后来宋人以"理"说易奠定了理论基础，但是同时也为世人对《周易》的附会打开了方便之门。两晋隋唐时期主要是集前人之大成的阶段，可说是"述而不作"。南北朝时期，易学有"南学"、"北学"之分，"南学"治易取王弼，"北学"治易取郑玄；至隋朝后，"南学"兴起"北学"衰亡。

　　唐代有两位易学大家，孔颖达（574—648）和李鼎祚（中唐时期）。唐初，孔颖达受太宗之命为五经作疏，著《周易正义》，对唐宋儒生影响深远。由于佛教渐盛，汉代易学至唐衰微，李鼎祚对当时汉人易的摘录而成的《周易集解》，为后人保留了珍贵的一手原始汉易资料，今天之所以能够对汉《易》做出研究，绝大部分赖于此书。

　　宋朝迎来了易学研究的第二个高峰，宋人治《易》不仅著作丰富，而且特别注意"图"、"书"的发明，这是宋《易》的突出特点，其中洛书河图就是宋人附会古人易注中的"图"、"书"创造出来的。而元明时期多无建树，大都是承袭宋人之说，鲜有可言。

　　宋明理学的五大流派，无论是理学派还是数学派、气学派、心学派、功利学派，都同易学理论结合在一起，他们对哲学基本问题的回答，基本上都来源于易学问题（朱伯崑，1995：5）。他们的代表人物，周敦颐（1017—1073）有《太极图说》、《通书》，邵雍（1011—1077）有《皇极经世》，程颐（1033—1107）有《程氏易传》，张载（1020—1077）有《横渠易说》，朱熹（1130—1200）有《周易本义》，王夫之（1619—1692）有《周易内传》和《周易外传》……几乎每一个理学大家，都是易学大家（廖名春，2012：6）。

　　明末清初，易学研究进入第三个高峰。清初，宋易虽然占统治地位，但是汉易的重出江湖带来了极大争论，此时的康熙采取了折中调和的方针，于是在清朝便出现了汉、宋易争鸣的兴盛局面。顾炎武（1613—1682）以朴学考据治易，黄宗羲（1610—1695）撰《易学象数论》，李光地（1642—1718）奉敕撰《周易折中》，都主张弃虚务实，酌取汉宋精华。清朝中期，张惠言（1761—1802）对汉易进行了一次大规模整理，著有《周易虞氏义》，对汉易的辑录与校勘做出了突出贡献。清儒由于学风务实，且敢于争鸣，成为我国汉、宋及诸家易学的荟萃者与总结者，也是历代易学研究的集大成者。

　　近代以来，顾颉刚（1893—1980）、闻一多（1889—1946）、郭沫若（1893—1978）、屈万里（1907—1979）、夏含夷（Edward Shaughnesy，1952—　　）等人利用《周易》卦爻辞的材料，揭示了中国古史的许多秘密（廖名春，2012：6）。

　　时至今日，《周易》研究似乎又进入了一个衰落期，易学常常被附会于科学的研究成果，但这往往是没有说服力的；易学在今天的突破口也许更应是摆脱神秘主义，尽快将其调整到在新时代激发人类产生原创性思维的轨道上。本书便是对此做些尝试。

朝代	主要人物	主要著述与史实
东周	孔子	《易传》
西汉	施仇、孟喜、焦赣、梁丘贺、京房	《周易章句》、《焦氏易林》、《京房易》
东汉	马融、郑玄、荀爽、魏伯阳	《周易注》、《周易参同契》
三国	王弼	易理学派，老庄解易
南北朝	略	南学取王弼，北学取郑玄
唐	孔颖达、李鼎祚	《周易正义》、《周易集解》
宋	周敦颐、邵雍、程颐、张载、朱熹	《太极图说》、《皇极经世》、《程氏易传》、《横渠易说》、《周易本义》
明末清初	顾炎武、王夫之、黄宗羲	《周易内传》、《周易外传》、《易学象数论》
清朝	张惠言	《周易虞氏义》

三、《周易》的基本内容和逻辑

《系辞》中讲："是故，易有太极，是生两仪，两仪生四象，四象生八卦，八卦定吉凶，吉凶生大业。"

《周易》是由太极而化生出来的，太极象征着天地万物未分之前的混沌，孔颖达说："即是太初、太一也。"（《周易正义》）万物始分而由两仪，两仪即是阴阳，在卦中，就是每卦的基本符号：阴爻和阳爻。阳爻是一条中间不断的横线，代表刚健的阳气，阴爻是中断的横线，代表虚受的阴气。阴爻阳爻两两相配，则有四种情况：两个阳爻叫"太阳"，两个阴爻叫"太阴"，上阴下阳叫"少阴"，上阳下阴叫"少阳"，此谓"四象"。四象再每个向上增加一个爻，即是"三画卦"，也叫作"经卦"，共有八个，此谓"八卦"。八卦两两相叠，就成了《周易》中的六画卦，也叫"重卦"。

八卦即：乾、震、坎、艮、坤、巽、离、兑。朱熹在《周易本义》中有歌诀来描述八卦的卦象：乾三连，坤六断，震仰盂，艮覆碗，离中虚，坎中满，兑上缺，巽下断。

重卦共六十四个，是《周易》的主要内容。朱熹在《周易本义》里编了一首《卦名次序歌》，便于学习《周易》者背诵六十四卦：

乾坤屯蒙需讼师，比小畜兮履泰否。

同人大有谦豫随，蛊临观兮噬嗑贲。

剥复无妄大畜颐，大过坎离三十备。

咸恒遁兮及大壮，晋与明夷家人睽。

蹇解损益夬姤萃，升困井革鼎震继。

艮渐归妹丰旅巽，兑涣节兮中孚至。

小过既济兼未济，是为下经三十四。

但朱熹所编两个字的卦名与一个字的卦名混杂，不易辨识。为方便读者记忆，笔者编了一个简略版的《卦名次序歌》，省略两字卦名，更可以方便读者认清卦的次序，一目了然：

乾坤屯蒙，需讼师比。

畜履泰否，同有谦豫。

随蛊临观，噬贲剥复。

妄畜颐过，坎离咸恒。

遁壮晋夷，家睽蹇解。

损益夬姤，萃升困井。

革鼎震艮，渐妹丰旅。

巽兑涣节，孚过既未。

六十四卦每卦都有卦画、卦辞、爻序号、爻辞组成。以乾卦为例，卦画为六个阴爻或阳爻构成的符号，也叫作卦图，如乾卦为六个阳爻组成。所谓卦辞，就是《周易》中一段描述某个卦整体吉凶情况的文字，辞，言辞文字的意思，乾卦卦辞为"元，亨，利，贞"。爻辞指的是描述某一卦中某一爻的情况的文字，一个卦由六个爻组成，所以每个卦均有六段爻辞，如"潜龙，勿用"。每段爻辞前都有爻序号，也叫爻位，从上至下，依次称为：初，二，三，四，五，上，阳爻用九表示，阴爻用六表示。因为九为奇数，六为偶数。奇数为阳，偶数为阴。

第一卦　乾（刚健中正）

乾：元，亨，利，贞。

■■■■■■■■■　上九：亢龙有悔。

■■■■■■■■■　九五：飞龙在天，利见大人。

■■■■■■■■■　九四：或跃在渊，无咎。

■■■■■■■■■　九三：君子终日乾乾，夕惕（tì）若，厉无咎。

■■■■■■■■■　九二：见（xiàn）龙在田，利见（jiàn）大人。

■■■■■■■■■　初九：潜龙，勿用。

为使读者能够更加清晰方便地记忆六十四卦的内容，笔者总结了每一卦的爻辞，如乾卦自初九至上九取每爻的中心字：潜田乾，或飞亢，并编为"三字歌诀"：

潜田乾，或飞亢。霜直章，囊裳黄。磐字鹿，婚膏涟。发包取，困童强。
郊沙泥，血酒三。不归旧，复讼肇。律中尸，左帅赏。孚自匪，外显冠。
复牵反，孚邻望。素坦眇，愬夬祥。茹荒往，翩妹隍。茹承羞，命休安。
门宗莽，墉号疆。交车公，彭厥天。君鸣劳，撝侵战。鸣介盱，由疾暗。
官小丈，获嘉山。父母悔，裕誉尚。咸咸甘，至知祥。童窥进，国我观。
趾鼻毒，矢金险。趾须濡，翰丘完。足辨之，肤宫房。近休频，中敦战。
往耕牛，贞药妄。厉说良，牛豕天。朵丘勿，盱居川。白秭桡，隆华淹。
窗得来，牖祇拯。错黄夤，突涕砍。拇腓股，憧脢脤。浚悔承，田德弹。
尾革系，好嘉藏。趾贞小，羸丧艰。攉愁允，鼫臨尖。翼股狩，心箕天。
闲中嗝，富假严。马主掣，孤厥强。誉臣反，连来往。无狐乘，朋维墙。
遄益三，疾龟忘。作龟凶，迁惠险。趾戎頄，肤苋唤。枅鱼肤，无瓜尖。
乱引嗟，大位叹。允襦虚，山阶暗。臀酒石，徐绂蔓。泥射溅，鳌冽面。
黄己三，改虎变。颠实革，折耳铉。虢贝苏，泥往言。趾腓限，身辅祥。
干衍陆，木陵岸。跛眇须，愆袂筐。配斗沫，夷章慢。琐资焚，心雉险。
进巫频，三庚丧。和孚来，商剥光。拯机躬，群汗完。户门嗟，安甘亡。
燕鹤鼓，月宁翰。鸟姚戕，弗弋网。轮茀鬼，繻襦冠。尾轮征，赏君冠。

对于卦的基本结构有了一定的把握之后，就需要了解每一卦内各个爻的变动关系。《周易》每一卦都是变化流转的，了解各个爻相互之间的关系，才能解卦，定卦的吉凶。几个基本的关系为：当位、中正、比、乘、承、应。

从爻位来讲，从一个重卦（共六爻）由下往上，编号为初、三、五的位置为奇数为阳位，如果在这三个位置上的爻是阳爻（即阳爻居阳位），则称该爻为"当位"；编号为二、四、六的位置为偶数为阴位，如果在这三个位置上的爻是阴爻（即阴爻居阴位），则也称该爻为"当位"；如果不是上面两种情况，即阳爻居阴位或阴爻居阳位，则称为不当位。当位多吉，不当位多凶。

二爻和五爻分别为下卦（下面的单卦）和上卦（上面的单卦）的中间位置，称为"中位"。如果这两个中位所在的爻为阳爻，称为"刚中"，因为阳代表刚。否则成为"柔中"，因为阴代表柔。二爻为臣位，五爻为君位，如果阴爻居二爻的位置，阳爻居五爻的位置，表示君臣各安其位。在这两种情况下，该爻既当位（阳爻居阳位，阴爻居阴位），又处于"中位"，所以是既中且正，称为中正之位，简称中正。

两个爻相邻（就是上下挨着），这种关系称为"比"。

乘，有乘势欺人的乘的含义。所谓乘，就是上爻比下爻这种关系，这是站在相邻的两爻之中其上爻的角度来看自己（上爻）与下爻的关系。而乘有两种类型：其一，上阳刚下阴柔，好比君子乘凌小人，多吉；其二，上阴柔下阳刚，好比小人乘凌君子，多凶。

承，有点承受压力的承的含义。所谓承，就是下爻乘接上爻这种关系，这是站在相邻的两爻之中其下爻的角度来看自己（下爻）与上爻的关系。其实乘和承都属于比，它们只是"比"这种关系的两种情况而已。

应，有呼应、照应的意思。所谓应，下卦的下中上爻分别于上卦的下中上爻相对应，即初爻和四爻，二爻和五爻，三爻和上爻的这三对对应的位置，如果对应位置的两爻是一阴一阳，则称为两爻为相应，否则称为不应。

造成占卦位置好或者不好的相关因素很多，需要结合不同的爻象关系综合考虑。

第三节　易行领导力的基本内涵

易行领导力根源于对宇宙、对人性的内在规律的认识，即从阴阳和合中衍化出一套"变动不居，周流六虚"的理论。汤显祖说："人世之事，非人世所可尽。自非通人，恒以理相格耳。"（《牡丹亭·题记》）通《周易》之理，便可通天下之理："天下之理得，而成位乎其中矣。"（《周易·系辞上》）《周易》不只是占卜之书，更是修身、齐家、治国、平天下的领导之书。

一、领导的变易、不易与简易

汉代郑玄把易的含义总结为三项，即变易、不易、易简（简易）（《周易正义》）。变易是指事物的持续变化，这种持续变化既可能导向同一性，也可能导向差异性。简易是简单容易的表达，不易则是变化中相对恒久不变的东西。《周易》中简易的一个重要内容是，《周易》将所有的事物都解释为一阴一阳的交替与配合。《系辞》讲："易，无思也，无为也，寂然不动，感而遂通天下之故。"易从无到有，从"屯"到"既济"而"未济"，是一个创造万物的过程，周而复始，永无停歇。

领导的内涵更多是变易，这是因为领导过程是一个非常复杂的变化过程。《周易》的卦与卦之间是可以相互变化的。《周易》从乾坤到既济，象征着事物一个发展过程的圆满结束。但是，既济卦之后还有未济卦，又有太极循环往复，无穷无尽的思想。

《周易》所强调的是变化。变化是事和事之间、物和物之间、人和人之间、过去和未来之间、内和外之间，都存在的一种关联。这种关联是基于共同的宇宙语言、共同的生命体验来达到的，所以在这种意义之下，用《周易》来理解领导，可以建立人与人的和谐关系。《周易》的知识本身就是一种系统领导，或变化领导，即能够知变、应变、通变。

对领导者而言，最重要的是领导的外部结构。外部结构是变化多端的，那么，怎么去应付这种变化多端的外部结构呢？领导需要做出正确的判断，掌握组织方面的信息，了解与分配相配合的问题，等等。《周易》所讨论的就是如何把这些问题打通解决。《周易》是生存智慧，是实践性非常强的大学问。

《周易》的核心含义有如下几点：第一，从一种统合的整体观念来观察事物。

只有从整体出发，对事物的观察才会是相对全面和完整的；第二，在整体观念的基础上，对其构成部分进行细分的观察；第三，统合观和细分观处于一种对立统一的辩证过程，两者之间存在潜在的转化；第四，在统合与细分之间寻求一种创新，即重新开始和重新勾画。

这几点含义对于领导的意义是至关重要的：首先，领导本身就是一种全局观。如果领导不能从全局出发，而偏袒部分，那么就会激发非常多的问题。在设计愿景时，领导一定需要一种整体的愿景意识，不能厚此薄彼；其次，全局并不意味着不去关注细节。对全局背后的各方利益构成，领导同样需要去认真理解和思考。特别是在执行愿景时，宏大的计划要落实在每一个组成部分身上；再次，整体计划与细节执行之间往往存在落差，也存在紧张关系。领导的作用就是用智慧、艺术和情感来把大家整合起来，并不断地接近整体性目标；最后，目标的达成并不意味着领导过程的终结，而是一个新领导过程的开始。领导就是一个超越自己的过程。《周易》中将既济和未济作为最后两卦，其中就蕴含了这种既济即未济的辩证法思想。

二、易行领导力中的三类领导

根据《周易》的阴阳变化，以领导者的能动性为标准，可把领导分为三种类型：

第一，主动领导。此类领导为进取型，乾卦为其代表，以"天行健，君子以自强不息"为准则。主动领导者有"经世致用"的儒者气魄，如李鸿章"誉满天下，未必不为乡愿；谤满天下，未必不为伟人"（《李鸿章传·绪论》），是能够忍辱负重、认真做事的领导。

第二，被动领导。此类领导多采取顺势领导的策略，以坤卦为代表，"地势坤，君子以厚德载物"。被动并不一定是不好的，更多是强调如道家似的无为而治，如金庸小说中的张无忌、虚竹，这样的人可能会成为非常好的领导。他们给予追随者充分的自由，如此才能创造，才能进步。

第三，平衡领导。此类领导者强调阴阳平衡，所谓"一阴一阳之谓道"，不可稍有偏颇。平衡领导一般有战略家的眼光，如邓小平一般，在维持大局的稳定的同时，进行渐进式的改革，不冒进，也不消极，为了终极目标而脚踏实地。

三、易行领导力的四大原则

第一，中，即中间、中庸、中和。中间意味着，领导要时刻处于中间。领导过程中往往会出现两种观点或两种势力，而领导要处于中间。如选举中的经济策略强调"中间选民定理"。再如英国著名学者安东尼·吉登斯（Anthony Giddens）提出的超越左与右的"第三条道路"，既不左，也不右。中庸意味着，要让两派力量都发挥其作用。中和则要求，在中间要调和左右两种力量，使其矛盾不要激化。廖名春也指出："《周易》重视中位，也重视时。这种思想，《易传》概括为'时中'。'中'，不但含有不偏不倚，既反对'过'，又反对'不及'的思想。"（廖名春，2012：2）

第二，正，即正心、正位、正道。正心是指，要在团队中营造邪不压正的风气，否则上梁不正下梁歪。正位是指，要摆正自己的位置。正道意味着，要做好自己的主业。如孔子强调名正言顺则事业有成，孔子的"正名"理念其实就来自于《周易》。

第三，应，即对应、顺应、适应。对应是指，要与同行错位竞争，同性相斥。顺应意味着，要辨明大势，顺应潮流，相对消极。适应则要求，在变革和创新中适应新的时代，更为积极。人如遇逆境，亦能发挥潜能，而不必苟且，也不必投机，更不必取巧。换言之，人要正位而行，正位而行即是处逆境而不放弃其原则，孟子说："无恒产而有恒心者，惟士为能。"（《孟子·梁惠王上》）因有内在的人性精神，故可以临危不惧，不失其德。即使是最坏的卦如否卦、蹇卦、困卦都不能改变君子的德性，君子还能很正常、镇定地去适应这样的环境，最终都能否极泰来，达到圆满。

第四，比，即比邻、比友、比人。比邻是指团结邻居，远亲不如近邻。比友则强调朋友是志趣的组合，要团结朋友。比人则是要团结所有的人。正如毛主席所强调的，团结一切可以团结的力量。

整体来看，易行领导力是一种时空整合观。

易行领导力首先是一种空间的领导观念。这一点体现在《周易》对"位"的强调上。成中英认为，"位"可以分成三个层次：自然之位、功能之位和德性之位。自然之位是自然发展出来，用一体多元的方式，使得所有的人都有位置。功能之位是指每个人在社会当中都需要发挥自己的功能，有一定的权利和义务。德性之位是指人在认识宇宙和感悟宇宙的过程中将宇宙的精神内化为自己的修养，可以在顺境中不骄不躁，在逆境中不弃不馁（成中英，2006：336—337）。

具体来看，六爻之位中，若第二爻为阴爻，则为得中正之位，而二爻在上下之中，有很多好的环境以维持其平衡正直而不变扭曲。第三爻不上不下，为下卦之最上，但还要往上，则较不稳定，因上有压力，下已至极为临界点，要谨慎去处理，其内在的自治力不强时，则很容易出现毛病，若出现阴爻，就有危险。所以卦的爻辞，三为多凶之位，即是在警惕君子要常常反省其后。四爻已在上卦，居上卦之底，多有恐惧。《系辞》说："三与五同功而异位，三多凶，五多功，贵贱之等也。"所谓五爻多功，因在高位，位尊而任重，若在其位，而不谋其政，就会出现问题。故九五之尊，为最大之位，若不发挥其功能就是失位。

至于一和六爻的位能则是，一爻是凶与功之间，六爻是誉与惧之间，一爻为奇数，我们可以从三爻多凶与五爻多功来了解。一件事情开始的时候，没有人阻扰你，若开始是好的，其未来有无限发展。所以把初爻之位，看成凶功之间，敬而持之。六爻为亢龙有悔，好的话可以登高一呼，发挥其影响力，是为多誉，不好的话，就会有坏的结果，是为多惧。

《周易》不仅仅是空间领导学，还是时间领导学。《周易》上有很多对时间的看法，如：依时、当时、随时、及时而行，其意即如何掌握时间，如何与时俱行，不要为别的因素而去忘记时间。《周易》认知最大的价值就是"时"。子曰："君子而时中"，其意即，君子应掌握时间做最恰当的事情。若能与宇宙同行，就能掌握时间；天人合一之道，即是人与时间的结合。

四、易行领导学的基本组成

根据八卦的不同象征意义，可以对领导进行分工：

卦	象征	领导分工
乾	天、圆、头部、君、父、玉、金、寒、冰、大红色、良马、老马、西北	决策
坤	地、母、腹部、布、釜、吝啬、均、文、众、黑、柄、大舆、西南	审议
震	雷、长子、足、龙、玄黄、大马路、急躁、苍筤竹、芦苇、东	生产
坎	水、中男、耳朵、强盗、陷阱、猪、水沟、月亮、弓轮、加忧、北	财务
艮	山、止、少男、手、狗、径路、果蓏、门、鼠、黔喙、东北	监察

续表

卦	象征	领导分工
巽	风、长女、大腿、顺利、鸡、直木、工巧、白色、高、进退、臭、东南	人事
离	火、日、中女、眼睛、电、附丽、雉、甲胄、干燥、龟、南	策划
兑	沼泽、少女、喜悦、口、羊、毁折、附决、西	宣传

笔者据此编了一个歌诀，以便读者记忆：

乾天父兮马首健，西北秋冬金决策；

坤地母兮牛腹从，西南夏秋土审议；

震雷长男龙足行，东向春分木生产；

艮山少男犬手阻，东北冬春土监察；

离火中女雉目丽，南向夏兮火策划；

坎水中男猪耳陷，北向冬分水财务；

兑泽少女羊口悦，西向秋分金宣传；

巽风长女鸡股顺，东南春夏木人事。

《周易》六十四卦每卦都有不同的象征意义，可以通过一定的方式进行分类组合，从而进行分析。本书把六十四卦分为七章，分别从领导组成、领导过程、领导力构成、领导者素质、领导技巧、顺势领导策略、逆势领导策略等方面全方位建构易行领导力的框架和内涵：

第一章的内容是领导组成，分别由：乾（领导者）、坤（合作者）、师（领导团队）、比（领导网络）、随（追随领导）等卦构成。

第二章的内容是领导过程，分别由：屯（领导初创）、蒙（领导启蒙）、需（等待领导）、讼（领导纷争）、小畜（领导小憩）、蛊（领导整弊）、剥（领导剥夺）、复（恢复领导）、大畜（领导蓄势）、颐（领导休养）、遁（领导退出）、既济（领导完结）、未济（领导新旅）等卦构成。

第三章的内容是领导力构成，分别由：履（执行力）、泰（沟通力）、同人（协同力）、观（观察力）等卦构成。

第四章的内容是领导者素质，分别由：谦（谦虚）、豫（乐观）、咸（真诚）、恒（持久）、睽（包容）、节（节制）、中孚（守信）等卦构成。

　　第五章的内容是领导技巧，分别由：大有（分布式领导）、临（艺术式领导）、噬嗑（惩罚式领导）、贲（修饰性领导）、损（减损式领导）、益（增益式领导）、归妹（向心式领导）、家人（家庭式领导）、兑（参与式领导）等卦构成。

　　第六章的内容是顺势领导策略，分别由：无妄（去除虚妄）、大过（过越行动）、大壮（防止冒进）、晋（鼓励进取）、姤（防微杜渐）、萃（集聚人才）、升（位阶升级）、井（培养人才）、鼎（创新制度）、渐（循序渐进）、丰（盛中防衰）、巽（柔性领导）等卦构成。

　　第七章的内容是逆势领导策略，分别由：否（反对封闭）、坎（规避风险）、离（借势行事）、明夷（韬光养晦）、蹇（返身修德）、解（疏解问题）、夬（决断夬孽）、困（走出困境）、革（变革陈规）、震（危机管理）、艮（适可而止）、旅（反客为主）、涣（治理涣散）、小过（避免过失）等卦构成。

　　书中每卦都采取一歌、一图、一卦、一事、一论的结构：每卦以通俗歌曲引入，并配漫画，使人有清新易读之感，接着对卦辞做深入的阐释，最后结合领导学的概念，分析案例，使读者联系历史现实，能有更深刻的体味。之所以选择这些轻松的形式，也是为了突出易行领导力的特点。易行领导力所要实现的目标，乃是人人都能读懂、人人都能实践的周易领导力。

第一章　领导组成

第一节 领导者之乾卦

革命人永远是年轻

他好比大松树冬夏常青

他不怕风吹雨打

他不怕天寒地冻

他不摇也不动

永远挺立在山巅

——《革命人永远是年轻》

词：侣朋 曲：李劫夫 演唱：刘贵仁

　　子曰：岁寒，然后知松柏之后凋也（《论语·子罕》）。国人的血液里，总有一股松柏的坚韧不屈，有一身飞龙在天的铮铮傲骨，千挠百折，仍然不息地奋进，踊跃地向前。"俱往矣，数风流人物，还看今朝"，乾健之德，历久而弥彰。

（陈郁欣绘）

第一卦　乾（刚健中正）　潜田乾，或飞亢

乾：元，亨，利，贞。

"元"通"原"，即万物的源起由此开始；"亨"就是通，万物源于一体，就像一家人都源自共同的祖先，彼此之间一定有相通的部分；"利"指万物正常运行，对一切都有利；"贞"即正，万物坚持自己的道路，进而长久不息。

上九：亢龙有悔。

亢龙有悔：腾跃过度的龙，有灾悔。

九五：飞龙在天，利见大人。

飞龙在天：龙飞跃在天际，利于彰显大人物的才能。

九四：或跃在渊，无咎。

或跃在渊：龙跃在渊，没有灾祸。

九三：君子终日乾乾，夕惕（tì）若，厉无咎。

终日乾乾：君子整天健行进取，晚上也仍然反省警惕，不会有灾祸。

九二：见（xiàn）龙在田，利见（jiàn）大人。

见龙在田：龙出现在田野，利于晋见大人。

初九：潜龙，勿用。

潜龙勿用：龙潜伏，不宜用事。

《乾》象以"刚健中正"的纯粹来张扬"自强不息"的君子之行。乾卦各爻都以龙作为比拟。在先人的认知中，龙是一种三栖动物，能够在空中飞、路上走和水中游。乾卦代表上天。

乾卦之领导启示：领导者应该效法乾卦之精神，要自强不息，创新不已。运动是上天的精神，而领导者就需要效法上天的这一精神，即"天行健，君子以自强不息"。乾卦所反映的是对领导者的要求。乾卦六爻都是阳，每一爻代表领导者发展的不同阶段。

初九，处于乾卦最下爻，象征事物处于开始阶段。龙仍在潜伏着，不宜用事（潜龙，勿用）。

潜龙勿用之领导启示：领导者应该铭记，当条件尚不成熟时，不能草率行动。胸怀大志的领导者要等待时机，不急不躁。在这一时期，领导者可以把自己的一些基本素质先准备好，为将来的领导工作打好基础。

九二，在下卦中爻，象征阳气已经上升到地面，万物苏醒。龙可以出现在田野，利于晋见大人（见龙在田，利见大人）。晋见大人的目的是为了展示自己，并寻求更好的发展。

见龙在田之领导启示：领导者已经在基层工作中崭露头角，这时需要进一步发挥开拓和进取的精神，并寻找机会展示自己的才能。在这一时期，遇到更高层级领导者的赏识是最为关键的。

九三，位于下卦上爻，象征事物的发展近于一半。君子整天健行进取（君子终日乾乾），晚上也仍然反省警惕（夕惕若），不会有灾祸（厉无咎）。

君子乾乾之领导启示：领导者已经进入中层领导岗位。这时需要的素质就是兢兢业业，努力工作。同时，这一时期的领导较为容易犯错误，所以要经常反省自己。

九四，位于上卦初爻，象征事物已经进入一个新的阶段。这时会有两个选择，一是腾跃上天，二是停留在渊（或跃在渊），没有灾祸（无咎）。

或跃在渊之领导启示：领导者处于"中层领导陷阱"，即绝大多数领导者会停留在中层领导这一层级上。领导者对未来往往有不确定的认识。在这一时期，领导者要加倍小心，并更应处于守势。避免因冒进踏空而陷入深渊。

九五，位于上卦中爻，阳刚中正，表明事物的发展已经进入高潮阶段。九五为君位，即九五之尊。龙飞跃在天际，利于彰显大人物的才能（飞龙在天，利见大人）。

飞龙在天之领导启示：部分幸运和有能力的领导者突破了"中层领导陷阱"而进入高层。在这一时期，领导者应该充分展示自己的能力和才华，领导组织和社会进行积极有效的创新活动。

上九，位于上卦最上爻，也是全卦最高位，象征事物的发展已经进入顶峰，但是，此时事物也在向相反的方向发展。腾跃过度的龙，有灾悔（亢龙有悔）。

亢龙有悔之领导启示：领导者生涯最辉煌的时刻也是最危险的时刻，"高处不胜寒"。居于高位，领导者要学会收敛和内省。这样可以避免领导者犯较大的错误，也可以使得领导者做到善始善终。

中国人有一个有趣的习惯，就是为历史上那些德行昭著的人造祠庙，如湖北秭归的屈原祠、浙江杭州的岳王庙、河北保定的杨继盛祠等。与西方比较喜欢伟人政治家不同，中国的百姓似乎不愿祭祀那些成功者或强权者，而是那些有傲骨，有仁义，有高尚品德的人。在中国人的观念中，似乎唯此方可以教育后代，安身立命。而在各种祠庙，最受推崇的也许当属纪念三国名臣诸葛亮的武侯祠了。人们从诸葛亮身上学到的一个重要内容，便是乾卦健行不息的君子之德。

三国初始，群雄征伐不息，贤浊混淆难辨，诸葛亮虽身负济世之才，却也明白"潜龙勿用"，不可贸然行事的道理，一边躬耕陇亩，一边观察世事，人称"卧龙"。彼时刘备势弱兵寡，求贤若渴，诸葛亮本无意出山，但见刘备胸有大志且心怀仁义，知此乃"利见大人"、出世建功之时，于是以"三顾茅庐"试其诚意，最终决定出山辅佐刘备，谋定天下。

其时时局混乱，诸葛亮依据天下之势，在"隆中对"中提出了三足鼎立的战略思想。在战局危乱之际，他亲往东吴说服孙权，以抗击曹操。赤壁之战，诸葛亮运筹帷幄，大破曹军，声誉之隆，令所到郡县皆为胆寒。经此战，一则免于覆灭之忧，二则平荆州，攻蜀地，初立三分之势。当此忧患交加，几度濒于灭亡之际，诸葛亮"终日乾乾"，劳碌奔波，不离不弃，使蜀汉霸业度过了这个最困难的时期。

定蜀地称帝之后，刘备病故，托孤于诸葛亮。其时蜀汉多归心于诸葛亮，刘备也在临终遗言中许他自取帝位，正是"或跃在渊"。诸葛亮面临称帝还是称臣的抉择，但他毅然选择了称臣，并泣涕发誓，愿竭尽全力辅佐后主，报效刘备的恩义。自此，他更是百倍操劳，对孟获七擒七纵，平定南方；又六出祁山，北伐中原，奈何身后有个"扶不起的阿斗"，终于因劳累过度，在北伐途中病故五丈原。诸葛亮遗言令部下将自己葬在汉中定军山，依山势修坟墓，墓穴仅能容下棺材，穿平时的衣服入殓，不用其他器物殉葬。诸葛亮去世时的全部家财，只有八百株桑树和十五顷薄田。诸葛亮去世30年后，他的长子诸葛瞻和长孙诸葛尚一起在绵竹战死沙场（《三国志·蜀书·诸葛亮传》）。

诸葛亮虽然是一介文弱书生，却是不折不扣的大领导者。纵览诸葛亮的一生，如其所言，真可谓"鞠躬尽瘁，死而后已"。面对群雄割据的乱局，他从无到有，成就了蜀汉大业；面对败军危难的困局，诸葛一出，问题便会迎刃而解；面对汉祚衰微的偏安，他数度北伐，明知不可为而为之，留下"出师未捷身先死，长使英雄泪满襟"的传说。世人称颂诸葛的智谋，但更堪流传千古、感人至深的，却是他忠义不屈的人格。无论立德、立言还是立功，诸葛亮均堪称楷模，因此他能够得到千秋百代的深切怀念和不断祭祀，也就在情理之中了。

领导学理论中有"魅力型领导"的说法，是讲领导者通过个人品格智慧的展现，给人以好感，从而使自己成为追随者值得认同和效仿的英雄楷模（Jay A. Conger，1988）。魅力型的领导者不仅能够在事功方面审时度势、改革创新、果断决策，从而发展自己领导下的事业，也能够在修身方面坚持自己的理想、把握自身的策略、感染周围的追随者，从而树立超出一般领导的卓越人格魅力。诸葛亮正是这样一位魅力型领导者，他不仅赢得了当世蜀汉百姓的心，更赢得了后世百代民众的崇敬。所谓"诸葛大名垂宇宙，忠臣遗像肃清高"，杜甫在成都武侯祠留下的诗句中对诸葛亮的经典评价，同样反映出魅力型领导所能够达到的高度和广度。

第二节　合作者之坤卦

我们的家乡
在希望的田野上
炊烟在新建的住房上飘荡
小河在美丽的村庄旁流淌
……
我们的未来在希望的田野上
人们在明媚的阳光下生活
生活在人们的劳动中变样
——《在希望的田野上》
词：陈晓光　曲：施光南　演唱：彭丽媛

　　希望的田野，我们生于斯，长于斯，有风暴，也有雨露，有烈火，也有阳光。万物并育而不相害，大地之宽厚至德令人沉思。合作者便如大地，有功而不居，谦逊而不争，唯百代功德，长存人心。

坤卦

（陈郁欣绘）

第二卦　坤（柔顺利贞）　**霜直章，囊裳黄**

坤：元，亨，利牝（pìn）马之贞。君子有攸（yōu）往，先迷；后得主。利西南得朋，东北丧朋。安贞吉。

"元亨"，开始，通达，适宜像母马那样的正固。君子有所前往时，领先而走会迷路，随后而走会找到主人。有利于在西南方得到朋友，并在东北方丧失朋友。安于正固就会吉祥。

上六：龙战于野，其血玄黄。

其血玄黄：龙在旷野厮战，其血青黄混杂。

六五：黄裳，元吉。

黄裳元吉：穿黄色的衣裳，大吉。

六四：括囊，无咎，无誉。

括囊无咎：收束袋口，无灾祸，也无功名。

六三：含章可贞；或从王事，无成有终。

或从王事：蕴含有美德可以守正。或者随从君王大业，没有建树而善终。

六二：直，方，大，不习，无不利。

正直方大：正直、端方、大度、不必修习，没有不吉利。

初六：履霜，坚冰至。

履霜坚冰：踩在霜上，知道坚冰寒冬就要来到。

坤的属性是像牝马那样顺从刚健的天道。坤卦讲的是合作者的行为标准。合作者行动时不能领先，倘若领先就会迷失方向，而居后才能有收获（先迷，后得）。"西南得朋，东北丧朋。"在文王八卦方位中，西南方的兑、坤、离、巽四个卦为阴卦，东北方的乾、坎、艮、震四个卦为阳卦。阴为柔、阳为刚，交朋友用柔不用刚，故有此喻。《坤》以柔顺利贞的宁静来表彰厚德载物的君子之美。

坤卦之领导启示：合作者应该效法乾卦之精神，厚德载物，包容宽宏。坤卦代表大地。包容是大地的精神，而合作者就需要效法大地的这一精神，即"地势坤，君子以厚德载物"。坤卦所反映的是对合作者的要求。乾卦六爻都是阴，每一爻代表合作者发展的不同阶段。

初六，事物刚刚开始。刚刚踩到白霜，就知道冬天即将出现（履霜，坚冰至）。

履霜坚冰之领导启示：合作者在领导工作中要处于守势。要时刻保有一种"冬天来临、万物归藏"的心态。合作者应该谨小慎微，见微知著，防微杜渐。

六二，阴爻阴位，中正。要求以"直方大"的地象来修养合作者的君子之德。《论语》有言："德不孤，必有邻。"作为直方大的美德，不仅本身代表着力量，而且它还会聚集更多的力量。

正直方大之领导启示：直方大是对合作者的最高要求，正直、端方、大度。尽管合作者要学会顺从（端方和大度），但是合作者也要有自己的道德追求，即追求正直。这样，合作者就可以寻找到好的领导者进行合作。

六三，阴爻阳位。外部柔顺但内心果决。不显耀自己的才华，固守柔顺的德性（含章可贞）；倘若有机会辅助君王成就事业（或从王事），功劳也应归于君王，这样的人必然能善终（无成有终）。地位越高，越是要小心谨慎。养成并聚集了道德之后，就会有所行动。六三的可贵之处就在于虽有所成，却不自恃其成，因而能善始善终。

含章可贞之领导启示：合作者需要蕴含美德才可以守正。尽管合作者有可能会选错追随的领导者，最终没有建树，但是由于合作者自身有道德的追求，所以合作者不会犯错误，而可以有一个好的结果。

六四，阴爻阴位，行为保守，内心宽容。像扎紧口袋一样管住自己的嘴，既不要犯错误，也不要争荣誉。"括囊无咎"，就是要将一颗萌动的心潜藏在内敛矜持的品格之中。

括囊无咎之领导启示：合作者需要"收紧口袋"。管好自己的钱袋，即进行有效的成本控制和减少浪费。进行成本控制的合作者最受领导者的欢迎。

六五，阴爻阳位，君位，处于上卦中爻。德高望重的君子如同"黄裳"遮隐于上衣下面那样，仍然心甘情愿地追随在君王左右。但是，真正的"黄裳"并不是穿着于外体的服饰，而是一种敦厚之德与内美之质。

黄裳元吉之领导启示：合作者需要摆正自己的位置。不要被胜利冲昏头脑。不要向领导邀功，更不要与领导者抢风头。

上六，阴爻阴位。为坤卦最上爻，表示以阴为主的发展模式已经走向顶峰。上六的"其血玄黄"，在揭示阴极而"战"的惨烈与悲壮时，更多地启示人们物不可极，极则生变，而且这种"变"是本象之中的变化，是一种异化的逆变。

其血玄黄之领导启示：合作者不摆正自己位置的后果就是与领导者出现冲突，即"龙战于野"。合作者希望自己也成为新一代的领导者——"龙"，然而这与领导者的计划和安排不一致，所以就会出现冲突。

在中国近现代史上的著名领导者中，毛泽东既有初期的不得志，亦有暮年之误，而邓小平也有三落三起的不得意。大概无人能如周恩来一般，自始而为领导，达到"黄裳"的高位，逝世后更受人追念，泪落千行。其人其事，当使后代合作者之领导汗颜莫及。

周恩来于五四运动之时初露峥嵘，彳亍彷徨，欲救中国而不得。后留学欧洲，始知马克思，叹世间竟有如许人杰，便寝食学之，又广加宣传，以他"直方大"的才德，吸引了许多有志青年聚集在他周围，组建了"旅欧中国少年共产党"，以期共救中国败亡之躯。1924年，26岁的周恩来去洋归国，致力国共合作，并在国共合作破裂后筹建共产党武装，领导南昌起义，开始了"从王事"的建功立业之旅。从一开始，他便跻身共产党领导高层，自此至终，再未离开。经历早期的艰难创业，周恩来先后同不同的领导人进行合作，并且一度成为中共的核心负责人，但他有功不自恃，经历波折之后，他终于找到了自身的定位，成为一名合作型的卓越领导人。

在党生死存亡的1935年，周恩来力排众议，擢贤才于危难，举毛泽东掌舵革命，可谓定策乾坤，使党的事业从"先迷"走向了"得主"，自此中国的革命事业焕然一新。从西安事变的风雨飘摇到全民抗日的苦难奋斗，从国共和谈的纵横捭阖到解放战争的运筹帷幄，周恩来"从王事"而终得成功。

新中国成立后，开国总理周恩来更是全心投入，尽其辅国之才。从理政、外交到军务，周恩来皆任要职，殚精竭虑，未尝有一日松懈。社会主义建设初期，周恩来兢兢业业，执规定策，建立起新中国的发展之基。大跃进之后，周恩来收拾山河，重整经济，纠偏抑错，以拯万民。"文革"肆虐之时，阴阳颠荡，群魔乱舞，曾无君子明哲立锥之地，周恩来"括囊"自守，倾尽心血，勉力维持，终于使中国免于灭顶之灾。后又以沉疴之躯，力撑危局，支持邓小平复出，定鼎未来。在历尽坎坷病痛之后，周恩来于 1976 年逝世，全国民众泪流成海，出现了"十里长街送总理"那感人的一幕（威尔逊，2000）。

周恩来的一生完美地诠释了坤卦。相对于开拓者而言，合作者更加强调德行。周恩来凭借其宽厚实干的个性，在人们心中树立起了独特的领导形象。领导学中有"道德型领导"的概念，指的是领导者通过树立组织成员学习的模范标准，公平地对待组织中的每个人，维护员工的尊严，并尊重他们的人格，以一种人格的力量去感化下属，凭借这种道德影响力，凝聚组织能量，推动组织目标的实现（Linda Klebe Trevino，2000：72-74）。周恩来能够在现代历史的剧烈变迁之中，百折不挠而声名远播，正是因为他对自己有清晰的定位，甘愿身居二线，凭借其道德型领导的魅力，对人们、对历史发挥自己的独特而深远的影响力。

第三节　领导团队之师卦

咱当兵的人　有啥不一样

只因为我们都穿着　朴实的军装

……

说不一样　其实也一样

都在渴望辉煌　都在赢得荣光

说不一样　其实也一样

一样的风采在共和国的旗帜上飞扬

——《咱当兵的人》

词：王晓岭　曲：臧云飞

孙子曰：兵者，国之大事，死生之地，存亡之道，不可不察也（《孙子兵法·始计第一》）。世事犹如战场，战阵杀敌需要师旅，成就功业需要团队。独木难支大厦，创建一个功能全面而愿景统一的团队是领导者必备的才能。马云深谙此道，故赞《西游记》说：世上最好的团队是唐僧团队。

（陈郁欣绘）

第七卦　师　坤上坎下　地水（贞丈人吉）　**律中尸，左帅赏**

师：贞，丈人吉，无咎。

正固。有威望的长者，吉祥，没有灾难。

上六：大君有命，开国承家，小人勿用。

▬▬　▬▬　**开国有赏：**君王颁布命令，封诸侯，赏大夫，不重用小人。

六五：田有禽，利执言，无咎。长子帅师，弟子舆尸，贞凶。

▬▬　▬▬　**长子帅师：**打猎获禽，出师有名，无灾。长子帅军，下属各行其是，凶。

六四：师左次，无咎。

▬▬　▬▬　**左次无咎：**兵防守，无灾。

六三：师或舆（yú）尸，凶。

▬▬　▬▬　**师或舆尸：**出兵可能载着尸体回来，凶。

九二：在师中，吉，无咎，王三锡命。

▬▬▬▬▬▬　**在师中吉：**在军队能守中，吉祥没有过失，君王多次赐予荣命。

初六：师出以律，否（pǐ）臧凶。

▬▬　▬▬　**师出以律：**出征要依靠纪律，军纪败坏，必有凶险。

"师"原指军队的编制。五人是一伍，五伍为一两，四两为一卒，所以一卒是一百个人。五卒为一旅，一旅五百人，五个旅为一个师，是两千五百人。"贞"作"正义"解。这里强调出师的原则是讨伐邪恶、匡扶正义。

"丈人"，即年纪大的人。这里着重指出，军队的统帅应该由老成持重、经验丰富的将军担任。战国后期赵国国君不用老将廉颇，启用善于"纸上谈兵"的年轻人赵括，导致长平一战全军覆没。周文王却将八十高龄的姜太公奉为主帅，而姜太公也没有辜负周文王的期望，帮助姬氏父子推翻了商王朝。简言之，师卦强调的"用兵之道"有两点内容：第一，只有正义之师才有资格用兵；第二，治师需选良将，即必须用人得当。

师卦之领导启示：团队是领导执行其愿景的关键。领导者一个人的力量是微弱的，而团队却可以乘数级地增加领导者的力量，并最终向愿景迈进。领导者领导团队的关键是向大家宣布和沟通愿景，然后确保每个人成员在愿景执行中的作用和功能，并最终在协作一致的基础上执行愿景。"贞丈人吉"对领导学的启示是，愿景的合法性和正义性对于团队建设非常重要，同时年长之人对于团队建设会非常有帮助。

初六，军队出征时的第一件事情，就是申明纪律，纪律严明（师出以律）。初六强调军纪之重。

师出以律之领导启示：领导团队的第一要义是纪律约束。领导者建立团队后的第一项工作就是约法三章，明确每一个成员的权利、义务和责任，并规定出履行责任后的奖励和违反规则后的惩罚。

九二，阳爻阴位。爻辞中的"师中"强调，统帅指挥有度、赏罚公正。此处的中是中庸之中。这样的统帅，因为不犯错误，所以能经常不断地受到来自最高领导层的表扬激励："王三锡命。"在师卦中，阳爻刚强者只有九二一个。九二可以行正道，又有六五相应，所以有王者的气象，可以在战争中统率军队、发号施令，但不是真正的王。师卦的六五是缺乏能力的国君，但他信赖九二，所以可以稳定全局。

在师中吉之领导启示：领导者要时刻处于"师中"。"师中"有两层含义：一是处于团队之中，要让团队成员时刻感受到领导者的存在。领导者是团队的灵魂。领导者在，灵魂在。领导者去，灵魂去。二是处理事情要秉持中正之道，办事公正，对下属不偏不倚。

六三，阴爻阳位。位不正不中，乘于主帅九二之上。六三与主帅的关系的过于亲密，影响了九二与其他各爻（特别是六五国君）的交流。因此，出兵可能载着尸体回来（师或舆尸），较为凶险。六三因用人不当而无功。

师或舆尸之领导启示：领导者应该限制小人在团队中的作用。不能与小人过于亲密，以至于影响到与其他团队成员或上级领导的交流。

六四，阴爻阴位，缺乏力量，只有听令于九二才行。因此将军队驻扎于左前方的高地（师左次）。六四宁可退让，以退为进，所以没有灾难。总之，六四行军有序而无咎。

左次无咎之领导启示：领导者在感到实力不够或力不从心时，要适当地以退为进，曲线作战。

六五，阴爻阳位，居中，与九二阴阳相应。九二在互卦震中，震是长子；六三则称为弟子，是长子以下的通称。"田"来自于互卦坤（六三、六四、六五），坤代表田，有田就有禽兽，在此禽兽指涉国内作乱滋事的人。打仗以前先申明自己是正义之师（利执言），清楚说明了就没有灾难（无咎）。六五是天子，本身不去打仗，所以任命九二（长子帅师），但是六三、六四的地位比九二高，也想当将军，结果六三出事（弟子舆尸），六四还好退后。

长子帅师之领导启示：要选用优秀的人担当团队领导。这样的团队才能无往不胜。如果团队领导被小人占据，那么这样的团队则往往以失败告终。

上六，团队的阶段性目标已经实现。上六代表宗庙。战争胜利之后，赏罚必须在宗庙中进行，有如奉行先王神灵的旨意。"小人勿用"之"小人"是指六三，还有和六三在一起胡作非为打仗失败的一群人，他们使国家动荡不安。

小人勿用之领导启示：在团队的阶段性目标实现之后，领导者要根据团队成员对目标实现的贡献进行论功行赏，这样才可以有效地对团队形成激励。同时，对于团队中的小人，一定要小心。最好将其辞退，否则会影响到整个团队建设。

腾讯的马化腾创业五兄弟，堪称创业团队的典范。1998年秋，腾讯初创，正是"开国承家"，为公司奠基的关键时期。"小人勿用"是《周易》的告诫，而马化腾以其敏锐的判断，招数员大将于麾下：张志东（CTO 首席技术官），曾李青（COO 首席运营官），许晨晔（CIO 首席信息官），陈一丹（CAO 首席行政官）。马化腾自任 CEO，即首席执行官。

这个团队，便是后人传称的腾讯"五虎将"，而这五虎将更是经过一番深思熟虑，才定下了各自的位置：CTO 张志东自大学时起，便是一个公认的技术天才，QQ 的架构设计源于 1998 年，经历近二十年的风雨，用户数量从百万到十亿，整个架构依然适用；COO 曾李青则是市场运营的干将，他为腾讯市场的开拓立下汗马功劳，更是腾讯成功上市的核心推手；而 CIO 许晨晔喜欢与人聊天，善于与人沟通，因而全面负责网站财产和社区、客户关系及公共关系的策略规划和发展工作；CAO 陈一丹能够娴熟地运用法律，在行政管理方面亦有其独特的创见，故负责公司的行政、人力资源、法律、政府关系等相关事宜；CEO 马化腾则运筹全局，执掌公司的发展策略。

商场如战场，公司如军旅。马化腾深谙"师出以律"的道理，明白制度对企业的重要意义，因而在定下各大将的职务的同时，又以制度来规范各自的权重，即以股权分置策略来避免未来可能的争端。马化腾一人持股接近一半，其余诸人则股份较为平均。这种安排一方面使团队有个"主心骨"，利于团结；另一方面，马化腾持股不超 50%，防止垄断独裁的局面。且此策略一经制定，不可更改，后若有人想加钱加股份，必当禁止，以防止股份与才能不相称的情况出现。正是如此精心的设计，使得腾讯后来很少发生内部矛盾。

五虎将"在师中"，行事合乎时宜，故动而有成。从一文不名，到世界市值最高的十大互联网公司之一，腾讯的领导团队可谓居功至伟。有善始，方可善终，在领导初创时期，犹如构造一艘巨轮，要审慎制定各个架构，才能夺浪涛头，前行不殆（林军，2009：94-100）。

团队的高效同样离不开团队凝聚力的建设。在领导学中，团队成员为了共同的目标联合在一起，而这种联合的紧密程度就叫作团队凝聚力。具有凝聚力的团队成员对团队目标和活动具有责任感，因此，这样的团队是高效的、灵活的。决定一个团队是否具有凝聚力，主要取决于以下几个要素：互动、共同的使命和目标、个人和团队的吸引力。其中互动是基础，使命和目标是方向，吸引力是黏合剂，在此基础上团队的凝聚力才能得到提高。

对于团队中的主要领导者来说，建立对团队的潜在影响力，就需要赢得团队成员的"特殊信任"。特殊信任是美国霍普金斯大学心理学教授约翰·霍兰德（John L. Holland）在 1958 年提出的概念，它意味着一个人的影响力来自于他人的积极评价。简单来讲，只要拥有帮助团队实现目标的能力，并能顺从团队成员的规范性期望，就有可能成为被认可的领导者（Holland，1958）。这也是卦辞"在师中，吉"对领导者个人能力的期许。

第四节　领导网络之比卦

团结就是力量

团结就是力量

这力量是铁

这力量是钢

比铁还硬比钢还强

——《团结就是力量》

词：牧虹　曲：卢肃　演唱：霍勇

团结就是力量，这是亘古不变的真理，凡事皆需众人团结一致，方可有所成就。社会的层层联结似蛛网般铺设开来，牵一发而动全身，欲动全身者亦需从牵一发而始。建构一个灵动而有力的联结网络，共济互助，常有事半功倍之效。

（陈郁欣绘）

第八卦　比　坎上坤下　水地（比吉辅也）　**孚自匪，外显冠**

比：吉。原筮，元永贞，无咎。不宁方来，后夫凶。

吉祥。推究占筮，开始而长久正固，没有灾难。刚从不安定中转变过来，后到的会有灾祸。

　　　　　上六：比之无首，凶。

■■　■■ **比之无冠**：亲比而无首领，凶。

　　　　　九五：显比，王用三驱，失前禽。邑人不诫，吉。

■■■■■ **显比三驱**：无私地团结，王围猎用三面的前驱，网开一面，本城的人不警戒，吉利。

　　　　　六四：外比之，贞吉。

■■　■■ **外比之贤**：向外结交辅助，守正有吉。

　　　　　六三：比之匪人。

■■　■■ **比之匪人**：亲比不可亲近的人。

　　　　　六二：比之自内，贞吉。

■■　■■ **比之自内**：自己内部和睦团结，守正有吉。

　　　　　初六：有孚比之，无咎。有孚盈缶（fǒu），终来有它吉。

■■　■■ **有孚比之**：用诚信结交朋友，没有害处。诚信如美酒满缸，必有意外的吉祥。

比卦所展示的卦象是：土承载水，水随土之高下而高下，随土之陡削平缓而蜿蜒曲折。土与水的这种亲密无间性，就是"比"字的本意所在。延伸至交友，这种亲密无间的朋比就是一种最佳状态。"原筮"说的是辨明实情，大家团结合作的时候，最重视真实的情感，也最害怕虚伪，所以要考察清楚，不要让虚伪的人混进来。"不宁方来"，看到别人相亲相助，自己心里不安宁才违心地附和他人，这种缺乏诚意的表面朋友，不可能相亲相助；可以同欢乐，不可能共患难。一旦有事，倒戈而去，甚至落井下石，故结论为"凶"。《比》卦的理想是要实现上下皆亲的"和谐"状态。

比卦之领导启示：领导者所需要的，不只是一个团队在战斗，而更是一个网络在战斗。领导者在形成自己的团队之后，就会发现行业之间也会存在强烈的竞争，因此行业内的领导团队就应该联合起来。按照这一逻辑，领导网络就会逐步扩大。对于一流的领导者而言，不仅仅要建立自己嫡系的领导团队，同时也要在社会上形成广泛的领导网络。

初六，阴爻阳位，为全卦开始。"有孚盈缶"，诚信的基础如同满罐的美酒。"终来有它吉"，《周易》中的唯一的一个"它吉"，即意料之外的好结果。"有孚"是因，"它吉"是故。这就好比今天提倡的"我为人人，人人为我"，我为人人是因，人人为我是果。

有孚盈缶之领导启示：领导者从一开始就需要诚心地建立领导网络。"己欲立而立人，己欲达而达人"（《论语·雍也》），只有诚心地去帮助别人，别人才会帮助自己实现愿景。

六二，阴爻阴位。与九五相应。九五是主爻，是其他阴爻联合的对象。而六二与九五的结合是内需的自然联合。比之自内，即六二发自内心地愿意同九五亲近。

比之自内之领导启示：领导者要从自身需要出发来寻找外部的合作者。这种合作不是团队的合作，所以互动的频率会相对较低。只有发自内心的合作，这样的外部联合才能够长久。

六三，阴爻阳位，为下卦上爻。六三到九五形成互卦艮，代表停止。九五要六三停止，不让它上来，六三因而无路可走。六三的不好，第一在于跟上六不应，第二在于它本身不当位，即亲近了不可亲近之人（比之匪人）。六三以"匪人"来指明所"比"之人应有政治的品德。

比之匪人之领导启示：领导者在选择外部合作者时，不要只根据外表或形式，也不要按照教条形式，而应该选择有实力且符合自己战略需要的对象进行联合。领导网络要尽可能地广泛，即便是那些不可亲近的人，也要尽力联合之。

六四，阴爻阴位，与九五相邻。六四原本应与初六进行联合，但是两爻都是阴爻，不相应，所以六四与九五联合（外比之）。六四则以外比于贤，来说明"比"应以贤人为友，而不应有内外之分。

外比于贤之领导启示：领导者要主动亲近那些比自己品德高尚的人。要时刻检讨自己的动机是否纯正，思考自己究竟是见贤思齐，还是趋炎附势。这样才能形成一个有效的领导网络。

九五，是全卦唯一的阳爻，因此是主爻，是各阴爻竞相联合的对象。天子在狩猎时，网开一面，凡不愿投入网中一味前逃的猎物，一概不追（王用三驱，失前禽）。这种定期狩猎、从不赶尽杀绝的一贯举措，昭示了天子取信于民的诚信，收到了"邑人不诫"的效果。九五因以中正居尊，故以"显比"来宣扬其亲比于下的仁爱之德。

显比三驱之领导启示：在领导网络中，如果领导者已经处于强势地位，那么就要表现出自己宽宏仁爱的一面。领导者要意识到自己的强势可能会给别的领导者造成潜在的伤害或损失。

上六，位于全卦最上面，阴爻阴位。虽然地位高，但体质虚弱，不能担当领队作用。所以导致团结的群体缺乏首领（比之无首）。

比之无首之领导启示：整个领导网络需要一个引领大家的领导者。如果缺乏领头人，网络中分布的这些领导者之间往往会形成缺乏规则的竞争，最后很可能导致恶性循环。

社会学中有描述社会阶层的术语——金字塔结构。意即在整个社会中，大多数人只能在底层挣扎徘徊，而只有少数人，才能攀到金字塔的顶峰，而正是这顶峰的少数人，决定了整个社会的发展方向。西方社会发展已臻成熟，顶层的精英为了领导的有效和恒久，纷纷建立起强力而神秘的领导组织，诸如大家耳熟能详的共济会、罗马俱乐部、骷髅会等。而中国自古以来的处世规则之一，便是重视人情，因而此等领导网络显得更加必要。随着中国富豪的增多，影响力的扩大，在中国的商业圈子里，也渐渐形成了几个"显比"而吉，以互通有无、共赢互助为原则的领导网络，如：华夏同学会、泰山会、江南会等。

同学会，是"比之自内"的典范，是现代人际网络的中坚力量。华夏同学会即是由曾经就读长江商学院和中欧商学院CEO班的大佬们组成，如马云、马化腾、李彦宏、古永锵、刘永好、王健林、冯仑、郭广昌、李东生、曹国伟等人。他们以同学情谊为基础，互相扶持生长。例如，在三聚氰胺事件时，众人便施手援助牛根生。他们领中国经济之风骚，谈经论道，聚会则共论经济大潮，探讨经验得失，人称"商学院中的商学院"。

泰山会，有好事者称之为中国的"骷髅会"。泰山会成立于山东，会员为15家中国知名企业，横跨不同的经济领域，"外比之"而构建更加广阔的人际网络。联想控股总裁柳传志亲任会长，段永基任理事长，顾问为著名经济学家吴敬琏、胡德平。

泰山会入会严格，每年只可增加一个会员，且资质要经全员投票决定。其最脍炙人口的，便是段永基帮助同为会员的史玉柱东山再起的故事了，史玉柱在2007年时曾说，"泰山"是其能够复出的重要条件。

江南会创始人马云、冯根生、沈国军、宋卫平、鲁伟鼎、陈天桥、郭广昌、丁磊等皆是行业翘楚，当之无愧地组成了杭州最高档的"会所"。对于江南会的创建，马云的武侠情怀无疑起了关键作用。因此，这个关系网相对于前两者，更强调义，即"有孚比之"，以信义来联结众人，有古时的儒商风范。"君子之交淡如水"，他们平时联系不多，然一旦任何一位遭遇困难，则共救之。例如，当绿城地产董事长宋卫平遭遇资金链危机时，马云毅然出手，号召阿里员工买绿城的房产，颇有侠义气概。

从上述案例中不难看出，这些商会的领导者都明白一个道理，即领导者影响力的关键所在，便是其调动社会资源的能力，而领导网络的建设，则是扩大其影响力的最佳武器。

英国牛津大学的人类学家罗宾·邓巴（Robin Dunbar）根据猿猴的智力与社交网络推断，人类智力将允许人类拥有稳定社交网络的人数是148人，四舍五入大约是150人，这被称为人类社交的150定律，又叫邓巴数值（Robin Dunbar，2009）。邓巴数值告诉我们，每一个人身后大约有150名亲朋好友。如果赢得了一个人的好感，就意味着赢得150个人的好感；反之，如果得罪了一个人，也就意味着得罪了150个人。因此，要接触不同的人，赢得对方的好感，从而快速积累人脉资源，扩大人脉关系网。

与邓巴数值相畴的还有1969年哈佛大学的心理学教授斯坦利·米尔格拉姆（Stanley Milgram）提出的六度空间理论，他认为，世界上所有互不相识的人只需要很少中间人就能建立起联系，他做过一次连锁信件实验，证明了平均只需要五个中间人就可以联系任何两个互不相识的美国人（Travers & Milgram，1969）。

邓巴数值与六度空间理论都强调了领导者建立人脉和网络的重要意义。对于组织来讲，战略联盟作为一种全新的现代组织形式，已被众多当代企业家视为企业发展全球战略最迅速、最经济的方法之一，被称为"20世纪末最重要的组织创新之一"（史占中，2001）。随着世界经济一体化的加强以及科学技术的迅猛发展，甚至竞争企业之间也需要联合。这是一种松散的合作模式，是企业为了现实生存或长远发展的需要而采取的行动，具有明确的战略意图和目标。战略联盟，也是领导网络建设、共生共赢的一种重要手段。

第五节 追随领导之随卦

轻飘飘的旧时光就这么溜走

转头回去看看时已匆匆数年

苍茫茫的天涯路是你的漂泊

寻寻觅觅长相守是我的脚步

······

人生难得再次寻觅相知的伴侣

生命终究难舍蓝蓝的白云天

——《恋曲 1990》

词：罗大佑　曲：罗大佑　演唱：罗大佑

　　草木零落，美人迟暮，寻寻觅觅，却难求索。领导者之于追随者，当如香草美人般令人着迷，令人心醉。有如创造信仰，为愿景而追随，为义不为利，方可长久不衰，方可百折不挠，方可虽死无憾。这也是孔子历千年而为"素王"（无冕之王）的原因所在。

（陈郁欣绘）

第十七卦　随　兑上震下　泽雷（向晦入息）　**官小丈，获嘉山**

随：元亨利贞，无咎。

最为通达，适合正固，没有灾难。

上六：拘系之，乃从维之，王用亨于西山。

■■■■　**拘维西山**：拘束他，随又释放他。文王在西山祭祀。

九五：孚于嘉，吉。

■■■■　**孚于嘉吉**：广施诚信于美誉，吉。

九四：随有获，贞凶。有孚在道，以明，何咎。

■■■■　**随获有孚**：相随有收获，贞占有凶。有诚信守正道，光明行事，哪会有灾？

六三：系丈夫，失小子。随有求得，利居贞。

■■■■　**系丈失小**：抓住丈夫，失去小孩，随从有所追求，会有所得，利于贞占于在家的事情。

六二：系小子，失丈夫。

■■■■　**系小失丈**：抓住小孩，失去丈夫。

初九：官有渝，贞吉。出门交有功。

■■■■　**官渝有功**：职中有变动，贞占得吉，出门交往有功。

《象传》以"动而说"来赞美《随》卦之德。孔子说："三人行，必有我师焉；择其善者而从之，其不善者而改之。"（《论语·述而》）从中可以看出孔子随从善道的乐观情绪。同样，《随》卦以"元亨，利贞"来赞美随从于善道的品德。"良禽择木而栖，良臣择主而事"，即是择善而从。

随卦之领导启示：合作者追随领导者的过程被称为随。随的内涵是择善而从，即合作者对领导者的追随并不是盲目的，而是主动选择型的。追随是一种对未来的选择。合作者选择某一领导者追随，其追随的并不是个人，而是一个共同奋斗的愿景和领导者对这一愿景的承诺。

初九，阳爻阳位，上不应四，所以不可以去追随上层的九四。初九不追随九四，意味着职位不能保证。初九上面是一个互卦艮（六二、六三、九四），艮卦代表门阙、门、门坎，因为初九还没有进入互卦艮，在门坎外面光明坦荡地与别人交往会有功绩（出门交有功）。

出门交有之领导启示：如果希望要找到自己终生追随的领导者，合作者就需要走出家门，在社会上结交有识之士。

六二，阴爻阴位，与九五相应，应该追随有实力的九五。然而，六二性情温顺，受到身边年轻的初九的吸引而难以走远。在人生的这一阶段，切不可因为轻率的选择而滞留于"小人"中间，失去了与"大人"（丈夫）的交往机会。"系"是系住。六二、六三、上六都用到"系"，是因为这三个阴爻本身不能自立，必要抓紧有力者。

系小失大之领导启示：在社会交往的过程中，合作者既要和低位的朋友建立友谊，同时更重要的是与高位的领导建立关系，后者有助于自己找到追随者。

六三，阴爻阳位，上不应六，与邻比的九四阴阳相吸。六三追随九四，就会失去作为下卦之主的初九（系丈夫，失小子）。随从贤能之后，追求的目标能否实现，与择善而从的动机相关（随有求得）；只要择善动机纯正，仕途前景必然向好（利居贞）。因为六三、九四、九五是一个巽卦，巽卦近利市三倍，可以有收获。六三在互卦巽有利可图，这时还是要提醒自己"居贞"，不能唯利是图。

系大失小之领导启示：合作者在追随身边有实力的人时，可能会失去远方的朋友。

九四，阳爻阴位，与六三阴阳相吸，但其与六三的相互吸引会冷落九五，并可能引起九五的不满。因此，相随有收获，贞占有凶（随有获，贞凶）。有诚信守正道，光明行事，哪会有灾（有孚在道，以明，何咎）？九四还是会顾及九五的感受。既然明白这一点，就不会有咎害。

随获有孚之领导启示：合作者在发展过程中可能会受到异性的吸引而忘记事业上的追随，这可能会导致对领导者的冷落。这是追随过程中较为忌讳的。

九五，阳爻阳位，与六二相应，但是九二心系初九，不会全心全意追随自己。九四虽然相邻，但是却心系六三，两者阴阳相吸。只有上六与九五阴阳相感，且近邻无它扰。这样来看，处于尊位的九五也只是拥有数量有限的追随者。因此，对于追随者，要采用鼓励的方法。"孚于嘉"，孚是诚信，嘉是善。对择善而从充满诚意，是周文王对"九五之尊"的期许。

孚于嘉吉之领导启示：领导者要正确认识和识别追随者的能力。要在追随者工作实绩的基础上用鼓励的方法对其进行激励。

上六，阴爻阴位，为随卦最后一爻，与六三不应，但与九五阴阳相比。谨慎地随从，君王也不反对，然后小心维系这一关系（拘系之，乃从维之）。君王去西山祭祀，以展现诚意，祈求维持住这种关系（王用亨于西山）。

拘系维之之领导启示：追随关系是一种基于愿景的合作，而不是一种基于权力的合作。因此，对于追随者，领导者切忌使用暴力或权力的方式来维系这一关系。领导者要用未来愿景和自身魅力吸引追随者，带领他们前行。

莫罕达斯·卡拉姆昌德·甘地（Mohandas Karamchand Gandhi），世称"圣雄甘地"，是印度民族主义运动和国大党的领袖，不仅影响了印度本国的独立运动，同时也影响了全世界的民族解放运动以及和平变革的国际运动。他自言信仰很简单，即真理（satya），非暴力（ahimsa）。

甘地生于一个传统的印度教家庭，彼时印度受缚于英国殖民的枷锁，腐败落后，凡有志青年皆欲奋发努力，愿救国家于水深火热之中，甘地即是其中之一。甘地曾远涉重洋，赴伦敦学习法律，在经历了西方文明目眩神迷的洗礼之后，甘地重拾原来的信仰。后因业务需要，甘地踏上了种族歧视根深蒂固的南非，在这里，他走向了领导反种族歧视的斗争之路，同样也是在这里，他还试验成功了一种有效的武器——真理与非暴力学说。甘地青年时期的两次出国，都起到了"交有功"的作用，使其思想渐臻成熟。

1915年，甘地回到印度，游历各地，以了解风俗民情，并开始宣传自己的主张，从事非暴力斗争。"有孚在道，以明"，甘地因其充满宗教慈悲的主张，吸引了大批的追随者。在此期间，英国的倒行逆施使甘地从英帝国的妥协者，逐渐变为了不合作者，并形成了"非暴力不合作"的反抗思想，进而为领导全民反帝奠定思想根基。1920年，其思想正式成为国大党的指导思想，争取"印度自治"被确立为党的斗争目标。此后，作为国大党的"灵魂"，甘地的一举一动，都影响着印度民族解放运动的发展方向。

　　二战期间，因非暴力思想与国大党支持战争的主张发生冲突，甘地两次被免职，又两次复出。几经沉浮，使甘地的反帝立场更加清晰，也更加具有爆发力。甘地连续发起了三次不合作运动，虽被镇压，却使得群情激昂，反英之势愈不可挡。甘地因此入狱，"拘系之"使得他的名字成为了一个图腾，一个信仰。战争结束后，英国慑于解放运动的压力，终于答应印度独立，但因印度教、伊斯兰教的分歧对立由来已久，加之英国分而治之之政策的影响，印、巴分治已成定局。出狱后的甘地虽然四处奔波，却已是回天乏术。随之而来的一系列宗教仇杀，更使其殚精竭虑，心神憔悴，他自己也成了宗教冲突的牺牲品，死在狂热的印度教徒枪下。

　　甘地的伟大人格几乎是举世公认的。他具有赤诚的爱国之心，崇高的牺牲精神，追求真理的执着信念；坚强的意志，随时局改变策略的智慧；他待人谦恭、诚实、光明磊落，不分贵贱善恶一视同仁，没有种族歧视和宗教偏见；他注重实际，反对空谈；他关心下层人民疾苦，善于体察民情并始终与人民群众打成一片；他生活清苦，安贫乐道；他尊重女性，提倡人的精神完善和社会和谐；他的道德修养堪称楷模。正因为如此，甘地这位身材矮小、其貌不扬的东方人博得了来自不同民族、信仰和阶级的人们的景仰和爱戴。

　　领导学中有"英雄式领导"一词，如甘地这样的领导者是与普通人有差异的，他在人们心目中代表着超人的能力、智慧和权利，如英雄一般耀眼，自然会有许多追随者，依附于领导，听从领导者的指挥（Gary Yukl，1999）。即使如此，领导者在建立追随的影响力之时也要切记"孚于嘉"的道理，非真诚相待不足以把对未来的想望施加于人。

　　在此过程中，领导者需要花很多时间和精力去和追随者谈心，了解他们的需求，获取他们的理解，进而使他们产生对领导者由衷的支持，这样就建立了一种联盟关系，推动组织的发展与变革。建立起这样的一种"发展联盟"，才能使领导者立于不败之地。

　　在领导力的发展过程中，会有不同风格的追随者，罗伯特·凯利（Robert Kelley）将追随者划分为五种：第一，不合群的追随者，指的是那些不主动追随领导者，但是他们富有主见，具备批判性思维，通常，他们曾是高效的领导追随者，但由于遭到上司的打击或是遇到挫折，形成了这样的风格；第二，循规蹈矩者：指的是那些积极参与到组织活动中去，却不在工作中运用自己的批判性思维，简而言之，就是唯领导命令是从；第三，实用主义生存者，指的是那些总能采用当前最适合自己职位的举措，来减少工作中风险的追随者；第四，被动追随者，他们既没有独立思考能力，又不积极主动地参与领导者组织的活动，既无进取心，又缺乏责任感，他们只做领导者安排做的事，而且需要领导者监督才能完成任务；第五，有效追随者，指的是那些既有独立思考能力，又在工作中表现积极，主动配合领导者工作。他们在工作中不规避风险，为了组织目标的实现，敢于担当，即使是面对领导者也是毫无畏惧（Kelley，1992：97）。这种区分无疑细化了人们对追随者的认识，由此，领导者在组织发展的过程中应当能够辨别不同类型的追随者，从而采取相应的应对策略，分配合适的职务，以增强组织的效率。

第二章　领导过程

第一节　领导创初之屯卦

我们越来越爱回忆了

是不是因为不敢期待未来呢

你说世界好像天天在倾塌着

只能弯腰低头把梦越做越小了

……

就算有些事烦恼无助

至少我们有一起吃苦的幸福

——《一起吃苦的幸福》

词：姚若龙　曲：陈小霞　演唱：周华健

万事初始，犹如潜龙腾渊，奇花初胎，前程浩浩，后顾茫茫，虽是烦恼无助，却有奋斗吃苦的幸福。屯卦的险难，更多的是一种磨炼，"苦其心志，劳其筋骨"（《孟子·告子下》），领导者要无所畏惧，拿出盘古开天辟地的气概，劈开混沌彷徨，为后来的事业奠定基础。

（陈佳莘绘）

第三卦　屯　坎上震下　水雷（刚柔始交而难生）　**磐字鹿，婚膏涟**

屯：元，亨，利，贞，勿用有攸往，利建侯。

开始，通达，适宜，正固。不要有所前往，适宜建立侯王。

上六：乘马班如，泣血涟如。

泣血涟如：乘马盘桓，泣血涟涟。

九五：屯其膏。小，贞吉；大，贞凶。

屯其膏泽：积聚精粹，占小事有利，占大事极不利。

六四：乘马班如，求婚媾；往吉，无不利。

乘马求婚：乘骑盘桓，要求婚媾，前往吉祥，无不利。

六三：即鹿无虞，惟入于林中，君子几（jī），不如舍（shě），往吝。

即鹿无虞：追山鹿，没猎官带领，迷入林中。君子见微知著，不如舍弃，前往有灾厄。

六二：屯如邅（zhān）如，乘马班如。匪寇，婚媾（gòu），女子贞不字，十年乃字。

十年乃字：聚集难行，乘骑徘徊。若没盗寇，就去结婚，女人得此卦不许配，十年许配。

初九：磐桓；利居贞，利建侯。

磐桓建侯：盘旋不进，利于居守正道，利于建立王侯事业。

说明六十四卦顺序的《序卦传》中写道："盈天地之间者唯万物，故受之以屯。屯者，盈也；屯者，物之始生也。"屯卦为刚柔初会，万物初生。震下坎上震为动，坎为险，故"动乎险中"。事物的初生是不易的，"良好的开始是成功的一半"。一旦有了蓬勃的生命，便可跨越险阻，发展壮大。故屯卦虽通体多难，仍是"元亨利贞"。然此四德较之乾坤，则是具体而微了。屯既为草昧初创，因言之"勿用"。勿用非不作为，而是不要大踏步向前（勿用有攸往），要先巩固基础，稳定内部。《象》曰："宜建侯而不宁。"是要分封诸侯，打好组织基础。"贫贱忧戚，庸玉汝于成也"（《张子正蒙·干称篇》），生命在艰难中成长，事业也是在困苦中成功。"难生"之《屯》，正需君子经天纬地之才。

屯卦之领导启示：领导初创，总是艰难不易的，领导者要有充分的心理准备，同时也要有远见卓识，远瞻将来的困苦与挑战。创业亦如妊娠生子，动则险象环生，不能冒进，也不能耽于眼前利益，而要积极地创造一个良好的外部环境，首先进行制度和组织建设，以迎接事业的新生。

初九，阳爻阳位，位正。《象》曰："志行正也。"前进的德行合乎正道，但在行动之初，前有险阻，不能径自直行，应以静待动，居守正道（利居贞）。是下卦震主爻，震为长子，为分封之诸侯（利建侯）。

磐桓建侯之领导启示：在领导事业建立的早期，领导者一方面要注意加强自身的修养，提高自己的才干，以使"德称其位"；另一方面，要采取措施，以利益和愿景维护团队的稳定，为事业的创立打下良好基础。

六二，阴爻阴位。上有互卦艮（六三、六四、九五），艮为止，震为马，六二乘初九刚爻，等于是骑在马上。前有坎坷，骑在马上徘徊难进（屯如邅如，乘马班如）。与九五相应，九五在坎中，坎为盗贼，阴阳相应，心意相通，发现原来是求婚者（匪寇，婚媾）。然因为有艮阻挡，且乘刚不吉，结果十年才得以婚配（十年乃字）。

十年乃字之领导启示：事业将要建立，困难重重，稍有不如意，则疑心丛生，领导者自身也会感到彷徨迷茫，此时最易放弃也最不应该放弃。领导者要坚信"大器晚成"，或许时机未到，但只要一直兢兢业业，总会得到好的结果。

六三，阴爻阳位。在互卦坤（六二、六三、六四）中，坤为田猎。与上六不应，没有向导带领（即鹿无虞）。互卦艮为山，进入到深山老林之中（惟入于林中）。六三位不正，又上有坎险，故君子察微知著，看到了危险，要放弃逐鹿（君子几，不如舍）。

即鹿无虞之领导启示：事业伊始，由于经验能力不足，有些看似容易的机遇往往难以抓住，却又不忍舍弃。明智的领导者应当及时摆脱无谓的追求，与其耗在这件事情上，不如抽身而退，为下一个机会做准备。

六四，阴爻阴位。坎为美脊马，因在互卦艮中（六三、六四、九五），乘马徘徊不前（乘马班如，求婚媾）。然六四上承九五，下应初九，阴阳和合，前往求婚，可以喜结连理（往吉，无不利）。

乘马班如之领导启示：此时的领导事业已然成熟，若有战略合作者主动伸出橄榄枝，领导者就要积极行动，抓住机会，不可犹豫不决。

九五，阳爻阳位，为天子之位。坎为膏脂，为恩泽。是天子广蓄膏脂之意（屯其膏）。但天子下应六二，私心为己，积蓄虽丰却难以广施恩泽。于己有利，于众则凶（小贞吉，大贞凶）。

屯其膏泽之领导启示：在事业的初创阶段，领导者要能正确处理积累与分配的关系。积累是要为长期发展蓄力，分配是为了提高团队成员的积极性。事业早期，积累匮乏，不能过于强调惠及众人，而应有选择地对团队的关键人物进行物质激励，在增强事业积累的同时，提高团队积极性。

上六，阴爻阴位。与六四相同，居坎卦，有乘马之意。在最上爻，进无可进，徘徊于穷途末路（乘马班如）。又乘九五刚爻，凌九五至尊之上，下无六三相应，独处危险境地，凄惨至极。坎为水，为血，故要流泪流血（泣血涟如）。

泣血涟如之领导启示：制度已立，事业已有小成，当初的设想都已实现，领导者便要陷入困惑"还将如何前进"？此种情境下，领导者要明白，事业没有成功，只有前进。如果因一点小小的成就自矜自大，固步自守，那么最终连这小小的成就也要灰飞烟灭。

创业，是如今许多年轻人的梦想，然而领导的初创却是十分不易，稍有不慎，便是"泣血涟如"。彷徨苦困是领导者的必经之路，在这条必经之路上，百度创始人李彦宏可谓是其中的佼佼者。

1968年，李彦宏出生于山西阳泉一个普通的家庭。阳泉古属赵国，韩愈曾有"燕赵古称多慷慨悲歌之士"的赞叹，李彦宏注定也是要青史留名的豪杰之士。

考上北京大学，使李彦宏从应试的笼子跳入了自由思想的海洋。但由于专业的不合意，人生道路的选择问题，一度使李彦宏"磐桓"不定。最终，经过不懈努力，李彦宏跨专业考上了美国布法罗纽约州立大学的计算机专业。新的专业，新的环境，执着"居贞"的精神，给李彦宏带来的脱胎换骨的转变，从而对自己的事业有了明晰的认识。当然，"屯如遭如，乘马班如"，其中徘徊彷徨，落寞踌躇，不足为外人道也。

毕业后，李彦宏进入松下公司和华尔街的道·琼斯子公司实习工作。在这里，他得以向世界顶级的公司学习相关的管理和金融经验。1997年，李彦宏又辞职前往硅谷，体味硅谷浓烈的商战氛围，并把这些商战经验融入到自己的创业中去。这一时期的李彦宏处于初始阶段，正在不断为创业积蓄能量。

《易》言"十年乃字"，李彦宏海外八年，终于时机成熟，于1999年启程回国，创建百度公司。百度成立之后，发展势如破竹，迅速占领了国内搜索引擎八成的份额。然"即鹿无虞"，百度的快速发展也带来了危机，有记者曾写"八问百度"，针对其利润来源和客户提出质疑，最终一些客户投靠了谷歌（Google），也有一些自立门户，与百度竞争。所谓"君子几，不如舍"，百度开始了战略转移，试图超越传统的客户，把目标群体转向了数十万的中小企业网站，推出竞价排名系统，即对搜索结果的相关性排序进行竞价拍卖。

然而，开展竞价排名，意味着百度要舍弃原来与门户网站合作的收入，并转型为独立的搜索引擎网站，董事会面对这样充满风险的抉择"乘马班如"，徘徊不定。但李彦宏毫不退让地坚持了下来，使得投资人首肯了这种转型。而最终的结果也证明了李彦宏"往吉，无不利"的远见卓识：推出竞价排名并对百度实行技术升级后，百度摇身成为全球第二大独立搜索引擎，在中文搜索引擎中名列第一。

如今，百度已走过将近二十年的时光，其间不乏惊心动魄风云变幻——激烈的董事会争辩、合作伙伴徐勇的退出、商场无情的竞争等重重挑战，都在不时地考验和冲击着李彦宏，但李彦宏一直保持创业的激情，没有傲慢自满，避免了"泣血涟如"的结局。在2015年中国富豪榜中，李彦宏以850亿身家名列第七。

不仅仅是个人，组织的发展也需要这种领导初创的精神。这便是著名政治经济学家约瑟夫·熊彼特（Joseph Alois Schumpeter）所颂扬的创业精神。他认为，如果一家公司能发扬创业精神，保持对市场的密切关注，不断培养自己的新技能以适应竞争，不断开拓新的领域以形成新的经济增长点，这样的公司才是真正有优势的公司。

创业精神体现为各种形式，其中最有效的一种就是公司创业（公司像一个领导者一样去创业），这种形式在高科技和制药等成长性行业中非常流行。创业精神主要有三大主题：第一，对机会的追求。创业精神要追求环境的趋势和变化，而且往往是尚未被人们注意的趋势和变化。第二，创新。创业精神包含了变革、革新、转换和引入新方法——新产品、新服务或者是做生意的新方式。第三，增长。创业者追求增长，不满足于停留在小规模或现有的规模上，他们不断寻找新趋势和机会，不断地创新，不断地推出新产品和新的经营方式。因为他们明白，保持创业精神的企业才能做大做强（熊彼特，2007）。

第二节　领导启蒙之蒙卦

我来自偶然　像一颗尘土

有谁看出　我的脆弱

……

我还有多少爱　我还有多少泪

要苍天知道　我不认输

感恩的心　感谢有你

伴我一生　让我有勇气做我自己

——《感恩的心》

词：陈乐融　曲：陈志远　演唱：欧阳菲菲

　　领导者也有脆弱不堪、蒙昧无知的时候，而这时就需要有人对其指点一二，使他能够有勇气做好自己，有激情去追逐梦想。有时候启蒙也不是一帆风顺的，可能会有惩罚，会有困难苦闷，只要用心领悟，最终一定可以启蒙解困。

（陈佳莘绘）

第四卦　蒙　艮上坎下　山水（蒙以养正）　**发包取，困童强**

蒙：亨。匪我求童蒙，童蒙求我。初筮（shì）告，再三渎（dú），渎则不告。利贞。

通达。不是我去求蒙昧的儿童，是蒙昧的儿童来求我。初次占筮，告诉他结果。两次三次战筮，是亵渎神明，亵渎就不告诉他。适宜正固。

　　上九：击蒙；不利为寇，利御寇。

击蒙御强：攻击浑蒙，不宜用攻势，宜用守势。

　　六五：童蒙，吉。

童蒙之吉：蒙昧的儿童，吉利。

　　六四：困蒙，吝。

困蒙之吝：受困于浑蒙，忧吝。

　　六三：勿用取女，见金夫，不有躬，无攸利。

勿用取女：不利于娶女，只见金钱，没有体统，无所利。

　　九二：包蒙，吉。纳妇，吉。子克家。

包蒙纳妇：包容浑蒙，吉利，娶妻吉，儿子能成家立业。

　　初六：发蒙，利用刑人，用说（tuō）桎梏（zhì gù），以往，吝。

发蒙利用：启发蒙昧者，利于刑罚规范，让他们脱去枷锁，若再有所进，则有忧吝。

　　蒙卦是屯卦的覆卦（即上下颠倒），屯为万物初始，蒙则为初生之人，蒙昧无知。孟子曰："人之所以异于禽兽者几希。"（《孟子·离娄下》）蒙昧之时与禽兽相类，故要学以为人。在蒙卦中，程颐言："二阳为治蒙者，四阴皆处蒙者也。"（《程氏易传》）九二为主爻，为阳，阳为智，诸阴为昏昧，昏昧者当主动求智。《礼记·曲礼上》："礼闻来学，不闻往教。"童蒙者要主动求学（匪我求童蒙，童蒙求我）。

　　上古之时，智虑尚浅，求知决疑多由卜筮。卜筮之时，要先沐浴斋戒，以示诚心。一次即可，若再三求卜，则是心中不诚，是对自然神灵的亵渎（初筮告，再三渎，渎则不告）。《论语·述而》有"举一隅不以三隅反，则不复也"，也是要学生能够认真学习，不可三心二意。

　　九二以阳刚之德居下卦之中，有"师表"之象；上九则以"击蒙"来说明教育方法和原则；六五谦居上卦之中，象征着谦虚好学的君子；初、三、四爻以"发蒙"、

"勿用取女"、"困蒙"为喻，来说明人处在"蒙昧幼稚"时的困窘和危难。

蒙卦之领导启示：从自我领导的意义上讲，人人皆是领导者，由自我领导推广开来，方可领导众人，故而人人皆需领导启蒙。领导的每一步成长，都会因新的境遇而显得无知蒙昧。然只要有主动学习的渴望，蒙昧便不可怕。《战国策》讲：帝者与师处。时刻保持无知，时刻学习新知，领导者才能立于不败之地。

初六，阴爻阳位。全卦之初，仍处于蒙昧之中，如荀子所论，人皆有欲，欲而不得则争，"争则乱，乱则穷"（《荀子·礼论》）。因而要有刑罚来防止人民作奸犯科（利用刑人，用说桎梏）。这是稳定社会秩序，启蒙人民的基本保障。

发蒙利刑之领导启示：教育之初，被启蒙者尚未有学习的自觉，仍是一片混沌茫然。此时启蒙者就要采取一些惩罚措施，以使被启蒙者走向正道。

九二，阳爻阴位，为主爻。能包容上下四个蒙昧的阴爻（包蒙）。下乘初六，又与六五阴阳正应，利于娶女（纳妇吉）。九二在互卦震（九二、六三、六四）中，震为长子，二位是大夫位，大夫治家，长子可以持家（子克家）。

包蒙克家之领导启示：被启蒙者已渐有起色，但仍难免犯错，领导者要有包容之心，甚至给予其一定的领导岗位，在领导过程中培育领导意识和领导才干。

六三，阴爻阳位，与上九阴阳相应，本应归顺上九，与上九结婚，但六三下乘刚爻，九二是众爻之主，有财有势。躬，身也。六三见利忘义，爱慕虚荣，取悦九二，并失身于九二（见金夫，不有躬），这样的女子不娶也罢（勿用取女），毫无益处（无攸利）。

勿用取女之领导启示：司马光讲"德者，才之帅也"，领导者要对下属的品德有清晰的认识，若其得陇望蜀，虽有才干，也不过是给别人做嫁衣。这种人就不宜再浪费时间对其进行启蒙。

六四，阴爻阴位。与初六阴阳不应，上下两个阴爻又使其与九二和上九相隔开来。喻示没有智者启发教育，蒙昧无所依靠（困蒙）。

困蒙之吝之领导启示：对于那些极为保守和蒙昧的被启蒙者而言，领导者的启蒙努力可能是无效的，当谨慎避之。

六五，阴爻阳位，与九二相应。处尊位，为天子。即使是天子，对待老师也要顺从学习。《礼记·学记》言："当其为师也，则弗臣也。"六五虽力量弱小，却能服从九二的老师，得到教导，可以有吉（童蒙，吉）。

童蒙之吉之领导启示：身处高位，但仍保持求知若渴的心态。这样的领导者方是启蒙的最高境界。

上九，阳爻阴位，为"治蒙者"之一。上九与六三相应，六三"见金夫，不有躬"，见利忘义。又处下卦坎中，坎为贼寇，六三蒙昧不化，易变为盗贼，上九要教导他，防止变得更坏（不利为寇，利御寇）。上卦艮为手，为击打。必要之时，也可以用击打的方式教育（击蒙），避免走入歧途。

击蒙御强之领导启示：治病需猛药，对于那些顽固不化且地位很高的被启蒙者，需要坚决地责罚，不可姑息。否则，这类人的行为会影响整个团队的秩序。

由懵懂到奋发，由被拒签的落选者到互联网的佼佼者，迅雷的邹胜龙在创业的前期和初期，走过了一段漫长的启蒙之路。

1988 年，16 岁的邹胜龙跟随父母来到深圳，入读于蛇口育才中学。在这个日新月异的城市里，邹胜龙迎来了自己人生的第一次挑战——成为美国中学的交换生。在 20 世纪 80 年代，深圳是中国第一批迎接世界的城市，面对西方发达的文明，邹胜龙无限向往，也十分努力。

四年后的初夏，暑气还没那么得肆无忌惮，邹胜龙揣着近 600 分的托福成绩，兴致勃勃地去广州领事馆签证，却因口语不够流利被拒绝。霎时间，仿佛天空暗了一个色度，邹胜龙坠入了绝望的深潭。随从的父亲开导他，为他分析原因，拍着他的肩膀，说对自己的孩子充满信心。万千阻碍，抵不过亲人信赖的眼神，邹胜龙终于在父亲的"包蒙"之下，走出阴影，重新振作，最终考取了美国威斯康星州立大学麦迪逊分校经济学专业。父亲则拿出了大约 15 万人民币的所有积蓄，支持他学习，相信他终能"子克家"，赢取一个更好的未来。

1997 年，邹胜龙拿到了杜克大学的计算机科学硕士学位，并结识了程浩，这是一个技术天才，后来也成为迅雷的联合创办人。但当时的邹胜龙想的只是做个软件工程师，申请绿卡，买房买车，渐渐地融入美国生活。然而，1998 年的硅谷之行，让他认识到了这"无攸利"的生活应当转变了。

邹胜龙到了硅谷，立即就被那创业的氛围深深打动，他第一次感到，自己的人生或许能够更加精彩夺目。在这里，他终于由"困蒙"走向了"童蒙"，他像一个求知的孩子，不断被这里的朋友们激励打动。在这里，他遇到了激情澎湃的徐勇，即百度的联合创始人，邹胜龙创业的热血被徐勇调动了起来。而另一个斯坦福大学的同学杨宁，毕业即创办了"Chinaren"，以及"空中"公司，一个高价卖出，一个成功上市。巨大的财富带给了邹胜龙最直接的震撼，他也想创业！

在诸多同学好友的耳濡目染下，邹胜龙开始有意识地寻觅互联网市场的热点和缺口。2003年，邹胜龙回国创立深圳三代科技开发有限公司，进入下载工具的研发领域。2005年5月，邹胜龙的公司更名为深圳迅雷网络技术有限公司。到2008年，迅雷已经成了"全球最大的下载引擎"（林军，2009：353–360；徐明天，2009：133–135）。

邹胜龙一度认为安心做个优秀的工程师便是人生的全部，但那些相识的朋友却陆续回国创业，他们在国内的巨大成功给当时胸无大志的邹胜龙无疑是一种生动的创业启蒙。

对于领导者的启蒙，美国当代著名心理学家阿尔伯特·班杜拉（Albert Bandura）曾提出社会学习理论，他摈弃了传统行为主义对环境的依赖，指出人的更普遍、更有效的学习方式是观察学习，强调了人的认知因素在学习过程中的重要作用，认为行为、认知及环境三者之间构成了动态的交叉互动关系，重视人的自我调节和自我效能感（Bandura，1977）。

在邹胜龙的漫漫领导途中，父亲和硅谷的朋友给了他别样的天地，给了他创业的勇气和智慧。领导的启蒙过程，其实也就是领导学习的过程，不断汲取营养，才会"童蒙"而得吉，才会脱去以往的思想桎梏，创造出属于自己的事业。

第三节　等待领导之需卦

我家大门常打开　开放怀抱等你

拥抱过就有了默契　你会爱上这里

不管远近都是客人　请不用客气

……

北京欢迎你　为你开天辟地

流动中的魅力充满着朝气

北京欢迎你　在太阳下分享呼吸

在黄土地刷新成绩

——《北京欢迎你》

词：林夕　曲：小柯　演唱：群星

"我家大门常打开，开放怀抱等你"，等待说起来容易，做起来却不易。领导的等待不仅关乎时机，更关乎涵养。许多时候，结果都是变化无端的，而决定它的，是等待的过程焦躁与否，等待的心境淡然与否。

（陈佳莘绘）

第五卦　需　坎上乾下　水天（有孚光亨）　**郊沙泥，血酒三**

需：有孚，光亨。贞吉，利涉大川。

有诚信，光明通达，正固吉祥。适宜渡过大河。

上六：入于穴，有不速之客三人来，敬之终吉。

■■　■■　**不速三人**：进入险境中，有三个不速之客，尊敬他们，终有吉祥。

九五：需于酒食，贞吉。

■■■■■　**需于酒食**：等待于酒食中，守正有吉。

六四：需于血，出自穴。

■■　■■■　**需血出穴**：等待于血伤中，从险境中脱出。

九三：需于泥，致寇至。

■■■　■■　**需泥致寇**：等待于淤泥中，导致贼寇到来。

九二：需于沙。小有言，终吉。

■■■■■　**需沙有言**：等待于沙滩中，小有闲言，最终吉利。

初九：需于郊。利用恒，无咎。

■■■■■　**需郊用恒**：等待于郊外，利于守恒，无灾。

需卦上坎下乾，坎为水，升于天而为云。雨露未降，有等待之意。上卦坎为心，乾有刚健之德，心中有德，即诚也（有孚）。九三、六四、九五为互卦离，离为火，光明亨通（光亨）。又乾为动，为行健，坎为水，为大川，故有利于越涉大河（利涉大川）。《中庸》说："居易以俟命也。"这是个养精蓄锐，以待成就大业的卦。

《需》中六爻，初言"无咎"，二言"终吉"，三言"慎不败"，四言"顺以德"，五言"贞吉"，上又言"终吉"，皆无凶象，这表明以诚实、耐心、慎重的态度进取，就会吉祥有利。

需卦之领导启示：在领导过程中，有时候等待亦是进取。人人都渴望更高的地位，却不知等待之珍贵。领导者的等待，一是为了更好的时机，二是为了提升自我，增加积累，以使自己"才称其位"。

初九，阳爻阳位。等待初始，距上卦坎险尚远，一时危及不到（无咎）。因此不必冒险行动，静待守恒即可（利用恒）。

需郊用恒之领导启示：在等待之初，领导者要有一种局外人的心态，不能因过于执着而生出急躁情绪。

九二，阳爻阴位。向坎险更进了一步，上有九三阻挡，只好停在水边沙洲（需于沙）。九二位于互卦兑（九二、九三、六四）中，兑为口舌，虽有言语是非纠缠（小有言），终有吉祥（终吉）。

需沙有言之领导启示：在等待领导的过程中，难免会有闲言碎语，甚至冷嘲热讽。更高的位置意味着更大的责任和更高的风险，领导者自身要有定力，能够认清现状，迎接众人的非议。

九三，阳爻阳位，与上卦坎相邻。坎为盗贼，来到了水边泥沼之中（需于泥），招来了外面的盗贼（致寇至）。然因九三位正，又与上六相应，《象》曰："敬慎不败也。"只要恭敬谨慎，就不会陷入败局。

需泥致寇之领导启示：领导者越接近机会时，越容易招致人的妒忌中伤。心理素质差者甚至轻举妄动，使自己陷入泥潭。此时领导者恭敬自守，才是上策。

六四，阴爻阴位。下乘九三刚爻，容易引发冲突，又在坎中，坎为血，在血泊中等待（需于血）。《周易》中，以下为出为来，上为往为入。六四在上卦坎险的下爻，大难不死，从洞穴中逃了出来（出自穴）。

需血出穴之领导启示：危险不断迫近时，被动等待并不是好的策略。领导者要适时决断，从困境中摆脱出来。

九五，阳爻阳位。居上卦中位，《象》曰："位乎天位，以中正也。"九五既中且正，在互卦离（九三、六四、九五）中，离为火，为食，又在坎中，坎为水，为酒。虽然仍需等待，却是在酒食宴乐之中（需于酒食），可以得吉。

需于酒食之领导启示：等待领导的本质，是考验领导者的气魄。如东晋谢安，面临灭国之战仍是不动声色，宴饮如故，终于稳定军心，打了胜仗。往往是领导者的心态，决定了事情成败。

上六，阴爻阴位。等待就要结束，准备开始行动了。在坎的上爻，进入到洞穴之中（入于穴）。下卦为乾，为动，有跃跃欲试，冲破困阻之态。速，即召请。三爻不请自来（有不速之客三人来）。上六因与九三相应，可与其沟通，互相尊敬，终会吉祥（敬之终吉）。

不速三人之领导启示：领导等待结束，准备开始行动了，仍难免有人质疑阻挠，或是团队骨干，或是离任元老。领导者要明白他们的好心，一方面表达尊敬，另一方面坚持自己的抉择。

在当代，等待领导的最典型也最有趣的例子，非英国王储查尔斯莫属。

从1952年即位至今，英女王伊丽莎白二世已经见证了14位英国首相的轮番执政，并超越维多利亚女王成为英国历史上在位时间最久的君主。岁月荣枯，时移势迁，伊丽莎白仍坚守着她21岁生日时向英国民众许下的诺言："我将把我的一生，无论或长或短，都贡献给你们，贡献给我们伟大的王室。"

其实，在伊丽莎白二世成为英国史上在位时间最长的君主之前，查尔斯王子早已成了在位时间最长的王储。2016年，查尔斯王子已经68岁了，早已过了正常的退休年龄。

身处高位，难免会"小有言"，查尔斯也曾遭到不能登基的冷嘲热讽。《时代》曾对查尔斯进行专访，还采访了其多达50位的亲友，得出的结论是：人们似乎误读了查尔斯王子，他其实并不急于登基，反而担心加冕后"就再也没有时间干自己喜爱的慈善事业和其他工作了"。与古代争夺王位时的残忍酷烈不同，这位王储似乎并不急着要荣登大宝，几十年来"利用恒"而心境坦然。

在作为王储的数十年中，查尔斯成立了无数的慈善机构，尽心履行王室成员的职责，帮扶贫苦，并乐此不疲。王子每年要打理分布在23个郡的"康沃尔公爵领地"，并管理名下20多家慈善机构。每年接近1.3亿英镑的各界捐款，需要他认真规划安排。在这个过程中，查尔斯"需于酒食"而其乐陶陶，然一旦坐上"龙椅"，这些可以亲近民众、亲手做事的愉快逍遥日子，似乎就会变得可望不可即了。

尽管人们对查尔斯王子的生活和工作都存在一些争议，但是查尔斯王子凭借其单凭这种与民同乐的态度和致力慈善的行动，便可以赢得人们的极大认同，终会"有孚"而"光亨"。而从这个角度来看，无论其继位与否，都不会影响这种努力的效果，当然也不会使得政局发生多少扰动。

在领导事业的进行中，不可避免地会有权力交接的问题。自古至今，人们都有一套与其时代相应的继承制度，用来避免领导权力的争夺，进而维护事业的稳定。中国曾经有过禅让制和嫡长子继承制，而蒙古则有幼子继承的说法，古罗马甚至有养子继承的制度，这一切都是为了能够长葆基业，使前人的秩序绵延不息。中外各国在继承制度上的选择方面一般都会煞费苦心，而这对继任的领导者也是一种考验与磨练。在漫长的等待中，候任者既需要促进自身的能力培养，也需要锻炼耐心与韧性，更有甚者，还需要在权力纷争中平衡保身。所有这些，既是领导者早期成长的必经之路，更是领导者获得领导技艺的一次次升级考验。

第四节　领导纷争之讼卦

灯火辉煌的街头

突然袭来了一阵寒流

遥远的温柔　解不了近愁

……

不到最后不罢休　爱若需要厮守

恨更需要自由　爱与恨纠缠不休

我拿什么拯救　当爱覆水难收

——《拯救》

词：梁芒　曲：周笛　演唱：孙楠

"爱恶相攻而吉凶生"（《周易·系辞下》），爱恨的纠葛，是一个永恒的枷锁，禁锢着世事，而一旦产生，许多情谊便覆水难收，无法拯救。而领导者之间的内斗，更会影响事业的发展，使得前功尽弃。

（陈佳莘绘）

第六卦 讼 乾上坎下 天水（有孚窒惕） **不归旧，复讼謷**

讼：有孚窒惕，中吉，终凶。利见大人，不利涉大川。

有凭证可信，窒塞而须警惕，中间吉祥，最后由凶祸。适宜见到大人，不适宜渡过大河。

上九：或锡之鞶（pán）带，终朝三褫（chǐ）之。

鞶带三褫：或者得到赐赠腰带，一天中爵位三次被夺。

九五：讼，元吉。

讼而元吉：裁决讼事，大吉。

九四：不克讼，复即命，渝安贞，吉。

复即命渝：诉讼不能胜，能感知天命，改变初衷，安于守正，吉利。

六三：食旧德，贞厉，终吉，或从王事，无成。

旧德终吉：安享旧有的德业，守正有危险，终有吉祥。抑或随从君王大业，无所成就。

九二：不克讼，归而逋（bū），其邑人三百户，无眚（shěng）。

归逋百户：不能胜诉讼事，归而逃逸，邑人三百户，无灾。

初六：不永所事，小有言，终吉。

不永所事：不要坚持所诉讼的事，稍有议论，最终有吉。

《序卦》："饮食必有讼。"生存之争，必有争讼。讼卦上卦为乾，为刚健之德，下卦为坎，为心，即心中有信。大凡争讼，皆自以为有理（有孚）。九二为下卦心之主爻，上无所应，有所窒碍，需警惕行事（窒惕）。《杂卦》："讼不亲也。"不亲即相怨，争讼即使赢了，对自己有利，但最终仍是会结下冤家。俗言"冤家宜解不宜结"，长远看是不利的（中吉，终凶）。争讼之中，需要有德之人来做公证，宣扬教化（利见大人）。下卦为内，上卦为外，讼卦内有坎险，外刚健，内不宁则不可贸然求外（不利涉大川）。

孔子曰："听讼，吾犹人也，必也，使无讼乎？"（《论语·颜渊》）听讼断案，我和别人类似，若有什么不同之处，便是我要设法消除争讼。讼卦展现的是中国"以和为贵"的政治理想。和谐止争，才是第一要义。

讼卦之领导启示：领导者要减少纷争，通过纷争获得的利益是不稳定的。领导者的任务，是要维持组织内部的和谐，出现纷争之后，领导者要能以中立无私的态度去解决，为组织发展创造一个良好的生态。

初六，阴爻阳位。争讼初始，在坎中，坎为耳。上有互卦离（九二、六三、九四），离为明。小的争讼一听则是非立断，不必长久纠缠（不永所事）。虽小有口舌之争，因上与九四相应，终有吉祥（小有言，终吉）。

不永所事之领导启示：在出现纷争之后，领导者不可执着不放，要主动从对方的角度来思考问题，这样就可以适当地消解冲突。

九二，阳爻阴位，与九五不应。九五势尊，故与九五之讼必败（不克讼），于是收敛争胜之心，赶快逃走（归而逋），躲在他的采邑领地之中（其邑人三百户）。低调做人，便没有灾祸（无眚）。

不克归逋之领导启示：在纷争升级之后，诉讼是难免的。领导者此时应该收敛争讼之心，避免事态的进一步恶化。个人的力量是有限的，如果收敛锋芒，回归到团队之中，就可以保留自己的力量。

六三，阴爻阳位。三位为公侯之位，古时世袭，公侯子孙皆可继承先祖爵禄（食旧德）。六三乘刚，有危险，可能丢掉爵位（贞厉）。因与上九相应，有所依靠，终有吉祥（终吉）。上卦为乾，为帝王，可以随从君王做事（或从王事）。但因仍处于坎险之中，自身难保，千万不可以居功自傲（无成）。

旧德终吉之领导启示：坚持争讼，难免引发冲突。此时领导者要积极寻求更高位的支持，让他们来平息纷争。

九四，阳爻阴位，上与九五主爻相斥，九五为尊，争则必败（不克讼）。然有初六相应，回头安于天命（复即命），变得守正不失，就会吉祥（渝安贞，吉）。

复即命渝之领导启示：在与强者的争端失利后，应该转变态度，安于本心，不能再有失误。

九五，阳爻阳位。元吉，大吉之意，在爻辞中很少见，其意不可谓不重。九五既中且正，象征秉持公正的法官、君子，民有所讼，可以得到公道的判决，对民众有利，自然大吉。孔颖达《周易正义》云："中则不有过差，正则不有邪曲，中正为德，故元吉。"

讼而元吉之领导启示：高位领导者要能够以中立的态度调解诉讼。公正产生秩序，秩序带来发展。

上九，阳爻阴位。鞶带为官爵之意。因诉讼获胜，得到了诸多好处（或锡之鞶带）。《象》曰："以讼受服，亦不足敬也。"打官司而得到官职，是不值得敬佩的，更会结怨于人。因而一日之内，被多次贬谪（终朝三褫之）。

鞶带三褫之领导启示：领导者要意识到通过纷争得到的好处是不稳定的。结怨于人，将会失掉人心，损失潜在利益。而且其他人会觊觎于己，渐生危机。

在汽车产业的历史上，亨利·福特乃是一个绕不过去的名字。1908 年，福特第一个推出了风靡全美、物美价廉的 T 型车，从而使汽车从奢侈品渐变为日常居家用品。之后，福特又创立了改变整个工业生态的汽车装配流水线，几乎使装配速度提高了 8 倍。

然而，在亨利·福特取得这些光鲜夺目的成就背后，还存在着一个有着权谋家诡谲手腕的"纷争制造师"。由于福特的这个缺点，他的管理几乎把福特公司引入覆灭之地。

荣耀使人盲目，T 型车的巨大成功使亨利愈发变得唯我独尊，自以为"有孚"而"窒"，容不下丝毫的质疑。有一次，一位设计师想要改良 T 型车，亨利暴怒地砸烂了他们的汽车模型。

亨利为了树立自己的绝对权威，在公司管理上施展权谋之术，常常私下破坏、诋毁手下的领袖，"小有言"且"永所事"，挑起他们之间的矛盾，尤其是他的儿子——艾德塞尔。最终，亨利失掉了人心，被迫把总裁的职位交给艾德塞尔。但他仍暗中扶持公司其他领袖，抵制自己的儿子，使公司人心离析，失去了许多优秀人才。而艾德塞尔也于 1943 年因操劳过度去世，终年 49 岁。

之后艾德塞尔的大儿子——26 岁的亨利·福特二世接掌公司，他明白"食旧德"必"贞厉"，不可延续以往的管理模式。故而多方操作，得到了公司主要领导的支持，并说服祖父下台，登上总裁宝座。而福特因制造领导纷争得到的权力和地位终逃不过"终朝三褫之"的命运，不断被削弱，直至化为乌有。

福特二世接管时，公司已十几年没有赚过钱，且每天亏损高达一百万美元。他明白公司的症结在管理，只有"复即命，渝安贞"，摒弃原来的勾心斗角，引进人才，才能使公司重新走上正轨。在福特二世的整治之下，终于使公司扭亏为盈，在 1949 年时汽车销售超过 100 万辆（马克斯韦尔，135–138）。

福特的故事正应了讼卦所言"中吉，终凶"。在领导的过程中，争讼和矛盾只会使组织内部的孚信下降，影响内部的团结，内不宁，又何以攘外呢？

领导纷争往往滥觞于领导者的"个人化权力动机"。一位具有个人化权力动机的领导者，往往把权力本身作为追求的终极目标，他们缺少自制力，易冲动，并且把注意力集中在提高个人声誉上（Magee，2008）。而为了个人的目的，他们会采取"马基雅维利主义"的行为策略。作为领导者，这些人通常运用操纵他人的技巧（有时通过诡计、欺骗和权宜之计）来施加自己的影响（皮尔斯，2009：571）。

这样的领导模式，在领导学中被称为"权力矛盾型领导"，他们通过制造领导层之间的矛盾来巩固自己的地位，置组织未来的发展于不顾。最终的结果，只能是身败名裂，一无所有。

第五节　领导小憩之小畜卦

夜里难以入睡　用什么可以麻醉

情绪太多　怎堪面对

……

我的心太乱　要一些空白

老天在不在　忘了为我来安排

我的心太乱　害怕爱情的背叛

想哭的我　像是一个迷路小孩

——《我的心太乱》

词：丁晓雯　曲：周传雄　演唱：周传雄

　　事乱然后求安，心乱然后求静。在领导前行的坎坷之中，总有不期而至的困惑迷惘，此时就要停下来，寻一个自己的空间，小憩片刻。就如王阳明龙场悟道一样，小憩不是停滞，而是为了更好地思考未来。

（陈佳莘绘）

第九卦 小畜 巽上乾下 风天（密云不雨） **复牵反，孚邻望**

小畜（xù）：亨。密云不雨，自我西郊。

通达。浓云密布而不下雨，从我西边的郊野飘聚过去。

上九：既雨既处，尚德载；妇贞厉，月既望；君子征凶。

既雨既望：已经下雨，已经安定，积德载物，妇女守正有危厉。月已圆，男子前进凶险。

九五：有孚挛（luán）如，富以其邻。

富以其邻：诚信如同连手，并使邻居富有。

六四：有孚，血去惕出，无咎。

有孚惕出：有诚信，流血而免去忧患，无灾。

九三：舆说（tuō）辐，夫妻反目。

舆说反目：车脱了辐条，夫妻反目。

九二：牵复，吉。

牵复之吉：相引而回，吉祥。

初九：复自道，何其咎，吉。

复道何咎：循着正路回来，哪会有灾？吉祥。

《象》曰："小畜，柔得位而上下应之。"六四为全卦唯一的阴爻，被上下刚爻守护蓄聚起来。又阴爻为小，故称小畜。

六四为主爻，在上卦巽与互卦兑（九二、九三、六四）中。兑为泽，蒸气上行而为云。兑又为西，云被上卦巽风向西吹走，虽有云而不降雨（密云不雨，自我西郊）。依《杂卦》之意，小畜为小有积蓄。卦象乃喻厚积薄发，量变以达质变的积累过程。故《象》曰："君子以懿文德。"此时恩泽未可广布，是加强自我修养，巩固内在品德的好时机。

小畜卦之领导启示：在领导团队前行了一段时间之后，领导者需要进行小小的停顿，以回首过去，前瞻未来，总结以往的经验，勘定以后的方向。如此方可积聚力量，统一思想，为更远的征途打下基础。

初九，阳爻阳位，当位。乾道刚健，又上应六四，相为指引，回归到正路上来（复自道），就不会有什么灾祸（何其咎）。

复道何咎之领导启示：当发现前进的道路有问题时，领导者应该及时引导大家回复正轨。

九二，阳爻阴位。在互卦兑（九二、九三、六四）中，兑为羊，为牵。虽然与九五不应，但心系六四主爻，受其牵引（牵复），又居中，不失其位，故吉。

牵复之吉之领导启示：虽然领导者发出了警告，但是有的团队成员思想已经偏离，一时难以转回。领导者要有耐心，相信他们只要心系组织，终会回复正道。

九三，阳爻阳位。上卦巽为木，为直，是车轮上的辐条。下卦乾为动，九三在上下卦衔接处，六四主爻乘其上，重压以致脱落辐条（舆说辐）。柔在刚上，是夫妻位置颠倒，关系不和之象。九三在互卦离（九三、六四、九五）中，离为目，故曰夫妻反目。

舆说反目之领导启示：此时正是团队需要小憩整顿的时候，一部分执意进取的人会主张冒进，将带来团队的内部分裂。领导者要见微知著，及时晓谕制止。

六四，阴爻阴位，是全卦的主爻。唯一的阴爻受到所有阳爻的信任（有孚），但因乘九三刚爻而又有冲突，或会流血而惕。六四上承九五至尊，得到强有力的支持，故灾祸可以避免（血去惕出，无咎）。

有孚惕出之领导启示：思想的整顿必将面临团队内部的冲突，领导者要诚信沟通，努力解决内部的分歧，若不得已，可让高层权力介入，以达成共识。

九五，阳爻阳位，为尊位。下乘阴爻，阴阳相吸，心有恋系，互相信任（有孚挛如）。九五在巽卦中，巽为近利市三倍，为财富。九五与上下分享其财（富以其邻），"乐以天下"，也无怪乎信誉如此之好了。

富以其邻之领导启示：团队的凝聚力离不开利益维系。在对团队思想进行统一之后，领导者要及时分享现实利益，以增强团队成员继续前进的动力。

上九，阳爻阴位。上升到了极处，密云之后，久旱必雨，可以相安（既雨既处）。此雨乃长期积德而致（尚德载）。上卦巽为妇，下卦乾为夫，妇在夫上，阴强而阳弱，如月之将满，于妇人不利（妇贞厉，月既望）。阳为君子，上九处穷极之位，再向前将有凶祸（君子征凶）。

既雨既望之领导启示：修整已毕，时机成熟，领导者要及时带领团队启程。然此时人心初定，一方面要避免如妇人般畏怯不前，另一方面要防止过于激进。

伊安·常（Ian Chan）自大学起，便怀揣着领导的梦想，渴望着一份燃烧激情的工作。毕业后，他先后进入了投资银行和一家私营公司，枯燥索然的生活使他看不到未来，偶然的机会，他和弟弟对人类基因组研究产生了浓厚的兴趣。"复自道，何其咎，吉"，这意味着，只有及时回到自己的理想之路，才能得吉。面对新的兴趣，他们当机立断，辞掉工作，创办了一家对医学界产生革命性影响的高科技公司——美国基因组公司（U.S. Genomics）。

他们借贷了 10 万美元开始创业，并把著名基因专家克雷格·文特尔（Craig Venter）和知名技术专家鲍勃·朗格尔（Bob Langer）招致麾下。公司的巨大潜力为其带来了 5 200 万美元的风险投资。常氏兄弟用了 5 年的时间，使公司成了整个行业的领头羊。

然而，天有不测风云，当公司董事会告诉两位创始人，他们准备聘请新的 CEO 接替他们的工作的时候，常氏兄弟哑然失色，正是"舆说辐，夫妻反目"，在一切正常的时候出现了内部领导层的分裂。而董事会的投资者们则另有"算盘"，他们明白公司的前途广大，也洞晓常氏兄弟的管理才能不足以带领公司走向更远。《易》言"有孚挛如，富以其邻"，为了众多投资者的利益，董事会做出了这个痛苦的决定。

呐喊呼吁，无济于事，一切的努力刹那变成徒劳，常氏兄弟痛苦不已。然而也正是这痛苦的经历，让他们认识到了自己的缺陷，他们不断反省，并用两年时间攻读 MBA，在这难得的"小畜"时光中提高自己。离职也使他们从忙碌的生活中解脱出来，娶妻生子，拥抱生活的美好。

通过这几年的宝贵时光，他们更清晰地认清了自己的能力，获得了更加丰富的经验，从"密云不雨"的困顿无奈走到了"既雨既处"的蓬勃之境，重新崛起，创办了以生物科技为主的 Abpro 公司（比尔·乔治、彼得·西蒙斯，2014：55–57）。

在领导的路途上，风雨难测，阴霾汇聚总是难免，常氏兄弟恰逢此时，便把握住这难得的安闲，自我积累，终至"血去惕出"，化灾难为奋进，有孚而无咎。

对于领导者来说，一个团体的稳定至关重要。被称为"社会心理学之父"的德裔美国心理学家库尔特·勒温（Kurt Lewin）曾提出团体动力理论，他认为连续地过度地追求正式组织的工作目标会有损于团体行为的内聚力。所以，团体领导人必须为促进一定程度的团体和谐而提供相当的时间和手段（Lewin，2006：167-168）。而领导小憩，就是要在团体因追求而焦躁的时候，留出一份清净的空间，在团体内把感情上的压力发泄出来，这样反而有利于正式组织工作目标的实现。

第六节　领导整弊之蛊卦

喝一杯　干杯朋友
就让那一切成流水　把那往事
把那往事当作一场宿醉
明日的酒杯莫再要装着昨天的伤悲
请与我举起杯　跟往事干杯
举起杯　跟往事干杯
——《跟往事干杯》
词：陈桂珠　曲：长渊刚　演唱：姜育恒

"弃我去者，昨日之日不可留"，跟往事干杯，不仅是豁达，更是对未来负责的表现。留恋往事，心怀不舍，往往是整治弊病的大忌，领导者要有壮士断腕的气魄，才能医治好组织的病痛。

（陈佳莘绘）

第十八卦　蛊　艮上巽下　山风（除弊治乱）　**父母悔，裕誉尚**

蛊：元亨，利涉大川。先甲三日，后甲三日。

最为通达，适宜渡过大河。开始之前的三天，开始之后的三天。

上九：不事王侯，高尚其事。

■■■■　**高尚其事：** 不侍奉王侯，做高尚的事情。

六五：干父之蛊，用誉。

■■ ■■　**干父用誉：** 匡正父的过失，受用声誉。

六四：裕父之蛊，往见吝。

■■ ■■　**裕父往吝：** 姑息父的过失，往后会出现忧吝。

九三：干父之蛊，小有悔，无大咎。

■■■■　**干父小悔：** 匡正父的过失，稍有悔恨，无大灾。

九二：干母之蛊，不可贞。

■■■■　**干母不贞：** 匡正母的过失，不可固守。

初六：干父之蛊，有子，考无咎，厉终吉。

■■ ■■　**干父终吉：** 匡正父的过失，是好儿子，父辈可免灾祸，虽危厉
而最终吉。

蛊卦是泰卦的变卦，泰卦为太平久安之卦，蛊则相异。蛊字上虫下皿，古人讲器皿久不用而生出虫来，即是蛊。苏轼《东坡易传》有云："器久不用而虫生之，谓之蛊；人久宴溺而疾生之，谓之蛊；天下久安无为而弊生之，谓之蛊。"因而蛊为清弊除乱之卦，可以亨通（元亨）。整治腐败如跋涉大河一样艰巨，需要做好充分的准备（利涉大川）。甲为天干的开始，讲时间。前三天要清除积弊，后三天要布新政（先甲三日，后甲三日）。

因为二、五皆不正，无法挟制众爻，则其有"事"，必是"弊乱之事"。有乱事必要治之，故初、三、五皆以匡正父弊而或吉、或无咎；六四因缓正父"蛊"而有"吝"；上九以不服侍王侯而"高尚其事"；唯九二以匡正母弊为喻，来说明"守正持中"的必要性。

蛊卦之领导启示：领导者面对前任留下的烂摊子，要有整治腐败，清除弊乱的魄力。在整治过程中，总会面临压力，领导者一方面要避免对前任全盘否定，

以维护组织根基；另一方面，不能姑息养奸，以免整治半途而废。

初六，阴爻阳位。父辈传下家业，积弊沿袭，上卦艮为少子，儿子要设法补救（干父之蛊）。基业不衰，才是父辈所愿，儿子为除腐败，虽改换先祖规制，却可免去父辈所带来的灾祸（考无咎）。守护家业不易，然励精改革，定能开拓新的局面（厉终吉）。

干父终吉之领导启示：内部的腐败混乱已经危及了组织存亡，继任的领导者要勇敢担起整治的责任，虽有风险，但终能使组织免于危亡。

九二，阳爻阴位，上应六五。六五为母，母亲的腐败无非是后宫中生活作风混乱，倾轧争宠，外戚擅权之类。一因家丑不可外扬，二因女人之事关乎情，非理可治，应适可而止，不可过分认真（干母之蛊，不可贞）。

干母不贞之领导启示：领导者在整治腐败的过程中，不可执着于前任的隐私琐事。要如兵法中攻城需留缺口一样，留有余地，若事事紧逼，或会引发前任元老的插手反抗。

九三，阳爻阳位，有救治之功。位正且刚，改治手段过于强硬，与上九不应，得不到父辈的认同，小有悔恨（干父之蛊，小有悔）。然正气凛然，矫枉过正是改革中常有之事，有小错不会影响大局稳定（无大咎）。

干父小悔之领导启示：领导者纠正弊乱不可操之过急，急切强硬的措施容易伤害众人感情。且组织内部人事关系千丝万缕，若整治引起的积愤过大，将引起领导层的反弹。

六四，阴爻阴位，处于上下交界处。上艮为止，下巽为进退不定，加之六四柔弱顺从，无力改革弊政，迷茫无措，只好任由腐败加深（裕父之蛊），往后会有灾祸（往见吝）。

裕父往吝之领导启示：整治渐渐深入，遇到的阻力也越来越大。此时领导者如果懦弱妥协，姑息不发，必将导致失败的结局。

六五，阴爻阳位。以柔和的中庸之德来改革，下有九二相应，故可任贤使能，铲除积弊。同时手段柔和，不至于伤及父辈的声誉（干父之蛊，用誉），以免引起社会思想的动荡。

干父用誉之领导启示：在整治弊乱的同时，领导者要设法宣扬前任治理好的地方，不能抹黑前任，擅夺治理带来的声誉。这样才能保证组织的稳定。

上九，阳爻阴位。古人认为此爻是讲隐士。"天下有道则见，无道则隐"（《论语·泰伯》），社会蛊乱无常，贤士厌倦其弊，又不当位，只好退隐以明志（不事王侯，高尚其事）。《象》曰："志可则也。"如此洁身自好的志向，是值得人们学习的。

高尚其事之领导启示：整治结束之后，声誉已隆，领导者要能够急流勇退。若执着权力，将会导致制度的固化，极有可能成为下一任所整治的"前任"。

1999 年，当卡莉·费奥莉娜（Carly S. Fiorina）接掌惠普帅印的时候，她面对的，是一个垂垂老矣的公司。惠普作为一个老牌公司，以往成就带来的惰性，使得它积弊渐深，改革乏力，杂乱的管理更是像一个巨大的包袱，压在公司的肩上，前进不得。

费奥莉娜明白，只有改变以往公司的弊陋之处，"干父之蛊"，才能"终吉"，使惠普走向正轨。在进行了全面的考察之后，费奥莉娜开始了大刀阔斧的改革，压缩臃肿的管理层级，将过去的 83 个部门削减到 17 个部门，并且大规模裁汰冗员，以降低成本，提高效率。

然而人们总贪恋旧有的制度，不愿改变，消极抵抗者有之，恶意中伤者有之，正应了卦中所言"小有悔"。但最终，"铁娘子"费奥莉娜的坚持使得公司摆脱了长期低迷的泥沼，得到了人们的认可。整治落后的部门，必要触犯保守者的利益，但只要方向正确，规划完好，定会"无大咎"。

"先甲三日，后甲三日"，在整治弊乱之后，就要着手展布新政。其时网络化的浪潮已势不可挡，为了更好地生存下去，费奥莉娜开始大力推动"电子服务"战略，使惠普大步跨入电子商务领域。为了摆脱惠普以往守旧呆板的形象，费奥莉娜又建立了一系列鼓励创新的制度，比如，费奥莉娜推出了一个名为"结合部发明"的改革措施，旨在激发企业的创造力。2000 年，费奥莉娜又展开了两亿美元的全球品牌塑造运动，以新的企业图案将惠普新面貌呈现在人们眼前。

在费奥莉娜的带领下，惠普重振雄风，大踏步迈向新的辉煌（史岚，2005：156–159）。

费奥莉娜对组织内繁杂事务的处理方法，跟"现代管理学之父"彼得·德鲁克（Peter F. Drucker）在《管理实务》中提出的目标管理的概念相似。目标管理认为企业管理是在众多需求和目标中取得平衡，而不是替某一机构给定一个目标。企业目标可分为战略性目标、策略性目标以及方案、任务等。一般来说，战略目标和策略目标由高级管理者制订；中级目标由中层管理者制订；初级目标由基层管理者制订；方案和任务由职工制订，并同每一个成员的成果相联系。自上而下的目标分解和自下而上的目标期望相结合，使经营计划的贯彻执行建立在职工的主动性、积极性的基础上，把企业职工吸引到企业经营活动中来（Drucker，1968：13-15）。中国80年代初开始在企业中推广，采取的干部任期目标制、企业层层承包等，都是目标管理方法的具体运用。在多种目标的协调过程中，难免要有所取舍，大胆地割去腐烂的肌体，才能达到目标，迎来新生。

第七节　领导剥夺之剥卦

你总是心太软　心太软

独自一个人流泪到天亮

你无怨无悔的爱着那个人

我知道你根本没那么坚强

你总是心太软　心太软

把所有问题都自己扛

——《心太软》

词：小虫　曲：小虫　演唱：任贤齐

　　领导剥夺的弊处有两种：一种是对坏领导心软姑息，另一种是对好领导蛮横打击。这两种情境都是因为有私情私心。保持公正是领导剥夺的关键，就像诸葛亮挥泪斩马谡一样，剥夺也不全然是坏事。

（陈佳莘绘）

第二十三卦　剥　艮上坤下　山地（残阳如血）　**足辨之，肤宫房**

剥：不利有攸往。

不适宜有所前往。

上九：硕果不食，君子得舆，小人剥庐。

■■■■■■■■■■ **小人失房**：不吃大果，君子得到车乘，小人失去房子。

六五：贯鱼以宫人宠，无不利。

■■■■　■■■ **以宫人宠**：鱼贯而入受到宫人般宠爱，没有不利。

六四：剥床以肤，凶。

■■■■　■■■ **剥床以肤**：剥落床板，凶险。

六三：剥之，无咎。

■■■■　■■■ **剥之无咎**：剥落它，无灾。

六二：剥床以辨，蔑，贞凶。

■■■■　■■■ **剥床以辨**：剥落床腿，蚀灭正道，凶险。

初六：剥床以足，蔑，贞凶。

■■■■　■■■ **剥床以足**：从床脚开始损坏，蚀灭正道，凶险。

剥卦由乾卦渐变而来，自下而上，刚爻不断被侵蚀，至剥卦仅剩一个刚爻。阳刚为君子，阴柔为小人，象征君子之道渐衰，小人得势。如此下去，正义或将荡然无存，不利于有所行动（不利有攸往）。又剥卦上艮为少男，下坤为母，比之历史，乃为帝王冲龄，母后夺权之象。外戚权盛，而不祸国殃民者鲜矣。故许多朝代定立后宫不干政之制。剥卦山附于地，老子云："高必以下为基。"《象》曰："上以厚下安宅。"故剥卦又有君舟民水之意，山以地为根本，山体渐剥，是君权不稳。若君王能够意识到民心的重要性，厚下安民，可以稍缓危及，巩固统治。

剥卦之领导启示：领导剥夺，乃因对小人的姑息。剥夺貌似是自下而上，步步进逼高层，实则是高层见小人而容忍，以致其渐渐壮大，以至于覆灭领导者自身。故而，领导者的关键是要能够建立良好的制度，见微知著，止乱于未形。

初六，阴爻阳位。床为居家安身之本，故剥卦以床为喻。初爻为床足，床足接地最近，最易受潮剥落（剥床以足），象征社会底层的腐败。阴为邪，邪侵于正，初六距上九最远，是根本性的剥蚀，故有凶祸（蔑，贞凶）。

剥床以足之领导启示：基层离领导者最远，且人数众多，因其人微言轻，故不受重视。故腐坏多始于基层，积小成大，为祸渐深。

六二，阴爻阴位，与初六相比，距主爻上九稍近，并未伤及根本。郑玄说："足上称辨"，六二是剥蚀到了床腿（剥床以辨）。

剥床以辨之领导启示：腐坏若不制止，将渐渐感染至基层领导，正直之士不断受到排挤打击。领导者面对这种情况，应当警觉。

六三，阴爻阳位。处在诸爻中间，虽然也受到了侵蚀（剥之），但与上九相应，有所庇护，不易暴露，因而没有什么凶险（无咎）。

剥之无咎之领导启示：一些与高层领导有私人关系的中下层领导，虽然已经腐坏，但因表面上依附于高层君子，难以被发现。高层领导者容易受蒙蔽，以愚为贤，这是最危险的。

六四，阴爻阴位，为上卦首爻。上卦艮为带皮肉，故为肤。床已剥蚀到了床板（剥床以肤），床上之人必不可幸免于难。荀子："白沙在涅，与之俱黑。"阴势已盛，此时君子虽欲洁身自好，而不可得了。

剥床以肤之领导启示：由于高层的姑息，腐坏已渐至组织中枢。领导者身边也渐渐充满了小人。

六五，阴爻阳位。以柔入尊位，为下面群阴之首。鱼为阴，六五带领诸阴如贯鱼一般。上承阳爻，阴阳相吸，上九位不尊，故非君王，六五受宠，亦非王后，乃为宫女（以宫人宠）。有所依靠，自然无害了（无不利）。

以宫人宠之领导启示：下层腐坏得以向上侵蚀的突破口便是欲望，如性欲和金钱之欲。领导者有欲，下属便千方百计投其所好，以攻破高层的防线，以达到自己的目的。

上九，阳爻阴位，为剥卦主爻。上卦艮为果蓏，然受众阴侵蚀，小人觊觎，连这仅存的硕果也不可得而食了（硕果不食）。上九在互卦坤（六三、六四、六五）之上，坤为舆，又为民，阳爻为君子，民众拥戴君子，以车载之（君子得舆）。剥卦状如房屋，上九为顶，阴爻小人渐长，再上便是要剥去屋顶了（小人剥庐）。阳爻德正，如广厦庇民，但阴长阳衰，君子无奈于世事，悲壮如残阳。

小人失房之领导启示：众皆为小人，独有最高层一个君子，故而为民望所归。只可惜群小之势已成，领导者虽想要自保，也不可能了。

1984年，时任广东三水酒厂的李经纬建立了健力宝公司。之后，李经纬凭借其营销天才，成功地在洛杉矶奥运会上把健力宝塑造为"东方魔水"。此举在中国的企业史上可谓是石破天惊，从初期345万元的销量到1997年的54亿，健力宝创造了一个难以逾越的企业神话。

然而，在这耀眼的背后，却有着难以弥合的矛盾——产权问题。健力宝虽名义上是三水的国有企业，却是李经纬一手做大的。在企业家产权意识不断苏醒的20世纪90年代，国有体制给健力宝带来的极大的弊端。如为了就业率，三水硬性规定健力宝员工中三水人必须占45%的比例，并且由于行政干预较强，裙带关系更是泛滥整个公司。"剥床以足"，基层的腐败无能，对整个公司的管理生态带来了极其恶劣的影响。

为了使健力宝免于灭顶之灾，李经纬开始谋求上市，以期一次性解决公司的股权问题；并在广州建立健力宝大厦，企图把公司迁出关系复杂的三水。然而，健力宝毕竟是三水政府重要的财政支柱，三水政府作为健力宝的所有者，断然否定了李经纬的计划，自此"剥床以辨"，矛盾开始公开化，健力宝渐入凶险之境。

从1998年开始，三水市政府开始加大对健力宝资金的掌控。也是从这一年开始，健力宝销售额开始大幅降低，到2001年跌到31亿元，回落到了1994年的水平。政府对管理层的侵蚀造成了毁灭性的影响，爻辞言"剥床以肤"，健力宝也由曾经的"香饽饽"变成了要尽快出手的"烫手山芋"。

由于矛盾不断激化，三水市政府召开了健力宝转制工作联席会议，结果90%的官员都主张卖掉健力宝，但绝不能卖给李经纬团队。但人们普遍对健力宝创始人怀有同情，迫于舆论压力，三水政府进退两难，李经纬亦焦躁难安。

所谓"君子得舆"，李经纬虽然在民众中享有极高的声誉，然终难逃脱"小人剥庐"，身败小人之手的命运。最终，"法师"出身的张海带着国有企业的名号杀了出来，三水政府便急匆匆地把健力宝卖了出去。在仓促准备的签约会场上，李经纬独坐一隅，默然无言。第二天，他"含泪仰天，不发一语"的照片刊登在国内各大媒体，观者无不动容。

结局可想而知，张海虽然是资本市场的弄潮儿，对饮料企业的管理却是一窍不通，混乱的决策使得健力宝江河日下，多年积累的品牌最终渐渐淡出了市场（吴晓波，2015：2–27）。

领导剥夺，或无咎或凶险，正道则无咎，故有诸葛亮挥泪斩马谡以正军纪；失道则凶，故有三水政府驱逐李经纬而致健力宝江河日下。此中玄机，领导者不可不察。

在领导剥夺的过程中，有一个关键的名词，叫作"利益相关者"。1984 年美国弗吉尼亚州立大学工商管理学教授爱德华·弗里曼（R. Edward Freeman）在《战略管理：利益相关者管理的分析方法》一书中提出了利益相关者管理理论。利益相关者管理理论是指企业的经营管理者为综合平衡各个利益相关者的利益要求而进行的管理活动。该理论认为任何一个企业的发展都离不开各利益相关者的投入或参与，企业追求的是利益相关者的整体利益，而不仅仅是某些主体的利益。凡是专注于个别利益而忽略其他利益的决策，最终都会失败，而领导剥夺的成功与否就在于对利益相关者的处理方式（Freeman，1984）。

第八节　恢复领导之复卦

没有你　世界寸步难行

我困在原地　任回忆凝集

……

你快回来　生命因你而精彩

你快回来　把我的思念带回来

别让我的心空如大海

——《你快回来》

词：刘沁　曲：刘沁　演唱：孙楠

当领导事业走入歧途，组织陷入困难的时候，就需要有人大呼"你快回来"，及时让组织恢复正道。就如乔布斯在 20 世纪 90 年代回归苹果使公司走向巅峰一样。然而如今逝者已往，"果粉"的呼唤也难以挽留这位天才了。

（陈佳莘绘）

第二十四卦　复　坤上震下　地雷（反复其道）　**近休频，中敦战**

复：亨。出入无疾，朋来无咎。反复其道，七日来复，利有攸往。

通达。外出入内没有疾病，朋友前来没有灾难。在轨道上反复运行，七天回来重新开始，适宜有所前往。

上六：迷复，凶，有灾眚（shěng）。用行师，终有大败，以其国君，凶；至于十年，不克征。

迷复有战： 迷失归路，凶险。有灾害，行兵征战，终必大败。凶险连及国君。

六五：敦复，无悔。

敦复无悔： 敦厚笃诚回复，没有悔悟。

六四：中行独复。

中行独复： 中途独自回复。

六三：频复，厉无咎。

频复无咎： 频繁回复，有难，无灾。

六二：休复，吉。

休复之吉： 休息而后回复，吉祥。

初九：不远复，无祇悔，元吉。

近复元吉： 在不远处返回，无大悔恨，大吉。

复卦为剥卦的覆卦（即上下颠倒），《系辞》曰："穷则变，变则通，通则久"，阴极而生阳。古人认为阴阳相互转化需要七天时间，剥卦转为复卦，也需七天（反复其道，七日来复）。阳爻初生，有壮大之势，甚至阳爻愈多而成乾卦。阳为志同之友，君子到来，自然无害而有益（君子无咎）。在此发展过程中，阳气蓬勃向上，不会生出坎卦，坎为疾，故不会有疾病（出入无疾）。阳动阴随，乃"天地之心"，阳气已生，一往无前，又何畏哉（利有攸往）！

复卦之领导启示：领导之途，难免走上歧路，甚至出现大政方针的错误。孔子言：过而不改，是谓过矣（《论语·卫灵公》）。领导者面对错误，要能及时改过，返回正途。且迷途的情境多种多样，领导者要能够因时势改变返途的策略。

初九，阳爻阳位，是全卦唯一的阳爻，阳气初生，为主爻。剥卦变为复卦，自此始成。迷途未远，悬崖勒马（不远复），故无大的悔恨（无祗悔）。

近复元吉之领导启示：领导者若在行动伊始便发现错误，就要勇敢面对，"及行迷之未远"（《楚辞·离骚》），果断返回，这样才不会造成大的危害。

六二，阴爻阴位，与初九阴阳相吸，初九阳刚为贤人之象，六二从之，稍事休息，便也返回正路（休复）。

休复之吉之领导启示：中下层领导者距离基层较近，基层向贤，有回复之心，领导者就要积极行动，顺应大势。

六三，阴爻阳位，与初九不邻，又没有什么关系，处于震卦的上爻，根基不稳，震动得厉害。虽有回复正道之心，然难以恒久，频繁出错（频复）。改过不易，诚能持之以恒，定可免于灾祸（厉无咎）。故孔子盛赞颜渊"不二过"之德（《史记·仲尼弟子列传》）。

频复无咎之领导启示：中层领导者处在上下交接的尴尬境地，受旧途与新途的双重影响，故举棋不定。但在经历思想斗争之后，终能找到正途。

六四，阴爻阴位，处上下四个阴爻之中，又处正位，可以中正而行（中行）。同时与上下四阴不同的是与初九相应，能够得到指引，自己返回正路（引复）。

中行独复之领导启示：此处的领导者由于与基层的特殊关系，能够得知人心动向，故能做出正确的抉择。

六五，阴爻阳位，处上卦坤中，坤主思，又有载物之厚德。六五虽距初九较远，但因居中而能诚心自省，可以返回正道而无悔恨（敦复无悔）。

敦复无悔之领导启示：对于高位领导者来说，路径依赖效应已相当深重，已成骑虎难下之势，回复的成本也非常高。但诚心返途，仍能得到支持。

上六，阴爻阴位，距初九最远，没有指引，容易迷失归路（迷复）。沉溺于歧路，必有灾殃（凶，有灾眚）。以古时行军为喻，不得正道，事关重大，败仗甚至动摇国本（终有大败，以其国君）。坤之数十，以至于引起数十年的国运衰微（至于十年，不克征）。

迷复有战之领导启示：领导者处位太高，便容易受下级的层层蒙蔽，难以觉知正途。执迷不悟，难免失败。

当今世界范围内，苹果公司及其创始人史蒂夫·乔布斯（Steve Jobs）可谓家喻户晓。然而，却少有人知道，苹果公司与乔布斯曾经有过一段剥夺和恢复领导的恩怨纠葛。

1976 年，21 岁的乔布斯与 26 岁的斯蒂芬·沃兹尼亚克（Stephen Wozniak）在自家的车房里成立了苹果公司。在这里，乔布斯展现出了极其出色的创造天赋。1977 年，他们发明的 Apple Ⅱ 凭借小巧美观的设计在美国第一次计算机展览会一炮而红，订单如雪花般飞来。但随后的 Apple Ⅲ 和 Apple Lisa 却出乎意料地失败了。由于业绩不佳，乔布斯作为最终责任人，被迫在 1985 年辞去了苹果公司董事长的职务。

在经历短暂的休息之后，乔布斯重整旗鼓，踏上征程，回到了自己熟悉的行业，成立了 NeXT 计算机公司，并收购成立皮克斯动画公司。这两个公司的成功使乔布斯的身价在 1996 年的时候飙升到 10 亿美元，可谓"休复"而得吉。

与此同时，失去乔布斯的苹果公司却陷入了困境，市场份额由全盛时期的 16%跌到 4%。乔布斯眼看苹果公司一日日没落，仿佛亲手哺育的花儿在渐渐枯萎。经由公司的诚挚邀请，乔布斯终于重新回到苹果。虽然他只剩下了 1 股的苹果股票，然"敦复"之德，是无须金钱衡量的。

重回苹果的乔布斯立即开始大刀阔斧地改革，停止不合理的生产，并着手研发新产品 iMac 和 OSX 操作系统，渐使苹果回到正轨。随后，苹果公司连续推出 iMac、iTunes、iPad、Apple TV 和 iTunes Store 等产品，每一次都引发了市场追捧的热潮。尤其 iPhone 手机和 iPad 平板电脑的上市，更使得世界为之疯狂。如今，虽然乔布斯已经逝世五年，但苹果公司依然延续着乔布斯的精神，并成为了世界最赚钱的公司之一。

纵观乔布斯和苹果的爱恨纠葛，1996 年乔布斯的回归可谓是双方命运的转折点。正是这次回归，成就了苹果，也成就了乔布斯，甚至，成就了如今的世界（沃尔特·艾萨克森，2011）。

乔布斯及时恢复领导，掌舵苹果，挽救衰颓，正是"不远复，无祇悔"的现实照应。恢复领导，本质上恢复的是一种管理理念，一种运营模式，一种企业精神。乔布斯这种类型的领导者，往往能够成为一个企业的灵魂，引领着企业发展的方向，因此，他的重掌大局就显得十分必要。但并非所有的企业都有这般英雄式的领导人物，其实，只要能够完成"企业流程再造"的任务，也可以说达到了恢复领导的目的。

企业流程再造的概念是 1990 年美国麻省理工学院管理大师迈克尔·哈默（Michael Hammer）在论文《再造：不是自动化，而是重新开始》中首先提出的，是指对企业流程进行根本的思考和彻底的重新设计，以期在严格的现代绩效评估上达到长足的改进，如成本、质量、服务和速度方面的改进。之后，企业流程再造的思想迅速成为 20 世纪 90 年代最热的管理思想之一。哈默认为，从某种意义上来说，企业流程再造颠覆了工业革命，尽管在信息时代顾客的需求不断变化，但大部分公司满足这些需求的方式是持续而固定的。企业流程再造致力于从整体业务出发，打通垂直的层级结构，从而形成满足顾客需求的"烟囱"流程（Hammer，1990）。简单来说，企业流程再造与恢复领导的本质是相通的，那就是改变——以改变来消除旧有的惰性，以改变来重塑未来的方向。

第九节　领导蓄势之大畜卦

听起来是奇闻　讲起来是笑谈

任凭那扁担把脊背压弯

任凭那脚板把木屐磨穿

……

望望头上天外天

走走脚下一马平川

面对着满堂儿儿孙

了却了心中祈愿

——《愚公移山》

词：韩永久　曲：卞留念　演唱：江涛

　　一曲《愚公移山》歌颂了愚公敢想敢干、坚韧不屈的精神。同时，愚公所作所为也是量变蓄势的过程。蓄势，也就意味着不能立即成事，因而要加倍的耐心，要经得住寂寞，放弃短期的安逸，以换来长远的收益。

（陈佳莘绘）

第二十六卦 大畜 艮上乾下 山天 （以畜其德） **厉说良，牛豕天**

大畜：利贞，不家食，吉，利涉大川。

适宜正固。不吃家里的饭，吉祥。适宜渡过大河。

上九：何（hè）天之衢（qú），亨。

何天之衢：通往天上大路，亨通。

六五：豮（fén）豕之牙，吉。

豮豕之牙：阉猪口中的牙，吉。

六四：童牛之牿（gù），元吉。

童牛之牿：幼牛角上按上横木，大吉。

九三：良马逐，利艰贞。曰闲舆卫，利有攸往。

良马逐利：良马驰逐，利于艰难守正，熟习战车防卫，利有所往。

九二：舆说（tuō）輹（fù）。

舆说輹也：车厢脱离车轴。

初九：有厉，利已。

有厉利已：有危险，利于休息。

相比于小畜卦五阳蓄一阴而言，四阳蓄二阴便可谓大，故为大畜卦。《集解》中向秀言："止莫若山，大莫若天。天在山中，大畜之象。"（《周易集解》）卦象为天在山中，山为止，《象》曰："能止健。"乾健为贤，又有养贤之意。古时养贤，食于帝王国家，不必在家里吃饭（不家食）。"食君之禄，忠君之事"，尚贤养士，是大畜卦的核心所在。又六五与九二相应，下贤应于天位，得到大人物的支持，可以大有作为，跋涉渡难（利涉大川）。

大畜卦之领导启示：小畜重在整顿，以延续前路；大畜重在积累，以开拓新途。在领导组织前进的过程中，多有困苦周折，领导者要能够适时停顿，以加强积累，厚积薄发，突破以往的困境，开拓未来。

初九，阳爻阳位，蓄积初始。处于乾卦易动，然上应六四在艮中，艮为止，动而不得，有危险（有厉）。不如安守处静，积蓄修养（利已）。

有厉利已之领导启示：当组织遇到危险的时候，领导者要停下来，进行反省总结。此处的停顿，是为了积蓄力量，以更好地度过危险。

九二，阳爻阴位，在互卦震（九三、六四、六五）下，震为车为动，九二为车下之輹，輹为连接车厢与车轴的卡槽。又在下卦乾中，乾为动，车行过快，易导致车輹脱落（舆说輹）。但因处于中位，上应六五，行正而未有大过失，并不会造成车子的损坏，故《象》曰："中无尤也。"

舆说輹也之领导启示：组织如果只顾飞速前进而不知停顿，便会忽视许多内部的冲突矛盾，内部的不和谐将使组织陷入危险之中。而且即使领导者及时止住了组织的狂奔，内部必会有一些人不理解，甚至出来反对，领导者要能灵活处理。

九三，阳爻阳位。在下卦乾中，乾为良马，又在互卦震中，震为车。古时行军战车，必挑良马驱使，驾车者称为"舆"，保卫者称为"卫"。闲通娴，有娴熟训练之意。良马逐驰，苦训战阵，白昼不息（良马逐，利艰贞，日闲舆卫）。如君师培养贤才，凡有所用，即无往不利（利有攸往）。

良马逐利之领导启示：领导者蓄势的重点，一是要挑选好中层管理者，《韩非子·外储说右下》讲：圣人治吏不治民，中层领导者在组织中起着承上启下的作用，故需细思慎选；二是要打磨组织的核心竞争力，如此才能立于不败之地。

六四，阴爻阴位，为所蓄之柔爻。畜养之物，又为阴者为猪牛。商周时期，中原多水，盛养水牛。在上卦艮中，艮为少男，因而是小牛。在小牛角上绑有防止伤人的横木，是使野生转为家畜的有效措施（童牛之牿）。寓意培养贤才，需有一些规范和训练，方可任职行事。

童牛之牿之领导启示：大凡才华横溢之人，皆有一些脾性，领导者若想使贤才为我所用，就要适当给其装上"横木"，这样才能发挥人才的最大效用。

六五，阴爻阳位，已至尊位，为畜养之物，以猪为喻。野猪凶猛难驯，性情刚暴，豮为阉割，被阉割的野猪会变得温顺，即使有牙，也不会再伤人了（豮豕之牙）。这是古人改良野猪的经验总结。

豮豕之牙之领导启示：组织中高位有功之人，往往傲人跋扈，在领导蓄势的过程中，要及时给予警示，防止因其傲慢而毁掉组织的和谐。

上九，阳爻阴位，积蓄已入尾声。上九为天位，又在互卦震（九三、六四、六五）上，震为大途，为衢。何通荷，担当。上九位当天街大路，无所不通（何天之衢）。人才培养已成，各得其用，则政通人和，河清海晏之治，垂手而得。

何天之衢之领导启示：在对整个组织各个环节进行安排处理之后，蓄势过程就已完结。此时便可放手一搏，突破险难，条条大路，将无往而不利。

美国杜邦家族是美国十大财团之一，以制造火药起家，逐渐发展成了全美的化学工业和军火工业大王。览其轨迹，杜邦四世皮埃尔·S·杜邦（Pierre S. DuPont）带领公司参与原子弹研制计划可谓居功至伟。

1944 年，在二战各国激烈交锋的同时，新墨西哥州的一处秘密实验室也在 J·奥本海默博士的领导下，进行研制原子弹的攻坚战。这一浩大的工程需要多方面的支持。经过不懈努力，最终该计划的负责人葛罗普斯准将和当时的杜邦公司达成了共识，并签订了一份"奇怪"的协议：

第一，杜邦公司负责全部工程的设计、建造及安全运转。报酬除成本费以外，再加上适当利润。但杜邦公司将利润定为 1 美元。

第二，在整个计划中，杜邦公司开发出的新技术一律为陆军所有。

杜邦为了这项工程，需将近六万职工西迁四千多公里，巨大的负担使人议论纷纷，至有"舆说辐"之感。为了 1 美元的利润，值得如此辛苦奔波吗？然事实证明，杜邦四世的眼光是非凡的。

在参与研制原子弹的过程中，杜邦公司"日闲舆卫"，不断提高自己的核心竞争力，使得公司的技术水平迅速达到世界顶尖，并借助这项计划，网罗了大批年轻的化学家。而正是这些，为战后杜邦公司带来了惊人的财富。

战后的杜邦集团，还拥有制造原子弹带来的巨大政治影响力，比如杜鲁门总统的国务卿艾奇逊就是杜邦公司的法律顾问，艾森豪威尔总统的国务卿则是杜邦公司 GM 的常务理事。政治的极大便利为杜邦公司带来了"何天之衢"的光明坦途，故而杜邦虽声称制造原子弹只赚 1 美元，但事实上，他赚的是未来（史岚，2005：265–267）。

眼光长远，认清自己的当下和前途，是大畜卦的要义所在。皮埃尔·杜邦及其领导下的杜邦公司求积累而不求必得，把握机遇做长远计，不断发展自己的"核心能力"，乃是它成功的关键。

美国密歇根大学教授哥印拜陀·普拉哈拉德（Coimbatore Prahalad）和格雷·哈默尔（Gary Hamel）在 1990 年提出了核心能力的概念，指的是组织中的累积性学识，特别是关于怎样协调不同生产技能和整合各种技术的学识。它具有三个明显特征：第一，能够给客户带来独特的价值，即核心能力具备最终消费者可感知的价值。第二，能够支撑多种核心产品，即核心能力提供了企业进入种类繁多市场的潜在途径，从而显示出系统的竞争能力，使一家公司能够参与相当分散的业务。第三，竞争者难以复制或模仿，即核心能力是企业遵照某种特定的"路径依赖"逐步积累起来的，其竞争者难以模仿或难以在短期内赶上（Prahalad & Hamel，1990：79-91）。每一个组织都有自己的"核心能力"，而领导蓄势，就是要寻出这个核心能力，并潜心努力去加强它，成就它。

第十节　领导休养之颐卦

这一年总的说来高兴的事挺多
家人不错　朋友不错　自己也不错
看着日历总不忍心把最后一页翻过
因为要告别快乐的一年都有点舍不得
……
刚喝完年根的团圆酒又各赶各的路
因为要告别快乐的一年都有点舍不得
——《心情不错》
词：甲丁　曲：卞留念　演唱：孙悦

就如孙悦所唱，要保持愉悦的心情，要对明天有欣然的态度。而这愉悦心情的基础，首先是创造一个平静安详的环境。在特定的领导时期，就应该如汉初的文景之治一般，休养生息，切不可大动干戈劳民伤财。

（陈佳莘绘）

第二十七卦　颐　艮上震下　山雷（自求口实）　朵丘勿，眈居川

颐：贞吉。观颐，自求口实。

正固吉祥。观察养育状况，自己求取食物。

上九：由颐，厉吉，利涉大川。

由颐涉川：由此得到养生，虽有危险但吉祥，利于涉越大川。

六五：拂经，居贞吉，不可涉大川。

拂经居吉：违背养生常规，遵守正道则吉，不要去涉大川。

六四：颠颐，吉。虎视眈眈，其欲逐逐，无咎。

颠颐眈眈：颐养下民，吉利。虎视眈眈，孜孜以求，无灾。

六三：拂颐，贞凶，十年勿用，无攸利。

拂颐勿用：违背求养之理，占得此爻凶险，十年不可为，无所利。

六二：颠颐，拂经，于丘颐，征凶。

颠颐丘颐：颠倒求养关系，违背常规，向上索取，前往有凶。

初九：舍尔灵龟，观我朵颐，凶。

观我朵颐：舍弃你的灵龟，看我吃东西，有凶险。

颐卦之象为嘴，上艮为上唇下有牙，下震为下唇上有牙，郑玄说："震动于下，艮止于上。口车动而上，因辅嚼物以养人。"（《周易郑康成注》）车为下牙床，辅为上牙床，人吃东西，上牙床不动，下牙床动。颐为颐养，被养者静，养人者动。孟子曰："劳心者治人，劳力者治于人。"（《孟子·滕文公上》）故下卦较上卦为凶。

《彖》曰："天地养万物，圣人养贤以及万民。"颐养之意有二，一为养贤"养正则吉"，国养贤则国运亨通，百姓安乐；一为修德，孟子"我善养吾浩然之气"（《孟子·公孙丑上》），君子养气修德，观其所养，即知其为人。且君子之德，乃自由之思想，独立之精神（自求口食），岂可求人口食乎？

颐卦之领导启示：领导者之颐养，当舍弃口腹之养，追求精神之养；舍弃求人之养，追求养人之养。从一个组织的颐养方式和状态可以看出组织的水平高低，以及前途明暗。颐养过程中领导者要谨记，自己所追求的是事业，而非金钱。

初九，阳爻阳位，颐卦之始。颐是一个放大的离卦，离为龟，大离为灵龟。古

人以龟占卜，龟活越久越灵验。灵龟可预言吉凶，是先知智慧的代称。初九与六四相应，六四为口中之物，咀嚼正香。初九羡慕不已，舍弃灵龟，为物欲所诱（舍尔灵龟，观我朵颐）。这是舍弃宝贝，捡拾垃圾，愚昧有凶。

　　舍尔灵龟之领导启示：领导者要始终贯彻组织的精神与追求，不能因别人一时得利而眼红，要能沉下心来，关注组织内智识的成长。

　　六二，阴爻阴位。颐卦四阴都想向两阳接近，六二若要依靠初九，则是乘刚，颠倒养育关系（颠颐）。若要向上寻求上九，则有三、四、五爻阻隔，六三有上九相应，六四有初九相应，六五承接上九，独独六二，悖逆常理，上下无求（拂经，于丘颐），因而有凶。

　　颠颐丘颐之领导启示：领导休养要能够自力更生，求食于人则会受制于人，违背事理的求养将为组织留下后患。

　　六三，阴爻阳位，在震卦上爻，动荡剧烈，六三与上九相应，然上为艮卦，艮为止，上求不得，便要寻邪道以谋上进（拂颐）。六三又在互卦坤（六二、六三、六四）中，坤数十，故悖逆之凶祸，十年难平（十年勿用，无攸利）。孔子云："不义而富且贵，于我如浮云。"（《论语·述而》）君子之于名利，当慎重从道。

　　拂颐勿用之领导启示：组织陷入穷困之境，欲养而不得，或会做出出格之事，领导者要怀有警惕，不能因一时的困苦而舍弃组织长久树立的声誉。

　　六四，阴爻阴位，与初九相应。初九在震中，六四高位，为卿相，颐养在下震之初九，故为"颠颐"。又高位者势重，如虎形体庞大，欲求也较常人为多，常人所求乃一己之养，卿相所求乃家国之养，虽有贪婪之象（虎视眈眈，其欲逐逐），并无害处（无咎）。

　　颠颐眈眈之领导启示：在休养过程中，虽会有物质匮乏、颐养不及的问题，但中层领导只要能够心系基层，关注团体利益，而不是自逞其欲，必可度过难关。

　　六五，阴爻阳位，为国君尊位。下与六二不应，君不养民，显非正道（拂经）。然六五上承上九，居中，柔以顺于刚，跟随君子仍可获吉（居贞吉）。因下无应援，又柔弱不堪，不利于涉险渡河（不可涉大川）。

拂经居吉之领导启示：高层领导想养育基层而力不能任，此时就应安居自守，不可再添劳民之事，如此方可免灾。

上九，阳爻阴位，为颐卦主爻，是君国所养的贤人。处于六五尊位之上，为帝师，又下与六三相应，得民心。上九位高责重，为颐养君民的关键所在（由颐），不可不慎。

由颐涉川之领导启示：贤德在位，人心归附，力量渐强，休养已接近尾声。此时领导者要为新的跋涉做好准备。

秦国以法家思想治国，得以迅速提高国力，一扫六合，但法家的严苛与残酷却使得中华大地满目疮痍，民不聊生。强盛的秦帝国极盛而衰，最终落得君王身死人手，国破家亡。正是秦崩的殷鉴，使得汉帝国在建立之初，便顺从民意，不求一时的强大，而是"舍尔朵颐，观我灵龟"，采取道家无为而治的统治思想，与民休养生息。

所谓"漠然无为而无不为也，澹然无治而无不治也"，《淮南子·原道》中阐述了这一思想原则。在行政实践中推行这样的原则，就像《淮南子·览冥》中所说"除苛削之法，去烦苛之事"，以及《淮南子·齐俗》中所说"上无苛令，官无烦治"。这种政策强调行政上不妄为，少有急切的举措，避免苛政扰民，使社会生活在自然的状况下得以安定。

汉高祖登基后，约法省禁，减轻田赋税率，"什五而税一"。后因抵御匈奴等事，财政紧缺，加大了赋敛，造成了"拂颐"的局面，民众更加穷困，国力也相对衰落，以至于多年不敢与匈奴正面交锋，甚至吕后也遭到了匈奴单于的侮辱。因此，汉惠帝即位或便下令恢复原来的税率，以颐养百姓。汉文帝时，又进一步把田租税率降低到"三十税一"，并大量减免赋税，甚至从文帝十三年（前167）起，连续免除全国田赋长达11年之久，这在中国古代历史上是空前绝后的。

在社会事务上，文帝懂得"拂经，居贞吉"的道理，凡事以不扰民为务，实行了许多安民颐养的措施。在生活上，他提倡节俭，减少皇室的开支，文帝在位期间，宫室苑囿，车骑服御，都无增加；在工商业方面，文帝"弛山泽之禁"，开放国有的山林川泽，不与民争利；在政治上，他废止诽谤妖言之罪，使贤臣能直言进谏而无后顾之忧；在刑法方面，他废止秦以来的一些残酷法令，如肉刑，以及连坐法令"收孥相坐律令"，减轻刑罚，断狱从轻。

汉朝经过长期的休养生息，海内富庶，国力强盛。《史记·平准书》载："汉兴七十余年间，国家无事……京师之钱累巨万，贯朽而不可校；太仓之粟，陈陈相因，充溢露积于外，至腐败不可食。"《资治通鉴·卷十五》载："海内安宁，家给人足，后世鲜能及之。"也正是有了文景之治的休养生息，才使汉武帝创造了"利涉大川"的文治武功（白寿彝，2015）。

　　所谓"颠颐，吉"，汉初所做的就是颐养下民，终成大汉之强盛。领导学中有"双焦愿景"的概念，指的是领导者在工作中，不仅关注当前的任务执行的进度，还着眼于组织未来的发展。换言之，领导层不仅常常回顾短期运作目标的执行，而且常常洞察行业发展趋势，展望未来的发展愿景（理查德·L·达夫特，2014：332）。总之，领导颐养的要义在于，一方面要通过颐养稳定现在的经营，另一方面就是要为未来的发展做好准备，颐养之后，才能走向更远的远方。

第十一节　领导退出之遁卦

走在乡间的小路上

暮归的老牛是我同伴

蓝天配朵夕阳在胸膛

缤纷的云彩是晚霞的衣裳

······

任思绪在晚风中飞扬

多少落寞惆怅　都随晚风飘散

遗忘在乡间的小路上

——《乡间的小路》

词：叶佳修　曲：叶佳修　演唱：齐豫

乡间小路，田园牧歌，这是人们向往的生活，但是谁又能逃脱俗世的浸染，抛却名利呢？在领导途中，知进更应该知退。如范蠡般功遂身退，不仅是一种生存态度，更是领导策略的绝佳体现。

（陈佳莘绘）

第三十三卦　遁　乾上艮下　天山（遁亨利贞）　**尾革系，好嘉藏**

遁：亨，小利贞。

通达，小的一方适宜正固。

上九：肥遁，无不利。

肥遁潜藏：有余地的隐退，没有不利。

九五：嘉遁，贞吉。

嘉遁贞吉：顺利地退去，正大吉利。

九四：好遁，君子吉，小人否。

好遁君吉：好的隐退，君子有吉，小人不是这样。

九三：系遁，有疾厉，畜臣妾吉。

系遁有厉：有牵挂的退遁者，会有危险，畜养臣仆婢妾，吉利。

六二：执之用黄牛之革，莫之胜说（tuō）。

执革莫脱：用黄牛皮捆住它，它不能摆脱。

初六：遁尾，厉，勿用有攸往。

遁尾勿往：在后尾退遁，危险，不要再往前。

遁卦上乾下艮，乾为君子，艮为山林，故有君子归隐山林之象。卦中虽只有两个阴爻，却是自下而上，渐渐剥蚀阳爻之势。小人得权，已无可避免，此时，君子应顺应形势，适时退却。"尺蠖之屈，以求信也，龙蛇之蛰，以存身也"（《易·系辞下》），屈伸进退之间，可见天道存焉。此卦阳消于阴，对小人有利（小利贞），对君子不利。

遁卦之领导启示：领导者要能够洞晓时势，早窥事物盛衰之变。若从事某一行业或者供职于某个组织，要当其全盛之时看出它衰退之势，及时退却，不能执迷不悟，殒身污名。而且，领导者的及时退出也可为年轻人留下施展空间，以应对崭新的环境，为组织的发展注入活力。

初六，阴爻阳位，在遁卦最下（遁尾），地位低微，退在最后，见机最晚，故易有危厉。卦象为阴侵蚀阳，初六为侵蚀之初，与九四相应，得到警示而及时停止，安分自守（勿用有攸往）。

遁尾勿往之领导启示：组织已遭侵蚀，领导者能做的就是暂停一切行动，防止侵蚀加深，损失加重。

六二，阴爻阴位，在互卦巽（六二、九三、九四）中，巽为绳，又在下卦艮中，艮为手，为皮。用黄牛皮做成的绳子，最为坚韧。捆住六二，逃脱不得（执之用黄牛之革，莫之胜说）。六二上应九五，得到支持，意志坚定，在阴势渐长的情况下，"知其不可为而为之"（《论语·宪问》），"铁肩担道义"，誓要守护一方净土，矢志不渝遏制阴邪势力的增长。

执革莫脱之领导启示：领导者看到衰颓之象，仍不甘心，勉力支撑，然势所难免，"如入鲍鱼之肆"（《孔子家语·六本》），终被侵蚀。

九三，阳爻阳位。阴爻上长，遇到抵抗。九三一夫当关，勉力支撑，然大势已去，不可挽回，九三强力努行，因疲惫而生出疾病（有疾，厉）。九三处上下承接之间，退而于心不忍，进而力有不足，加之各方利益纠葛，牵掣难定（系遁）。又在艮之上爻，艮为止，为少男，有童仆妻妾之意，寓意此时最好是回到家中畜养妻儿，不应再有所行动（畜臣妾吉）。

系遁有厉之领导启示：领导者已有退却之心，但因职务等原因，下有小人诱之以利，上有领导责之以义，徘徊不定，难下决心。此时领导者可专注私务，以示两不相干，中立保身。

九四，阳爻阴位。九三已经阻挡住了阴爻上行之势，故无压力，可以寻求恰当时机，安然退却（好遁，君子吉）。但若阴爻小人再侵一阳，则遁卦会变成否卦（小人否）。意为小人贪婪，知进不知退，而君子达天知命，可以适时进退，以保其身。孔子曰："邦有道，不废；邦无道，免于刑戮。"（《论语·公冶长》）功遂身退，唯君子为能。

好遁君吉之领导启示：此处领导者能够看到组织没落大势，且身无所累，可以全身而退。若如小人般贪恋金权，必将灾祸及身。

九五，阳爻阳位，中正为尊。处于帝王权位，主动让贤，为国计民生而舍弃个人利益。下应六二，心系百姓，有圣人之志。尧舜禅让，载誉千年，九五高风亮节，备受赞扬（嘉遁，贞吉）。

嘉遁贞吉之领导启示：若领导者处高位，且知自己之才智难以应对新的局面，就要及时退位。也可留下让贤的名号，受人赞誉。

上九，阳爻阴位。"肥"借为飞，上九在最上爻，久处尊位，因而思退。上九与其下诸爻不同，上九下无所应，心无牵挂，非为国家社会之外在原因，而是求一逍遥凭虚的心境。庄子言："天地与我并生，而万物与我为一。"（《庄子·齐物论》）如此无拘无束，随心所欲的境界，便是上九。

肥遁潜藏之领导启示：达到这种地步的领导者，心智已远超常人，久厌急于名利争夺，飘然而退，无染世俗，别有一番人生情味。

作为改革开放的总设计师，邓小平的领导与决策深刻影响了中国，其中，建立领导干部的离退休制度，便是他的重要贡献之一。

新中国成立之后，虽无明文规定，但在中国的政治生活中广泛存在着领导干部终身制的问题。这种现象产生的原因是复杂的，但毋庸讳言，这显然是封建主义残余在干部制度上的反映，在很大程度上损害了中国共产党的组织延续和政治民主。回顾历史，中国传统政治中尽管存在终身制、世袭和恩荫等现象，但也在制度和运作中存在着一定的退出机制。所谓"马上得天下，不可马上治天下"，因此，便有了宋太祖的杯酒释兵权，也有汉光武帝对打天下的功臣施以高爵厚禄，而不让其参政任职之举。这些都是为了避免功臣恃功而傲、败乱朝政的潜在危险。此所谓"好遁，君子吉"，建立高级官员的安然退出机制，实际上对政治运行和组织延续都具有深远意义。

1982 年，经济改革的大幕刚拉开不久，政治改革也渐渐提上日程。这一年，中央 28 位政治局委员，几乎全是 70 岁以上的老人，甚至有 18 人参加过五十年前的长征。广大的老干部群体，或是"执之用黄牛之革"，维持大局难以得脱，或是"系遁"，有些恋位而不愿退出。由此衍生出一系列思想上的积弊，严重拖累了改革开放的进程。

在此前后的几年中，邓小平花费了大量心思，说服年迈的老同志退休，并在中共十二大上设立了"中央顾问委员会"，以安置这些资深的老革命。邓小平还鼓励老党员集体退休，为年轻人让出位置。1984 年，全国约有 200 万解放前就参加革命的老党员还在工作，但到了 1986 年，其中的六七成的人都退休了。这些退休的人，仍能享受相应的工资福利待遇，使他们得以"好遁"。这些举措，一方面可以稳定老干部的情绪，另一方面也能促进政治人才的代际革新。

另外，邓小平也以身作则，取消了国家领导人层面实际存在的终身制，并在1989年辞去了军委主席的职务。在高位而主动退出，可谓"嘉遁"，如此高风亮节，为后来的领导者及时退出领导职位做出了表率。正是邓小平这一系列关于领导退出机制的改革，使得中国的政治生态的建设走向了正规，使国家的未来更加生机勃勃（理查德·伊文思，2013）。

为了保证领导退出的及时有效，各类现代组织大多都实行任期制。任期制与终身制相对应，是指国家元首或政府其他官员以及企事业单位的公职人员，在职工作的时间有明确限定的制度。在任期制下，各种职务的任期都有一定的规定，当某种职务在任期届满以后，其职权、职责就应自然取消。退出就是进步的开始。任期制是领导退出的制度体现，为组织的长青不衰创造了条件。每一时代都有属于那一代的年轻人，不能为了私利而逾越，该退出的时候就要退出，如此方可有利于组织的发展与延续。如邓小平这般的"好遁"、"嘉遁"，更可流芳百世，显示出超人的智慧。

第十二节 领导完结之既济卦

岁月如飞刀　它刀刀催人老

再回首天荒地老

他们说人生一出戏　又何必太认真

生旦净末丑　我统统扮一回

谁扮谁像谁　我扮谁又像谁

别忘了下次再会

——《戏梦》

词：陈大力　曲：陈大力　演唱：林志颖

　　闲来莫怨花开早，再回首天荒地老，领导事业似乎眨眼就要走到尽头。然而世事恰如一个圆环，寻不到尽头，觅不到止休，每一次的完结，又都是新的开始。人会老，事业有永恒之道。

（陈佳莘绘）

第六十三卦　既济　坎上离下　水火（思患豫防）　**轮茀鬼，繻襦冠**

既济：亨小，利贞，初吉终乱。

通达小的方面，适宜正固。起初吉祥，最后混乱。

上六：濡其首，厉。

濡其冠厉：浸湿了头，有危险。

九五：东邻杀牛，不如西邻之禴（yuè）祭，实受其福。

禴祭受福：东边的人杀牛，不如西郊人简朴祭祀，更实际受得福庆。

六四：繻（rú）有衣袽（rú），终日戒。

繻有衣袽：船漏有衣服堵塞，整日警惕。

九三：高宗伐鬼方，三年克之，小人勿用。

伐鬼三年：殷高宗讨伐鬼方国，三年才取胜，小人不可重用。

六二：妇丧其茀（fú），勿逐，七日得。

丧茀勿逐：妇人丢掉首饰，不用追，七日内复得。

初九：曳其轮，濡其尾，无咎。

曳轮濡尾：拉住车轮，濡湿尾巴，无灾。

既济卦，一、三、五为阳爻，二、四、六为阴爻，皆当位而有应。且上水下火，水润下，火炎上。刚柔交融，各爻又都稳固不变，象征大业已成，各方面制度建设已臻完好。然君子窥见天道，知变易循环之理，虽有好的开始，持续下去，制度和人心的惰性终难适应时代的周期变化，进而乱象丛生（初吉终乱）。《象》曰："君子以思患而豫防之。"虽处安乐之境，却不舍忧患之思，才是心系天下的大智之人。

既济之领导启示：领导事业已成，规模已备，领导者却不可高枕而卧。领导者权势虽重，同时也比普通人担负着更大的责任，必须能够虑常人所不能，稍有懈怠，便会导致极大的损失。"生于忧患，死于安乐"（《孟子·告子下》），古人箴言，不可不察。

初九，阳爻阳位，上临六二阴爻，又应六四，阴阳相吸，六二在互卦坎（六二、九三、六四）中，六四在上卦坎中。坎为水，因而初九为拉车渡河之象（曳其轮），虽然浸湿了车尾，却没什么损失（濡其尾，无咎）。初九的成功不易，要牢牢把握。

曳轮濡尾之领导启示：打江山难，守江山更难。领导者千辛万苦而得来的事业并非完美无缺，此时不可高枕而卧，而要谨慎从事，查漏补缺。

六二，阴爻阴位，为下卦离的主爻。在互卦坎中，离为妇女，坎为盗贼，故有妇人丢失饰物之意（妇丧其茀）。六二位中且正，没有灾象，只是事业初成，心中有所警惕而产生了幻象。故不必担忧，自然会寻回失物（勿逐，七日得）。

丧茀勿逐之领导启示：领导事业渐久，易因耽于安逸生出无妄之灾，虽然于大局无害，亦足以警示领导者。

九三，阳爻阳位。在互卦坎（六二、九三、六四）中，也在互卦离（九三、六四、九五）中，有水火兵革之象。国内企稳，想要征服边疆。此爻取例殷商中兴之主高宗征伐西北部的鬼方国之事（高宗伐鬼方），虽然国力强盛，亦需三年才得胜利（三年克之），以致君民疲敝不堪。仁君圣主尚且如此，何况小人当国（小人勿用）？

伐鬼三年之领导启示：事业稳定之后，领导者便有向外扩张的意愿。领导者要切记"攘外必先安内"，虽然由于实力强悍，可以扩张成功，但要警惕"穷兵黩武"带来的内部危机。

六四，阴爻阴位，六四在互卦离中，又在上卦坎中，离为火，为光亮，坎为水，为黯淡。由下变到上，象征事物由好变坏，渐渐有了破绽（繻有衣袽）。坎又为加忧，面对这种情况，整日里疑惧警戒（终日戒）。

繻有衣袽之领导启示：成功已久，之前的基业已经渐变斑驳没落，各处漏洞层出不穷，只能拆东补西，勉强维持。

九五，阳爻阳位，为尊位。"杀牛"与"禴祭"都是君王祭祀之礼。"杀牛"是以牛为牺牲，规模盛大，"禴祭"是用水菜的薄祭。古人认为此爻是说在东边的商纣虽厚祭，也不如西边的周文王的薄祭（东邻杀牛，不如西邻之禴祭）。因为文王有德而纣王无德。如孔子所言："礼，与其奢也，宁俭；丧，与其易也，宁戚。"（《论语·八佾》）

禴祭受福之领导启示：事业将乱之时，要树德立信。孔子说："民无信不立。"

（《论语·颜渊》）事业逐步衰落，能以德信服人，不能让人心跟着崩溃。

上六，阴爻阴位，处穷极之位。在坎中，坎为水，为危厉。初九渡河湿尾，上九水已经上升浸湿了头（濡其首），危险之至。

濡其冠厉之领导启示：以往的成功已不可恃，领导者要积极开拓新的事业。留恋不前，只有死路一条。

西汉王朝之坎坷沉浮，正应此卦。试以卦爻与历史相参证，乃知天命之诡谲可玩，尽在此六爻之中。

昔高皇帝戎马风尘，勘定九州，平复海内，一扫六合，功业之盛，旷古鲜有其匹。然一将功成，万千腐骨，逐鹿天下的后果便是民死殆尽，国家之根基受损，此所谓"濡其尾"。但毕竟取得了和平，扫除了丧乱祸害，人民可以有生息之机，故而"无咎"。

大汉之初，国力衰微，外辱迫胁。匈奴携骏马劲卒，侵犯边疆，于白登城围困高祖刘邦，又扬言娶吕后，侮辱大汉，边境攘攘，生灵涂炭，此所谓"妇丧其茀"。此时力量不足，当需忍耐，故大汉群臣忍辱安抚匈奴，与民休养生息，遂有文景之治，民富国强之后，国家的威严自然"七日来复"。

所谓"一张一弛，文武之道也"。国势强盛之后，汉武帝大起干戈，挥军漠北，匈奴望风逃遁。但征伐一起，不是朝夕便能成功，征匈奴，平西域，旷日持久，故言"三年克之"。又经历宣元二帝，才终于平复边疆，成就"犯强汉者，虽远必诛"的豪言壮语。

但长期的穷兵黩武，导致赋敛沉重，百姓死亡枕席，同时为了征税以助战争，奸吏倍出，民不聊生。虽然战争得胜，但经历连番苛政，国家好似一艘千疮百孔的巨轮，"繻有衣袽"，想再填补拯救，也渐入无可奈何之境。

由此，奸邪小人渐得其势。及至元成二帝，外戚弄权，残杀忠臣，萧望之等皆被废黜，天下士人寒心失望。而王莽趁机以谦恭迷惑世人，以仁义团结朝廷，最终掌握大权，正是因为他能够以"禴祭"在民间获得声望。

王莽权势越来越大，最终废黜了皇帝，正是"濡其首"，汉家社稷摇摇欲坠，几乎不保。而王莽的威势愈来愈煊赫，最终建立了"新朝"，如果不是王莽自己倒行逆施，自招祸乱，天下将非刘氏之有（《资治通鉴·汉纪》）。

既济之后，领导者的名与利都达到前所未有的高度，但"东邻杀牛，不如西邻

110

之禴祭"，虽有奢华，不如心安。在领导完结之时，应当居安思危，谨慎处事，同时也要明白江山代有才人出，不可高枕而卧，当思培养后代，开启新的旅途。

与此相关，美国哈佛大学教授雷蒙德·弗农（Raymond Vernon）1996 年在其《产品周期中的国际投资与国际贸易》提出了产品生命周期理论，弗农认为：产品和人的生命一样，要经历形成、成长、成熟、衰退这样的周期。就产品而言，也就是要经历一个开发、引进、成长、成熟、衰退的阶段（Vernon，1996：621–633）。产品有周期，领导亦然，每一个历史时代，每一个领导者的登场，都是一个领导周期，而领导完结，就是要认识到这个周期，并努力去顺应它，去完善它。

第十三节　领导新旅之未济卦

> 寻寻觅觅　在无声无息中消逝
> 总是找不到回忆
> 找不到曾被遗忘的真实
> ……
> 情深缘浅不得意
> 你我也知道去珍惜
> 只好等在来生里
> 再踏上彼此故事的开始
> ——《来生缘》
> 词：刘德华　曲：胡伟立　演唱：刘德华

"只好等在来生里，再踏上彼此故事的开始"，此生情未了，便待来生缘。然而领导事业是没有终了的，走到一定的地步，在一定的情境之下，就要重新开始新的旅程，攀登新的高度。

（陈佳莘绘）

第六十四卦　未济　离上坎下　火水（辨物居方）　**尾轮征，赏君冠**

未济：亨，小狐汔（qì）济，濡其尾，无攸利。

通达。小狐狸快要渡过河，浸湿了尾巴没有适宜的事。

上九：有孚于饮酒，无咎；濡其首，有孚失是。

饮酒濡冠：饮酒讲诚信，没问题；弄湿了头，虽有诚信也是失当。

六五：贞吉，无悔，君子之光，有孚吉。

君子之光：贞占吉，无悔恨，具有君子的名声，又加上讲诚信，吉。

九四：贞吉，悔亡，震用伐鬼方，三年有赏于大国。

伐鬼有赏：占吉，悔消失，动干戈讨伐鬼方，三年后得到大国的奖赏。

六三：未济，征凶，利涉大川。

未济征凶：未能渡过，出征有凶。利于跋涉大川。

九二：曳其轮，贞吉。

曳轮贞吉：拖住车轮，贞占获吉。

初六：濡其尾，吝。

濡其尾吝：沾湿了尾巴，有麻烦。

未济卦六爻爻位属性皆阴阳不正，象征事业初始，百废待兴。未济互卦（六三、九四、六五）与下卦都为坎。干宝说："坎为狐"，是小狐渡河之象。上为首，下为尾，小狐力弱，还未到岸，尾巴却湿于水中（小狐汔济，濡其尾），难以安全渡河（无攸利）。

全卦下柔承上刚，阴阳相应，虽未成功，却有生机勃勃的潜力。龚自珍有诗云："《未济》终焉心缥缈，百事翻从缺陷好。吟到夕阳山外山，古今谁免余情绕。"（《己亥杂诗》）禅家亦说人生最好的状态是"花未全开月未圆"，凡事有缺陷，有余地才好。奋斗之中，才最充实幸福。

未济之领导启示：领导要积极开拓新的旅程，虽然艰苦，却可得吉。若耽于以前的功业，虽然安逸，终必有凶。领导者要明白，事业没有终结之未来，唯有奋斗之现在。

初六，阴爻阳位。在全卦最下，为尾，在坎中，坎为水，为狐。小狐力量不足，渡河湿了尾巴，这是常有之事（濡其尾）。但不可逞强冒进，一意孤行，不然只会失败（吝）。

濡其尾吝之领导启示：事业新旅，面对陌生之境，不可贸然行事。要广泛调查，积累经验，待全面了解新的征途之后，再行动。

九二，阳爻阴位，在坎中，坎为车轮，上有互坎（六三、九四、六五），为曳马。渡河之时，要拉着马控制轮速（曳其轮），以抵御河水冲击，稳固马车。良好的自控能力是渡河成功的必要前提。

曳轮贞吉之领导启示：新的事业刚刚开始，要注意控制前进的速度，不可急于求成。基础尚薄弱，稳固前行，才是长久之道。

六三，阴爻阳位，在互卦坎和下卦坎中，前后都有水。坎为险难，还没有渡过河，遇到危险（未济，征凶）。但六三应于上九，上九为岸，虽有险阻，若妥善规划，可以顺利渡河（利涉大川）。

未济征凶之领导启示：事业进行之中，危机四伏，荆棘遍布，所到之处，险难丛生。然风险也意味着机遇，领导者不能惧怕退却，而要勇往直前。

九四，阳爻阴位。与既济九三取象类似，在互卦坎（六三、九四、六五）中，也在互卦离（九二、六三、九四）中，有兵革征伐之象。此爻取例《后汉书·西羌传》："及武乙暴虐，犬戎寇边。周古公踰梁山而避于岐下。及子季历，遂征伐西落鬼戎。"这是商王武乙时期，西周季历为其征讨鬼戎有功，商王赐予大片土地（震用伐鬼方，三年，有赏于大国）。周国于是实力大增，为问鼎天下奠定了基础。

伐鬼有赏之领导启示：事业发展在这个时期遇到瓶颈，领导者要充分准备，打好攻坚战。突破这个瓶颈，将为组织带来质的飞跃。

六五，阴爻阳位，君位。在上卦离中，离为光明，六五位尊而性情柔和，谦虚有德，施行仁政，君子声誉著于四海（君子之光）。又下应九二，九二为臣，君臣相互信赖（有孚），贤君能臣齐心为民谋福，可以得吉。

君子之光之领导启示：新的事业已有所成就，领导者应广著信誉，积极增加自身的文化意义，以吸引追随者，进行事业的扩张。

上九，阳爻阴位。在下卦坎和互坎之上，坎为酒水。下应六三，上下信赖，心诚而欢饮，没有害处（有孚于饮酒，无咎）。但饮酒要有节制，不可耽于享乐，古言："君子饮而温克。"（《酒谱》）上九饮酒过量，失了温克之德，以至于酒酣呕吐，弄湿了头，毫无礼节可言，虽有诚信，亦不可为（濡其首，有孚失是）。

饮酒濡冠之领导启示：事业已完善，上下同心，领导者可以渐渐淡出领导舞台，饮酒享受。但若仍然在位，就不应沉溺享乐，以免失却人心，重陷困境。

从20世纪80年代初到21世纪，苏增福用了近20年时间，将一个乡镇农机厂打造为中国最大的炊具企业，那就是"苏泊尔"。

然而令人意想不到的是，苏增福并没有"有孚于饮酒"，而是舍弃了成功的安逸生活，主动迎接新的挑战。自2006年起，苏增福就分批将自己持有的公司股权转让给法国SEB公司，逐步退出了辛苦打拼的炊具行业。并在2010年成立苏泊尔卫浴有限公司，进行二次创业。

初步接触新的行业，因为技术经验不足，曾有价值两亿元的水龙头因质量欠缺，而搁置仓库，正如小狐狸过河，难免"濡其尾"。爻辞曰"未济，征凶"，虽然前有不测之危险，苏增福并没有气馁，而是加大投入，与国内外众多顶级机构合作研究，历时五年，终于在耗费了近五亿人民币之后，实现了制作工艺的重大突破。苏泊尔卫浴的销量也随之大有起色，此所谓"有赏于大君"，多年的努力终于得到回报。

从一开始做卫浴，苏增福就坚持质量第一，因卫浴接触人身体，质量就是人健康的保证。比如苏增福制作的水龙头，不仅要达到国家24小时酸性盐雾试验的标准，更要达到高于欧美标准的96小时。如此苛刻的制作工艺为苏泊尔卫浴带来了不衰的口碑，所谓"君子之光"，信誉就是一个企业最好的宣传。

苏增福曾经有言，他的理想，就是要"实现高端产品平民化，品质不输给德国制造，价格上老百姓买得起"。在这新的征途上，苏增福仍在前行（刘松博，2013：209-210）。

既济之后有未济，正合周易终始之说，穷则必变，终则必有始。虽有既济之成功优渥，饮酒无咎，但若耽于已成的事业，就会"濡其首"。苏增福便是及时开创新事业、领导新征程的典范。

苏增福的创业，或可称为"企业内创业"的变体。与其类似，2000年，深圳华为集团为了解决机构庞大和老员工问题，鼓励内部创业，将华为非核心业务与服务业务，如生产、公交、餐饮业以内部创业方式社会化，先后成立了广州市鼎兴通讯技术有限公司，深圳市华创通公司等。这些内创公司依托华为强大的经济实力与市场占有率为其产品提供相关技术服务，同时也成就了企业内部优秀员工的创业梦。

相对于另立山头、自力更生的创业方式，内部创业在资金、设备、人才等各方面资源利用的优势显而易见，由于创业者对于企业环境非常熟悉，在创业时一般不存在资金、管理和营销网络等方面的困扰，可以集中精力于新市场领域的开发与拓展。同时由于企业内部所提供的创业环境较为宽松，即使是创业失败，创业者所需承担的责任也小得多，从而大大地减轻了他们的心理负担，相对成功的几率大了许多。从另一方面来说，建立企业的内部创业机制，不仅可以满足精英员工在更高层次上的"成就感"，留住优秀人才，同时也有利于企业采取多种经营方式，扩大市场领域，节约成本，延续企业的发展周期。

第三章　领导力构成

第一节　执行力之履卦

黄昏我站在高高的山岗

盼望铁路修到我家乡

一条条巨龙翻山越岭

为雪域高原送来安康

那是一条神奇的天路

把人间的温暖送到边疆

——《天路》

词：屈塬　曲：印青　演唱：韩红

一弯天路，为人们揭开了青藏高原的神秘面纱。天路高远，修筑困难重重，但再艰巨的事业，只要有垒土之积，必能成九层之高台。把坎坷险峻变为履道坦途的，正是这脚踏实地的精神和一步步的积累。

（赵洁绘）

第十卦　履　乾上兑下　天泽（履尾不咥）　**素坦眇，愬夬祥**

履：履虎尾，不咥（dié）人，亨。

履卦。踩在老虎尾巴上，老虎不咬人，通达。

上九：视履考祥，其旋元吉。

视履考祥：观察以前的行动，考察其吉凶，归来大吉。

九五：夬（guài）履，贞厉。

夬履贞厉：果断行走，正固会有危厉。

九四：履虎尾，愬（sù）愬，终吉。

履尾愬愬：踩了虎尾，心怀恐惧，最终有吉。

六三：眇（miǎo）能视，跛能履，履虎尾，咥人，凶。武人为于大君。

眇视咥人：独眼而视，独脚而行，踩了虎尾被咬，凶险。武士想做国君。

九二：履道坦坦，幽人贞吉。

履道坦坦：行道平坦，守幽持静正吉。

初九：素履，往无咎。

素履无咎：朴质无华做事，向前无灾。

履卦上乾下兑，下兑为虎。全卦五阳一阴，六三阴爻为主爻，又乘刚，下卦为尾，踩到了老虎尾巴（履虎尾），如此高危之事怎么敢做呢？《序卦》曰："履者，礼也。"是礼仪法度的意思。循礼而动，即是以柔克刚。虽然踩了老虎尾巴，但上应于乾，顺乎天道，下兑为悦，并无矛盾尴尬之处，因此老虎并不咬人（不咥人）。此处的虎也可喻所面对的险境，或强大的敌人。只要应对得法，定可安然渡过，甚至以弱胜强。老子言："柔弱胜刚强"（《老子》），便得此卦精义。

履卦之领导启示：领导者要能够选人任能，正确辨别员工的个人能力，明确各个部门的职能和每个员工的岗位，使他们各司其职。同时要建立良好的制度措施，使员工行动有所章法，如此才能免于灾祸。

初九，阳爻阳位。卦之始爻，地位虽然低下，却能保持内心的纯净恳切，我行我素，不为外物所动（素履）。孔子曰："古之学者为己。"（《论语·宪问》）初九乃"为己"之赤子，做好自己，才是免于灾祸的最佳手段（往无咎）。

素履无咎之领导启示：领导者设定组织的日常行为准则之后，组织人员只要按照规矩行事，不生枝节，不越界，就不会出现大的失误。

九二，阳爻阴位。在下卦中位，行事中庸，内心平和。坦然之人前方的路途定也是坦坦荡荡，无所阻碍（履道坦坦）。九二在下卦兑中，兑为毁折，又在互卦离（九二、六三、九四）中，离为目，故目有所伤，不见光明。虽如此，内心的强大仍可弥补身体的缺憾，能够走好前方的路（幽人贞吉）。

履道坦坦之领导启示：领导者在组织中应该提倡中正、乐观的工作态度。虽然人难免犯错，环节也会出现小的偏差，只要心中无私，做好分内之事，就无碍于全局。

六三，阴爻阳位。在互卦离中，离为眼睛，又在下卦兑中，兑为毁折，然在离卦中爻，虽有目疾，仍可见光（眇能视）。六三在互卦巽（六三、九四、九五）中，巽为大腿，大腿受伤了仍然可以行走（跛能履）。下卦兑为虎，六三处兑卦上爻，为虎口，踩到了老虎尾巴，被咬伤（履虎尾，咥人）。因为在刚位，六三心刚志坚，想要向上履进，甚至跨过九五至尊，要做君主（武人为于大君）。居位不当，却又野心勃勃，只会得到凶祸。

眇视咥人之领导启示：领导者应当认识到，组织中不适当的岗位安排，只会拖累整个组织，造成损失甚至灾祸。所以，领导用人一定要理性，杜绝裙带关系。人员配置和岗位不适当，就像跛子走路，没有执行力可言。领导用人不当是造成团队执行力低下的重要原因。

九四，阳爻阴位。外表刚强而内心柔顺警惕。在下卦兑之上，虽然踩了老虎尾巴（履虎尾），老虎却咬不到他，又上邻九五之尊，心怀恐惧，做事谨小慎微（愬愬）。所谓"惧以终始，可得无咎"（《易经·系辞下》），最终会有吉祥（终吉）。

履尾愬愬之领导启示：领导者不宜太过阳刚，太过强硬，当柔性灵活，给员工留下发挥的空间。反之，则会给员工造成"伴君如伴虎"的压力，这种环境下的员工往往缺少主观能动性和创新精神，执行力也难以提高。

九五，阳爻阳位，中正位尊，下不应九二，独断专行（夬履），得不到下位臣民的支持。长此以往，国家社稷必有危厉（贞厉）。

夬履贞厉之领导启示：领导者应当学会听取和采纳不同的意见，集众人之智慧，才能避免损失。反之，领导者若独断专行、刚愎自用，必受其害。

上九，阳爻阴位，在全卦最高。与六三相应，六三在互卦离中，离为目，故上九可回头审视行路（视履考祥），鉴往以知来。统治者要能够纵览大局，以定前途，如此方可有吉无悔（其旋元吉）。

视履考祥之领导启示：作为合格的领导者，应该"到群众中去"，以了解组织的实际情况，反思组织的发展历程。且随局势的变化不断调整管理制度，修补制度的瑕疵。

据瑞欧国际发布的 2015 年全球大型家用电器零售量数据显示，海尔品牌零售量第七次蝉联全球第一。从 1984 年濒临倒闭，到如今在全球有 5 大研发中心、21 个工业园、66 个贸易公司、143 330 个销售网点，用户遍布全球 100 多个国家和地区，海尔如何做到这般巨大的转变呢？

成思危曾说："阻碍中国未来发展的，将是管理的落后。"与此相反，铸就海尔的，正是管理的进步。20 世纪八九十年代，中国企业普遍存在一个问题，那就是管理涣散，执行力弱。张瑞敏经过多年的实践，"视履考祥"，不断进行考察总结，创造完善了一套具有中国特色的管理方法，即 OEC 管理模式。

"O"代表"overall"，意即"全面的"、"全方位的"；"E"代表"everyone, everything, everyday"，意即"每个人、每件事、每一天"；"C"代表"control and clear"，意即"控制和清理"。OEC 管理模式的基本含义就是要全方位地对每一个人每一天做的每一件事进行控制和清理。此即"素履"，单纯地按照公司既定的规矩办事，足矣。

OEC 的管理特点主要有二：

一是经营以市场为中心，管理以人才为中心。经营以市场为中心，即要求决策以市场为导向，避免领导者"夬履"，刚愎自用。管理以人才为中心，即是要培养提高员工素质，培养其良好的工作习惯和令行禁止的工作作风，防止"履虎尾，咥人"的局面出现。

二是管理上高标准、高效率，并且精细化、系统化。以同行业最高的标准要求员工，将管理责任精确到每个员工，实施全方位无死角的管理。如此，则每个员工都全力以赴，以完成自己分内的任务，这便是"履道坦坦"，以一个个小的力量，汇聚成企业的大局。

正是这样"简单"而独特的管理模式，使海尔的执行力达到了一般企业难以企及的高度，成就了如今的"海尔帝国"（孙健、王东，2007：37-41）。

在市场经济的今天，有多种多样行之有效的管理模式，然而履道虽多，却不知执行。正如孙中山所说"知易行难"，在组织的管理过程中，寻道不难，践履为难。卦中说的"履道坦坦"、"素履"，正是海尔的管理模式的精髓。而这也体现了"科学管理之父"弗雷德里克·温斯洛·泰勒（Frederick Winslow Taylor）所提出的"科学管理"的精神。

同海尔的管理模式一样，科学管理的目的是为了提高效率，如工作定额管理；挑选和培训第一流的工人；标准化管理；实行管理职能分工等。但提高效率并不等于科学管理。泰勒明确指出：科学管理不是任何一种效率措施。他更强调科学管理的精神实质，"科学管理的实质是在一切企业或机构中的工人们的一次完全的思想革命，没有工人与管理人员双方在思想上的一次完全的革命，科学管理就不会存在"（Taylor，1911）。科学管理不仅仅是管理方式上的革命，更是文化思想上的革命，海尔超强执行力的企业文化，便是在此基础上产生。

第二节　沟通力之泰卦

你静静地离去

一步一步孤独的背影

……

把爱全给了我把世界给了我

从此不知你心中苦与乐

多想靠近你

告诉你我其实一直都懂你

——《懂你》

词：黄小茂　　曲：薛瑞光　　演唱：满文军

"懂你"不易，人与人之间的沟通理解，可以说是组织内最重大的问题，乃至是人类社会最重大的问题之一。许多的误会，许多事情的推延歪曲，都是因为沟通的不畅，故而泰卦要强调上下沟通，强调不同阶层之间的相互交流。皇城中坤宁宫在乾清宫之后，即寓意天地交通。

（赵洁绘）

第十一卦　泰　坤上乾下　地天（小往大来）　**茹荒往，翩妹隍**

泰：小往大来，吉亨。

泰卦。小的前往，大的来到，吉祥通达。

上六：城复于隍，勿用师。自邑告命，贞吝。

城复于隍：城墙倒了变成沟坑，不可用兵，在自己城中宣布命令，贞占有忧吝。

六五：帝乙归妹，以祉元吉。

帝乙归妹：帝乙嫁妹，福祐大吉。

六四：翩翩不富，以其邻，不戒以孚。

翩翩不富：翩翩轻举不靠财富与邻里相处，不必戒备，而以诚信相处。

九三：无平不陂（bì），无往不复，艰贞无咎。勿恤其孚，于食有福。

无往不复：没平就没陂，没过往就没回复，艰难中守正，无灾。不担心诚信，有口福。

九二：包荒，用冯（píng）河，不遐遗，朋亡，得尚于中行。

包荒冯河：大度包容，果断刚决，不遗失偏远之地，伙伴解散，配于中正而行。

初九：拔茅，茹以其汇，征吉。

拔茅茹汇：拔起茅草，连同同类，出征有吉。

泰卦上坤下乾，坤阴爻为小，乾阳爻为大，爻向上运动为往，向下运动为来，故卦象为向上失去了小的，向下得到了大的（小往而大来）。泰卦为地在天上，一反自然界天在地上的常理。《象》曰："天地交而万物通也"，泰卦的目的是为了上下交流通畅。阴阳相交则生变，变动不居则可亨通，亨通无阻则可长治久安（吉亨）。

在泰卦中，每爻都有所应，上下同心，互相信赖，君王可以领导百姓顺应天道，共谋大业。因处上位者为阴爻，居上不骄，谦恭处下，故能长保尊位。于处世而言，上卦为外，下卦为内，是外柔内刚之象，《荣枯鉴》有言："外小人而内君子者，真君子也。"外柔以变通，内刚以明志。既可以随人心意，又不跃离法度，如此则行事无阻，左右逢源。

泰卦之领导启示：要构建良好而深入的沟通渠道。阴阳相交，天地相通。领导者既要纵向与追随者建立沟通，又要横向与合作者建立沟通。沟通是愿景确立与实现的必要过程，领导者若不能掌握全面而真实的信息，就难免倾覆的后果。

初九，阳爻阳位。与六四相应，初九与九二、九三为同类，又在其下，是草的根部。六四与之联系，就像拔草一样连根拔起（拔茅），却把九二、九三同类也带了上来（茹以其汇），寓意在上位者与基层能够彻底地沟通交流，以了解民间疾苦，民众所求，统治者循此做事，可以得吉。

拔茅茹汇之领导启示：领导者与追随者的沟通并非表面的沟通，而是要建立良好的沟通渠道，拔茅茹汇，要连根拔起，深入了解他们的希望与困惑。

九二，阳爻阴位，与六五相应。六五尊位，包容广远（包荒），不会遗漏细节（不遐遗）。在互卦兑（九二、九三、六四）中，兑为泽，上临互卦震（九三、六四、六五），震为足，故有徒步过河之象（用冯河）。坤为朋，上卦坤与九二相隔着九三，会失去朋友。但因在中位，且上应九五（得尚于中行）。引申为不立朋党之意（朋亡）。

包荒冯河之领导启示：领导者要有包容的心态。"万物为道一偏"（《荀子·天论》），人各有不同，或有偏执，或有错误，只有持中包容，不遗漏每一个人，才能达到良好的沟通目的。

九三，阳爻阳位，处上下卦交汇之处，上坤下乾，阴阳相荡于此。时运流转，平斜往复，要努力坚守中正，得失相畴（无平不陂，无往不复）。九三与上六相应，在互卦兑中，兑为口，有口福，上六赐予口食爵禄，是想要赢得臣子的忠心（勿恤其孚，于食有福）。

无往不复之领导启示：领导者要注重愿景的沟通。柯林斯在《基业长青》中把构建愿景作为管理者的最高目标。艰贞有信，把愿景呈现给追随者，才能克服往复的困难，不会为了短暂的利益纠纷而止步不前。

六四，阴爻阴位。阴虚而身轻，翩翩而来。六四在上卦坤中，坤为吝啬，六四相邻的六五、上六都在坤中，都不富有（翩翩不富，以其邻）。六四有初九相应，上下有信，不必有所戒备（不戒以孚）。

翩翩不富之领导启示：领导者与合作者沟通要敞开胸怀，放下警戒。同为事业之"邻"，不免会有所警惕，但要认清此时的成就尚浅，不必介怀，更应沟通合作，以实现长足的发展。

六五，阴爻阳位，为尊位。此爻取例历史典故：帝乙为商纣王之父，把妹妹嫁给了周王季历，生下了周文王。诸侯能够娶帝妹是一件极荣耀的事，象征权力地位的提高，备受恩宠，自然大吉大利（帝乙归妹，以祉元吉）。

帝乙归妹之领导启示：领导者要能打动重要合作者。"归妹"乃以至亲联姻，来增强与重要合作者之间的沟通联结。领导者团队内部之中，必须要有强力有效的沟通方式。

上六，阴爻阴位，为最后一爻。阴阳流转，至极必反，坤土欲下，乾天欲上，动荡已然不可避免。城墙倒在护城河中（城复于隍），此时上下的交流已经崩溃，应该顺应天命，执意兴师动众只会生灵涂炭，加重人民的灾难（勿用师）。

城复于隍之领导启示：领导者要常虑独断之患。若独断专行，以自我意志来决策，不与外界沟通，必然会导致倾覆的结果。

人病思良医，那么企业病了呢？

全球最著名的管理咨询公司麦肯锡就是这样一家为企业"治病"的公司。令人称叹的是，在世界任意一家麦肯锡，你都能享受到与其他 80 多家分公司同样高水平的服务。之所以能有这样高效的服务，要归功于麦肯锡公司积极沟通的知识管理。

作为一个需要丰富知识作为支撑的企业，如何最大程度发挥员工的知识潜力，这一点异常重要。所谓"拔茅，茹以其汇"，麦肯锡便从基础做起，发掘内部咨询专家的隐性知识。首先，麦肯锡创办了一份内部刊物，使得各个咨询专家得以及时地把自己的想法创意与同仁分享。此举不仅能促进知识的沟通交流，而且利于甄选真正有价值的思想。其次，麦肯锡专门建立了一个储备专家经验和知识的数据库，并派专人进行维护，使得这些以往的经验得以充分利用。

为保证知识的交流分享，麦肯锡还有一个著名的制度——"全球一张损益表"，意即各个分公司的业绩是以全球的业绩来决定的。沟通要有利益的联结才能加稳固，"勿恤其孚，于食有福"，麦肯锡全球一体化的管理理念正是从利益上使公司内部紧密地联系在了一起。

麦肯锡为了保证服务质量的高效,逐渐形成了一种叫"百分之百立方"的文化,即用百分之百的时间把百分之百的知识传递给百分之百的客户。这就要求任何一个分公司的服务,都不仅仅局限于这个分公司,而是要集全球相关专家的智慧,"包荒,用冯河,不遐遗",不遗漏每一个有用的知识,才能使沟通的效用最大化(刘宏军、王缨,2004)。

强大的沟通能力使组织可以快速的汇聚信息,实现知识共享,成就了麦肯锡如今的地位。这种沟通能力,无疑是咨询公司在知识经济时代的应有之义。而对于除此以外的一般企业,也需要"沟通能手"来调解组织内部的各种关系。

沟通能手是领导学中的一个重要概念,沟通能手一般具有较高的情商,对情绪的驾驭,比如移情能力、情绪控制力以及逆境耐受能力,都比一般人要高得多。 此类人在建立员工信任、激发员工为组织愿景付出努力的动力方面具有很重要的作用。一些领导者往往具有很强的沟通能力,能够运用沟通的技巧,使员工在对组织目标的理解和身份的认识方面达成共识,团结在一起。而沟通能手最终的目的是要帮助追随者将愿景贯彻到他们的日常行动之中。

第三节　协同力之同人卦

把你的心　我的心串一串

串一株幸运草

串一个同心圆

让所有期待未来的呼唤

趁青春做个伴

——《爱》

词：陈大力、李子恒　　曲：陈大力　　演唱：小虎队

"把你的心，我的心串一串"，领导者的一个重要禀赋，就是要懂得如何与人协同。一方面是组织之外的协同，一方面是组织内部的协同，优秀的协同力能够充分发挥人的潜力，使得人尽其才。

（赵洁绘）

第十三卦　同人　乾上离下　天火（旷达无私）　**门宗莽，墉号疆**

同人：同人于野，亨。利涉大川，利君子贞。

聚合众人于郊野，通达。适宜渡过大河，适宜君子正固。

上九：同人于郊，无悔。

■■■■■ **同郊无疆**：与人和同在郊外，无悔恨。

九五：同人，先号咷（táo）而后笑。大师克相遇。

■■ ■■ **先号后笑**：与人和同，先号哭后大笑，大军得胜会合。

九四：乘其墉，弗克攻，吉。

■■ ■■ **乘墉弗克**：登上他的高墙，不立即攻城，吉利。

九三：伏戎于莽，升其高陵，三岁不兴。

■■ ■■ **伏戎于莽**：伏兵在莽林里，又登至高陵，三年不发动。

六二：同人于宗，吝。

■■　■■ **同宗有吝**：在宗庙与人和同，有忧吝。

初九：同人于门，无咎。

■■■■■ **同门无咎**：与人和同在门外，无灾。

同人卦上乾下离，天下有火，光明无私。如此可以坦诚相待，真情相交，引为同道。古人称执政者为"在朝"，老百姓为"在野"，同人卦六二主爻与九五至尊相应，是在朝者诚信结交在野者（同人于野）。上下同心，即是天下为公，又有乾健之德，可以克服困难，涉险渡川（利涉大川）。六二与九五都在中正之位，持德盈怀，是君子之象（利君子贞）。《象》曰："唯君子为能通天下之志。"孔子言："君子和而不同。"（《论语·子路》）君子德彰无私，可以通识天下人心，舍其不同而和其所同，共度时艰，迈向大同的理想。

同人卦之领导启示：协作是每一个领导者所必需的，协作的对象和策略便尤其重要。要能广泛地选择协作对象，不局限于亲近的人，也要能清楚地辨别，选择亲疏适当的协作策略。当决定协作对象之后，要以诚相待，抛开嫌隙，共同努力，达成目的。

初九，阳爻阳位，初九为士之位，大夫有家而士无家，故士在家门之外与人接触，与门外之人相识相聚（同人于门）。能够摆脱外在的束缚，不拘于门户之见，对士来说是好事，可以增长见闻，广泛结交志同道合之人，为将来的事业打好人脉基础。

同门无咎之领导启示：领导者要广泛与相关的组织建立联系。事业的进步，离不开社会各方面的协作，不能局限在自己的一门之内。

六二，阴爻阴位，为主爻。是大夫之位，大夫有家。五个阳爻都想与六二相交，但六二与九五正应，只与自己家族之人交往（同人于宗），与其他阳爻刻意疏远，私心严重，狭隘鄙吝。

同宗有吝之领导启示：领导者不能只着眼于自己亲近的人或者享物。领导者总是容易信任自己亲近的人，然而事业的发展需要各式各样的人才。充斥着私情的协同往往会失败，固化的思维容易导致事业停滞不前。

九三，阳爻阳位，在下卦离中，离为甲胄，戈兵，又在互卦巽（六二、九三、九四）中，巽为草木。故为伏兵在草丛莽林之中（伏戎于莽）。九三争战，是要与九五抢夺六二，然九五位尊且正，带着三个刚爻，实力雄厚，九三与上九不应，登在高坡之上，被上九所阻，三年不会打仗（升其高陵，三岁不兴）。九三欲以兵戈夺人心，不诚之至，不可能会成功。

伏戎于莽之领导启示：领导者在协作的时候应该放下戒备，真诚相待。过度的谨慎往往导致"三岁不兴"，合作也会失败。

九四，阳爻阴位。九四在互卦巽（六二、九三、九四）的上爻，巽为高，为城墙，九四登上了城墙（乘其墉）。紧邻九五，也想争夺六二，但与六二不邻不应，没有什么利益关系，《系辞》曰："爱恨相攻而吉凶生"，九四与六二既无爱恶之情，便停止了进攻（弗克攻），不会有凶祸。战斗中，强势者留有余地，见好就收，是想要赢取人心。

乘墉弗克之领导启示：领导者要以义取胜。兵法"善兵者，其上伐谋，其次伐交，再次伐兵，其下攻城"（《孙子兵法·谋攻篇》）。胜物不如夺心，胜而不取，正是和而不同，如此才更能同心协力地合作，以实现长远而伟大的愿景。

九五，阳爻阳位。下有互卦巽，巽为号令，为号咷。因九三、九四皆欲与九五相争，九五苦苦支撑，痛哭流涕（先号咷）。九五与六二正应，六二一心附于九五，与九五会师，打消他的忧虑，最后破涕为笑（后笑，大师克相遇）。

先号后笑之领导启示：领导者要注重在竞争中增加协同力。经历了艰苦的奋斗，终于实现了目标，苦尽甘来。共同奋斗的经验与情谊是宝贵的，要总结经验，珍惜情谊，增强相互协作的能力。

上九，阳爻阴位。是全卦最外一爻，没有私心，也不参与对六二的争夺，远离名利的漩涡，在城外与人结交（同人于郊）。下与九三不应，虽有志难行，却也无怨无悔（无悔）。

同郊无疆之领导启示：领导者要谨慎把握协作的分寸。有可亲密协作者，有可间接协作者。对于那些条件不足的协作者，不妨保持一种远距离的协作关系。

全球畅销书《权力的48条法则》（*The 48 Laws of Power*）的作者罗伯特·格林（Robert Greene）认为，谷歌之所以能发展到如今这般地步，要归功于其能够有效地运用超凡权力，获得对手难以抗衡的掌控权。以往的权力架构一般高度集中于国家的高层乃至独裁者，而到了今天，权力的逐步分散已经成了必然趋势。

网络使现代世界日趋"扁平化"，产生了"同人于野"的局面，普罗大众的观点和意愿得以毫无限制的快速传播开来，以得到志同道合者的认可。如此便分解了传统权威的话语权，使得人人都可以享有权力，而一些公司也因难以适应这变迁而失去了曾经的权力和市场地位。

信息时代需要崭新的大局观念，以及长远的目光，来面对未来的巨变。而谷歌创始人拉里·佩奇和谢尔·盖布尔即是拥有这种超人觉悟的时代翘楚。谷歌希望用全新的方式进行内部的沟通互动，以期最大可能地实现"同人于门"。于是谷歌率先摒弃了传统的权力等级观念，采取精简的组织架构：当微软和IBM的管理层和员工的比例在1∶6时，谷歌把这个比例缩小到了1∶20。这种陌生的管理模式虽然会带来一时的混乱，可谓是"先号咷而后笑"，精简的架构，使得谷歌公司拥有远超其他企业的自由和灵活性，以激发员工激情为主的企业文化使得谷歌公司成了傲视全球的行业巨头（刘松博，2013：63-64）。

协同源自平等，谷歌摒弃传统职位观念之后，实现了"同人于门"。这样的制度，需要领导者犀利的战略眼光，在现代领导理论中被称为"涌现型领导"。

涌现型领导（emergent leadership）是美国纽约城市大学教授埃德温·霍兰德尔（Edwin P. Hollander）首先提出的，与传统"尊卑有序"的领导方式相反，涌现型领导强调组织成员的充分沟通和互动。有才华有担当的团队成员在环境的变换中自发涌现为团队领导，主动对他人施加影响，更有助于率领众人随机应变，有着极强的环境适应力（Hollander，1961）。

菲利普·安德森（Philip Anderson）将涌现型领导的核心特征定义为"互惠式影响"，指的是组织成员通过频繁的沟通交流形成了一条"信息反馈环路"，并以此来确认领导地位。在这一过程中，他们积极主动，分工明确，并能在制度规范的约束之下依据形势变化自发承担领导职责。另一方面，领导者清楚地认识到这一涌现机制的重要性，并成为幕后推手，积极营造创新，并提供强有力的支持来激励、引导成员自发涌现，推动组织进化发展（Anderson，1999）。

在当今的知识经济时代，涌现型领导所体现的高超协同力，已经成为了诸多高科技公司共同追逐的目标。这种新的发展趋势，实际上也可以从同人卦的要义中发现遥远的共鸣，这种共鸣自然也值得领导者细细体味，去统合自身、组织以及更大范围的协同发展。

第四节　观察力之观卦

掀起了你的盖头来

让我来看看你的眉

你的那眉毛是细又长呀

好像那树上的弯月亮

你的那眉毛是细又长呀

好像那树上的弯月亮

——《掀起你的盖头来》

词曲：王洛宾改编

观察美人易，观察组织难。美人面目姣好，身材婀娜，都是肉眼可见的，但组织却相对庞杂繁乱，无时无刻都在变动。而一个好的领导，就需要摒弃井底之见，从更高的地方纵览全局，把握大势。

（赵洁绘）

第二十卦　观　巽上坤下　风地（大观在上）　**童窥进，国我观**

观：盥（guàn）而不荐，有孚顒（yóng）若。

观卦。祭祀开始时洗净双手，还未到进献祭品的阶段，心中的诚信已经庄严地表现出来。

上九：观其生，君子无咎。

观其无咎： 观察动向，君子无灾。

九五：观我生，君子无咎。

观我无咎： 观察自己的生民，自己无灾。

六四：观国之光，利用宾于王。

观国之光： 观察一国的风俗，有利于朝见君王。

六三：观我生，进退。

观我进退： 考察自己，以知进退。

六二：窥观，利女贞。

窥观女贞： 从小孔偷看，有利于女子贞吉。

初六：童观，小人无咎，君子吝。

童观小人： 像幼童观察事物，小人无灾，君子有麻烦。

观卦，互卦艮（六三、六四、九五）为手，下坤为器，是在礼器中洗手之象。古代天子祭祀，要先斋戒沐浴，祭祀之日，先洗手再献贡品。祭祀主祭在于对神要有无比的虔诚，观卦中主祭的天子尚未向神灵献祭，但其赤诚的态度已经感染了臣民（盥而不荐，有孚顒若）。故孔子言："君子之德风，小人之德草，草上之风，必偃。"（《论语·颜渊》）卦象为上风下地，君王道德感化之力如风行于地，无孔不入，无往而不利，故《象》曰："圣人以神道设教，而天下服矣。"

观卦之领导启示：领导者的观察是多方面和多层次的，小到基层员工的思想状态，大到行业的发展情况，从现在到过去，再到未来，无一不需要领导者的观察和把握。领导者既要能深入员工之中，又要能超脱于组织之外，掌控整个组织，领导者要有足够的观察力和判断力。

初六，阴爻阳位，在全卦之始。地位低下，是淳朴百姓。距九五最远，因而对君王的政治教化不了解，如孩童般看问题，情有可原（童观，小人无咎）。但若是德行君子也这样看问题，就会陷入困难（君子吝）。

童观小人之领导启示：领导者不必苛责基层员工不成熟的看法。组织的基层人员有时会有对事物的不成熟的看法，这是正常的，但领导者必须有清醒的认识。

六二，阴爻阴位，距九五稍近，在下卦坤的中位，坤为女。古时女子不出闺阁，较少出门走动，像是从门缝里观察世界（窥观），只得一鳞半爪的印象，虽比儿童好些，却仍是难以领悟家国政教。女子如此，是守持贞节妇道的应有之义，不可苛责（利女贞）。

窥观女贞之领导启示：领导者要理解基层管理者的观点。基层管理者往往属于一个部门或者一个狭小的圈子，有一孔之见是无可厚非的，甚至是好的，维护好自己职责范围内的利益，是整个组织良好发展的基础。

六三，阴爻阳位。在下卦坤中，坤为众，上邻巽卦，巽为进退取舍。六三与上九相应，可在较高的位置观察自己过往的历史，以知进退之道（观我生，进退）。

观我进退之领导启示：中层领导者要时常自省。中层干部是组织的中坚力量，起着承上启下的作用，必须经常观察组织，自我反省，知进退之机妙，为基层组织做正确的引导。

六四，阴爻阴位，上邻九五君王，受邀于九五而成座上嘉宾（用宾于王）。因六四在下卦坤上，坤为国，六四一览国计民生（观国之光），百姓疾苦时萦于怀，君王知其才德，引为上宾，委以重任，是任用贤才的明智之举。

观国之光之领导启示：中层领导者要全面了解公司的状况。中层领导者要有大局观念，如此才能做好最高领导者的左膀右臂，提高管理团队的协作能力。

九五，阳爻阳位，为君位，是观卦主爻。《象》曰："大观在上，中正以观天下。"君王所观者，是天下生民（观我生），考察政教民情，知其善恶吉凶，以改进政策，更好地实行仁政。如此才符合观卦之道，避免犯错（无咎）。

观我无咎之领导启示：最高领导者要有历史的眼光。最高领导者是组织的舵手，掌握着前进的方向，需要带着历史的眼光去看问题，总结经验教训，才能避免陷入忧患之中。

上九，阳爻阴位。上九在君王之上，已退出尊位，故可置身事外，冷眼旁观，理智地总结九五的为政得失，也可总览其他君王的功过（观其生）。作为顾问，为九五君王进谏，以减少政策中的失误（君子无咎）。

观其无咎之领导启示：领导者要注意观察竞争对手的现状。见贤思齐，见不贤而内自省。不仅要观察自己员工的待遇和状态，还要观察本行业的发展情况，互相对比，以资借鉴。

尧帝禅位于舜，不以天下为私有之德，后世传颂，至今不衰。

舜20岁时，即以孝行闻名天下。后来，尧向四岳（四方诸侯之长）征询继任人选，四岳便推荐了舜。凡任人需循名责实，尧便"观其生"以考其贤否。尧甚至将两个女儿嫁给舜，以考察他的品行和能力。后来的事情说明，舜不仅能够使家庭和睦，而且展现了强大的人格力量。"舜耕历山，历山之人皆让畔；渔雷泽，雷泽上人皆让居"，只要是他劳作的地方，皆兴起礼让之风；"陶河滨，河滨器皆不苦窳"，制作陶器，技术卓越，并传授周围的人技艺，杜绝粗制滥造；他到哪居住，都会有人追随，因而"一年而所居成聚（聚即村落），二年成邑，三年成都（四县为都）"。

尧欲知舜"观国之光"的能力，便派舜推行德教，舜便教臣民以"五典"——父义、母慈、兄友、弟恭、子孝这五种美德，臣民皆心生教化。尧又让舜总管百官，处理政务，百官都服从舜的指挥，百事振兴，无一荒废，井井有条，毫不紊乱。尧又让舜在明堂的四门，负责接待四方朝见的诸侯，诸侯皆见其为人而心生敬慕。最后，尧让舜独自到山林中，接受自然的考验，舜经历暴风雷雨而镇定自若，淡然前行。

"盥而不荐，有孚颙若"，经过多方考察，舜的德行得到了百姓的认可，故而终于也得到了尧的认可。于是，尧于正月上日（初一），在太庙举行禅位典礼，正式让舜接替自己，登上天子之位。尧退居避位，二十八年后去世，"百姓悲哀，如丧父母，三年，四方莫举乐，以思尧"。在尧去世后，舜一度想让位给尧的儿子，人们都不赞成，由此，他才正式接位（《史记·五帝本纪》；《尚书·尧典》）。

尧发现、考察和选择舜的故事说明，领导者要有一双慧眼，要能够从多种角度观察人和事物，"观国之光"、"观我生"，才能知进退存亡之道。尧之选舜，正是如此。组织内部高层人物的责任较一般人要重要得多，所以更需要有宽阔的视野来洞察人事，制定策略，指引组织的方向。

　　领导学发展至今，越来越注意到"高层管理"对组织的重要价值。高层管理是企业的一个特殊管理阶层，处于纵览全局的地位，承担着与其他管理阶层不同的特殊任务，由此决定了它必须建立一种特殊的组织结构。高层管理的职责制是多方面的，其任务不是一项，而是多项。这一点，对公共服务机构和工商企业同样适用。

　　高层管理的任务大致包括六项：其一，仔细考虑企业的使命；其二，确定标准和榜样，即企业需要履行其"良心"职能；其三，企业是人的组织，因此高层管理有责任建立和维系人的组织；其四，同样重要的是，一般只有处于一个企业的高层管理才能建立和维持各项关系；其五，代表企业参加一些礼节性的活动；其六，处理紧急事件或重大危机（彼得·德鲁克，1987）。这些使命都要求领导者需要有锐利的战略眼光以及相应的执行能力。换言之，高层管理者，本质上就应当具备那些摆脱了"童观""窥观"的"君子之观"，有了这君子之观的高度，才能算作是一个真正的领导者。

第四章　领导者素质

第一节　谦虚之谦卦

没有花香　没有树高

我是一棵无人知道的小草

从不寂寞　从不烦恼

你看我的伙伴遍及天涯海角

……

大地啊母亲把我紧紧拥抱

——《小草》

词：向彤、何兆华　　曲：王祖皆、张卓娅　　演唱：房新华

　　芳草萋萋，没有花香，没有树高，看似渺小，却蕴含了领导者的为人处世之道。"言行，君子之枢机"（《周易·系辞上》），在人与人的交往之中，一个低调的态度，一句谦逊的话语，有时会产生意想不到的结果。

（何心月绘）

第十五卦　谦　坤上艮下　地山（君子有终）　**君鸣劳，撝侵战**

谦：亨，君子有终。

谦卦。通达。君子有好的结果。

上六：鸣谦，利用行师，征邑国。

▅▅　▅▅　**鸣谦为战：**宣扬谦德，利于出兵行军，征讨邑国。

六五：不富，以其邻，利用侵伐，无不利。

▅▅　▅▅　**利用侵伐：**不靠财富，就能团结邻人，利于出征讨伐，没有不利。

六四：无不利，撝（huī）谦。

▅▅　▅▅　**撝谦有利：**没有不利，发挥谦德。

九三：劳谦君子，有终，吉。

▅▅▅▅▅　**劳谦有终：**勤劳谦虚的君子，终归有吉。

六二：鸣谦，贞吉。

▅▅　▅▅　**鸣谦贞吉：**宣扬谦德，贞占吉祥。

初六：谦谦君子，用涉大川，吉。

▅▅　▅▅　**谦谦君子：**君子谦谦有礼，利于跋涉大川，吉利。

坤上艮下，下卦为内，高山甘心居于地下，锋芒内敛，虚怀若谷，即是谦卦。周公曾劝诫伯禽："故《易》有一道，大足以守天下，中足以守其国家，近足以守其身，谦之谓也。"（《韩诗外传》）谦而有终，诚非易事。

君子之谦，原因有二：一是知天道无穷，"知也无涯"，故心中常怀敬畏，不敢以真理自居，常愿择人之善，学而从之；二是知人心难测，各有其性情，各有其坚守，尊重别人，即是礼之所在，故不敢固执己见而侵于他人。《尚书·大禹谟》有言："满招损，谦受益，人之道也。"几千年来，谦谦君子一直是我们推崇的对象。

谦卦之领导启示：自内的谦虚，本质上是对外在的尊重。领导者的谦虚，是要尊重团队内部每一个人的意见，以做出恰当的决策，更是一种对沉着稳重的企业文化的陶冶。谦虚亦需技巧，恰到好处的谦虚是领导者独有的艺术，会达到意想不到的效果。谦虚是一种面向世界的态度，领导者的谦虚从来不是懦弱，而是内在的威严，是高超领导力的体现。自内修谦虚之"文德"，才能向外"服远人"。

初六，阴爻阳位，又在始位，弱小无力，然在主爻九三之下，比九三君子更加谦虚，谦之又谦，可得各方相助，本身也会变得强大（谦谦君子）。虽然上有互卦坎（六二、九三、六四），也可以化险为夷，成功渡过（用涉大川，吉）。

谦谦君子之领导启示：领导者应该保持谦虚的态度。事业草创，或者遇到困难，要谦以待人，虚心听取意见，带领组织渡过难关。

六二，阴爻阴位，与九三相邻，承刚，又居下卦中位，内心谦虚而有分寸，地位较初六高，却不改其志，继续发扬谦虚的品性（鸣谦），难能可贵（贞吉）。

鸣谦贞吉之领导启示：有所成就，领导者仍要保持谦虚。虽然事业取得了一定的成果，但是前路漫漫，辉煌与失败往往一步之遥，更有许多潜伏的危机，只有保持谦卑，"如临深渊，如履薄冰"（《诗经·小雅》），才能更上一层楼。

九三，阳爻阳位，全卦主爻。在互卦坎中，坎为劳，是勤劳有功的君子（劳谦君子）。有功却不恃功骄人，仍是厚道如故，可以得到上下阴爻的拥护。《象》曰："万民服也。"真可谓"居其所而众星拱之"（《论语·为政》），定会有好的结果（有终，吉）。

劳谦有终之领导启示：谦虚是领导者一生奉行的准则。谦虚可以成就事业，但不仅仅是为了成就事业。即使功成身退，也要保持谦虚，老子讲"不自矜，故能长"，善始善终，方显涵养。

六四，阴爻阴位，在九三之上，与九三阴阳相吸，不违背谦逊的法则，故可以无往而不利（无不利）。六四进入上卦，身居高位，上有天子，下有部属百姓，要能把握好谦虚的分寸（撝谦），才能在处理各项事务时游刃有余。

撝谦有利之领导启示：领导者应把谦虚当作艺术。俗言：过分的谦虚就是骄傲，面对不同的人和事，要能恰当地把握谦虚的度，不让高位者觉得无能，不让下属觉得优柔寡断。

六五，阴爻阳位，在上卦坤中，坤为吝啬。朱震说："阴虚，贫也。邻谓四与上也。"六五阴虚而贫，比邻者亦为阴而贫（不富）。六五为尊位，外柔而内刚，有谦卦之德，上下和睦同心（以其邻），若有不义的背叛，可以率领众人反抗，展现刚强的一面（利用侵伐，无不利）。

利用侵伐之领导启示：领导者的谦逊并非懦弱，而是一种内在的强大。当受到外在的威胁时，领导者的谦虚就是沉着稳重，"先为不可胜，以待敌之可胜"（《孙子兵法·形篇》），打败对手，成竹在胸。

上六，阴爻阴位，与九三主爻相应，可以宣扬君子的谦逊之德（鸣谦）。上卦坤为国邑，上六为高位，很有权威，若有不服从教化，甚至发生动乱的属国，应当出兵讨伐，匡扶正义（利用行师，征邑国）。

鸣谦为战之领导启示：领导者要适时出击。领导者的威望渐高，声名远播，"民归之，由水之就下"（《孟子·梁惠王上》）。此时应该大胆出击，兼并对手，以壮大事业，实现更高的目标。

台北的《商业周刊》采访李嘉诚的时候，李嘉诚一再提起他的做人准则：勿得罪人，勿遭人忌。

一个世界级的首富，富可敌国，影响力遍及五十五国。该是别人担心是否得罪他，怎么反过来？李嘉诚在显赫与谦虚间的强烈反差，让人震撼，发人沉思。其实，李嘉诚自初出社会时，便深谙"谦卦"之道，是一个"谦谦君子"。

十七岁的李嘉诚在一家公司当业务员时就崭露头角，他工作第一年的业绩是公司第一，且是第二名的七倍。这让他的老板头痛不已，因按照销售成绩来算，李嘉诚的分红收入将比总经理还高。李嘉诚得知后，竟然主动跟老板说："你给我分红跟第二名一样就行了，这样大家都开心，就解决了问题。"一个不到二十岁的年轻人，就知道"劳谦，君子有终"，有功而不恃，保持谦逊本色，避免他人嫉妒以获得更加长远的发展。

李嘉诚这样行事风格，始终如一，甚至连仇人，他都不得罪。他刚创业的时候，与一家做英国生意的进口商往来，进口商欺负他小，骗他说因为海关作业关系，每笔货款都要暂扣 30%。这一扣就扣了长达七年，分文不返还，压得刚创业的李嘉诚几乎周转不过来。

忍无可忍的李嘉诚写了一封最后通牒的信：六个月后不再接受这样的订单。信发出后发生了作用，对方将全部的暂扣款全数退还。顿时涌出的这笔钱，让李嘉诚五味杂陈："我刚开始可以说如虎添翼。但是，也让我恨之入骨。"

李嘉诚飞黄腾达后的某一天，有人从英国写封信过来，说他在英国的报纸上看到李嘉诚的名字，他问："究竟你是不是我从前认识的做塑料花的 Mr. Li Ka Shing？"这人说，他年岁已大，希望重游香港，问李嘉诚能否支付他机票与饭店的钱。接到信后，李嘉诚说："好，你自投罗网。"以李嘉诚的处世方式，通常招待远道而来的客人多是头等舱。而且，一住进酒店，就送花送酒致意。这次虽然答应，但是高规格接待都免了。他想再会一面这个让他"恨之入骨"的人。

阔别多年，沧海桑田，一见面，李嘉诚看到对方白发苍苍，体胖蹒跚，原本的愤怒瞬间浇熄。"我一见他马上扶他，一句话都不敢讲。马上打给我秘书，酒啊！水果啊！快点送过去。"李嘉诚本来是要骂他："可知道，那七年我受过苦喔？"一个当年逼得他几乎撑不下去的仇人，李嘉诚的行为让人不解。

有人问他：当你恩人和仇人没什么两样，还可以搭商务舱免费游香港？

他说："你看到他好惨，我很好。他回去后一年就过世了。"其实老天已给了两个不同风格的人公平报偿。他谈到对待仇人的方式，表面言语，平淡无奇，但求问心无愧。时时刻刻为他人着想，尊重他人，也就是所谓的"无不利，撝谦"，让敌人相信你，尊重你，这是经商很高的境界。在他近六十年的商海生涯中，有很多此类智慧，皆非言语能全然表达（商业周刊，2011：96–98）。

李嘉诚的处世之道，正应了老子之言："坚强者死之徒，柔弱者生之徒。"以柔弱之姿态成就傲世之霸业，其谦谦君子的态度，为其赢得了机遇。功成名就的李嘉诚仍是谦逊待人，"劳谦"而尽显胸怀。

在领导者的分类中，有一类叫作"中庸领导"，堪称谦卦德行的典范。中庸领导者在谦逊的品格之外，还有几个重要的特点：第一，注重自我约束，提倡以和为贵，约束自己的情绪，理性分析局势，以便做出最佳决策。第二，中庸领导注重从大局出发，分析自己的决策对其他人及整个局面的影响，注重人际关系的调节，以"诚"为本，关心别人的利益，以创造互惠和信任的组织机制。第三，中庸领导在决策时会考虑各个利益集团的感受，不走极端，建立包容的组织文化，提高组织绩效。第四，注重自我反省，善于从员工的反馈中获得改进信息（黎红雷，2013）。

谦卦的本质，是对别人尊重，而中庸领导者的成功之道，就是以谦逊的态度营造一个和谐的环境，给员工一个人尽其才的氛围。

第二节　乐观之豫卦

甜蜜蜜　你笑得甜蜜蜜

好像花儿开在春风里

开在春风里

在哪里　在哪里见过你

你的笑容这样熟悉

我一时想不起

啊　在梦里

——《甜蜜蜜》

词：庄奴　曲：Osman Ahmad　演唱：邓丽君

领导组织的理想状态，就是员工各得其乐，"好像花儿开在春风里"。而这豫乐的组织环境是很难建立的，对领导者的智慧是一种考验。不仅要完善组织的物质条件，更要关注组织的精神面貌。

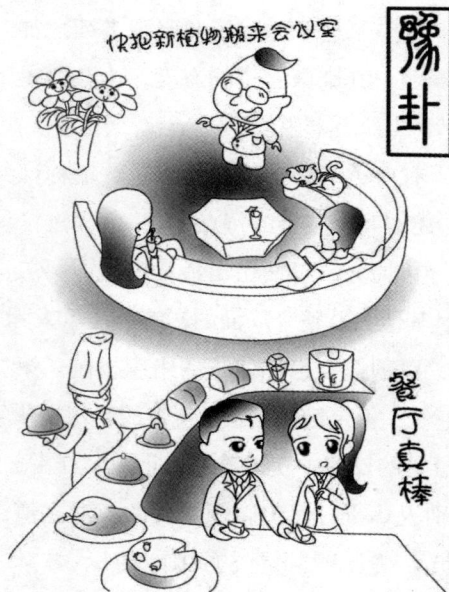

（何心月绘）

第十六卦 豫 震上坤下 雷地（顺以动行） **鸣介盱，由疾暗**

豫：利建侯行师。

豫卦。适宜建立侯王，出兵征伐。

上六：冥豫，成有渝，无咎。

▋▋ ▋▋ **冥豫昏暗**：耽于逸乐，但习惯能改变，无灾。

六五：贞疾，恒不死。

▋▋▋▋ **贞疾不死**：贞卜会有疾病，不至于死。

九四：由豫，大有得。勿疑。朋盍（hé）簪。

▋▋▋▋▋ **由豫大得**：由逸乐中来，大有所得，不猜疑，朋友聚集。

六三：盱（xū）豫，悔，迟有悔。

▋▋ ▋▋ **盱豫有悔**：媚上逸乐必悔，行动迟缓有悔。

六二：介于石，不终日，贞吉。

▋▋ ▋▋ **介石一乐**：正直如磐石，不终日享乐，贞占吉。

初六：鸣豫，凶。

▋▋ ▋▋ **鸣豫有凶**：放纵享乐，凶。

豫卦上震下坤，震为诸侯，坤为国邑，故可分封诸侯，为国邑争战（利建侯行师）。上震为动，下坤为柔顺，故《象》曰："顺以动。"顺物性而动，是天地之道。宋人言："孔子之志，使万物莫不尽其性。"圣人作乐，以顺民情，和民心，《乐记》曰："移风易俗，莫善于乐。"豫卦之意，就是要达到"众乐乐"的境地，使"刑罚清而民服"，天下温馨太平。

于个人而言，则豫卦颇有忧吝，合于"死于安乐"之说。豫卦整体虽好，于每一爻而言，只有六二和九四为佳，其余皆有凶吝，可知豫乐之情，应慎重把握，防止迷失自我。

豫卦之领导启示：组织内部和乐的关系是团队建设和组织发展的关键。所谓"顺以动"，领导者要能始终让组织保持愉悦进取的精神面貌。但是"过犹不及"，领导者应该把握好度，既要防止不正当的快乐，也不能耽溺于欢娱，以免乐极生悲。

初六，阴爻阳位，与九四主爻相应。初六地位低下，势力薄弱，却得到上位者的信任，响应九四的愉悦，自鸣得意（鸣豫）。力弱者不思长进，可谓"贫贱骄人"，纨绔不羁，有悖人伦道德，只会招来凶祸。

鸣豫有凶之领导启示：在事业的初期，领导者要控制自己，不能贪图享乐。"年少之时，血气未定，戒之在色"（《论语·季氏》），初出茅庐，诱惑很多，要有强大的自制力，控制好自己的欲望，认清方向，不能迷失自我。

六二，阴爻阴位，与九四不邻不应，独立自主。又在互卦艮（六二、六三、九四）中，耿介如石（介于石）。六二处豫卦普遍欢愉骄满的环境之中，能够洁身自好，保持清醒，快速地抽身而出（不终日），可以避免逸乐的坏处而得吉。

介石一乐之领导启示：领导者要始终保持清醒的头脑。当组织陶醉在快乐之中，领导者要能够"众人皆醉我独醒"（《楚辞·渔父》），掌控好组织的精神状态，避免耽于安逸而导致的恶劣后果。

六三，阴爻阳位。盱为小人喜悦佞媚之貌。六三上邻九四，自以为势重，向上阿谀奉承，向下残忍使暴，十足的小人得志之象（盱豫）。但与上六不应，不能得到统治者的支持，应当及时改过自新。又在互卦艮（六二、六三、九四）中，艮为止，若不及时从这种不义的快乐中走出来，将有悔恨（迟有悔）。

盱豫有悔之领导启示：领导者要避免谄媚带来的愉悦，及时改过。古人讲不孝有三，第一个便是"阿意曲从，陷亲不义"（《十三经注疏》），其言领导亦然。领导者往往很享受下属的奉承，却不顾及陷于不义的后果。谄媚是不可避免的，领导者要能认清由此导致的欢愉，及时改过，不然悔之莫及。

九四，阳爻阴位，阳爻为君子，又处高位，上下信赖，《象》曰："刚应而志行"，故可以行道于天下（大有得）。在互卦坎（六三、九四、六五）中，坎为忧疑。九四为主爻，诸柔亲附，没有疑虑（勿疑）。爻象为一个刚爻插入五柔爻中，像是一把簪子，把散乱的头发聚合在了一起（朋盍簪），是豫卦联系上下的纽带，上下同心，才可得欢乐。

由豫大得之领导启示：领导者要能保持组织内部的和乐关系，提高组织凝聚力。保持组织的欢愉是要保持一种积极向上的精神状态。《礼记》讲乐者为同，同则相亲。组织内部相亲如一家，互相信任，才有强大的凝聚力，共同奋斗，大有所得。

六五，阴爻阳位，在互卦坎中，坎为加忧，又乘九四刚爻，力量柔弱，担心大权旁落而生出疾病（贞疾）。但六五居于中位，位正，又在上卦震中，震为生，故不至于死亡（恒不死）。

贞疾不死之领导启示：即使达到了很高的成就，领导者也不能寻欢肆欲。组织强大到了一定地步，往往自信满满，耽享胜利果实。若沉浸于此，纵然如百足之虫死而不僵，也是疾患缠身，痛苦不堪。

上六，阴爻阴位，在卦的顶端，是豫乐至极。沉溺于其中，昏天暗地的享乐（冥豫），不理事务。物极必反，只要最后能悔过自新（成有渝），仍可避免灾祸的发生（无咎）。

冥豫昏暗之领导启示：领导者要及时反省，避免堕入欢愉的深渊。生于忧患，死于安乐，迷途知返，尚可以免。若欢乐过度，领导者要能敏锐地觉察，及时把组织拉回正轨。

谷歌（Google）"奇特"的企业文化一直令人津津乐道。正所谓"由豫，大有得"，谷歌认为，人越快乐，工作效率就越高，只有让员工真正享受工作，快乐工作，才能更高效精确地完成任务，才能有更多的创意和灵感。

谷歌拥有一系列令人称羡的制度设施来满足员工的各种需求。例如，谷歌有隔音太空舱，可以使员工有更好的休息环境，能够迅速摆脱疲劳；在很多办公区域，都能找到台球、视频游戏等娱乐设施，以放松紧绷的神经；此外，谷歌的员工餐一直号称业内传奇，这些餐厅大多免费自助，拥有丰富的口味，以满足不同国籍员工的需求。

谷歌中国工程研究总经理杨文洛博士认为，整个谷歌的文化便是创新、开放，而且注重以人为本。比如谷歌上海公司的工作环境，便是没有隔离的办公间，员工就在这样开放的环境中交流，更加便捷；而且最好的靠窗和有风景的位置全都留给员工，让他们能够享受开阔的视野和阳光。谷歌以种种措施，从各种细节中体现以人为本，这表明公司珍惜员工的价值，能够最大限度地满足其需求，增强其归属感，从而激发他们的创造力。这些虽然增加了不小的投入，但却是值得的。

　　谷歌的这些措施，都是为了让员工保持最好状态。创意和灵感从来都不是在被束缚、让人紧张疲惫的环境中生成的，它们都是自由快乐的产物。保持愉悦的员工才能为公司开疆拓土，"建国行师"。一个像谷歌这样关注员工、提倡快乐工作的公司，才能在市场的大潮中立于不败之地。

　　美国德克萨斯大学的罗伯特·布莱克（Robert R. Blake）和简·穆顿（Jane S. Mouton）根据"对人的关心程度"和"对生产的关心程度"两个指标提出了领导的管理方格理论。其中"乡村俱乐部式的管理"很好地概括了谷歌的模式，在这样的环境下，组织氛围和工作速度适宜、友好，成员关心他人，有着互相信任、互相尊敬的人际关系，内部成员因此而更容易精诚合作，为了组织目标竭尽全力（Blake & Mouton，1964；Blake & McCanse，1991）。

第三节　真诚之咸卦

妹妹你坐船头

哥哥在岸上走

恩恩爱爱纤绳荡悠悠

小妹妹我坐船头

哥哥你在岸上走

我俩的情我俩的爱

在纤绳上荡悠悠　荡悠悠

——《纤夫的爱》

词：崔志文　曲：万首　演唱：尹相杰、于文华

一曲《纤夫的爱》，用缠绵的歌声唱出了纤夫朴素而浓郁的爱意。两情相悦，贵在真诚。心中虔诚，则谈笑语默，无不娇婉可人。真诚作为一种领导态度，基础是自信，敢于展现真正的自己，才能博得员工的认同，赢取合作伙伴的信任。

（何心月绘）

第三十一卦　咸　兑上艮下　泽山（二气感应）　**拇腓股，憧脢脸**

咸：亨，利贞，取女吉。

咸卦。通达，适宜正固。娶妻吉祥。

上六：咸其辅，颊舌。

▆▆ ▆▆ 咸脸颊舌：亲她的脸颊和嘴舌。

九五：咸其脢（méi），无悔。

▆▆▆▆▆ 咸脢无悔：触搂着她的腰背，没有悔恨。

九四：贞吉，悔亡。憧（chōng）憧往来，朋从尔思。

▆▆▆▆▆ 憧往贞吉：守正则吉，无悔。不停地来往，朋友会赞同你的考虑。

九三：咸其股，执其随，往吝。

▆▆▆▆▆ 咸股往吝：触动她的大腿，执意追求她，再往前有麻烦。

六二：咸其腓，凶，居吉。

▆▆ ▆▆ 咸腓居吉：触动她的小腿，凶险，停住才吉。

初六：咸其拇。

▆▆ ▆▆ 咸其拇也：触动她的足大趾。

咸，即感。咸卦上兑下艮，兑为少女，艮为少男，阴阳相吸，是少男低声下气求爱于少女之象。王安石说："有心为感，无心为咸。"（马恒君，2014）对于谈情说爱，古人言："发乎情，止乎礼"（《毛诗序》），真情流露是第一要义，不可虚情假意，玩弄感情，如此才能亨通。何谓止乎礼呢？《礼记》中说礼："始于冠，本于昏，重于丧祭。"婚礼是"礼之本"。又《序卦》曰："有男女，然后有夫妇；有夫妇，然后有君臣。"男女情感所终为夫妇，其义不可谓不大。古人以咸卦来鼓励男女交往，以合人情，尽天伦。故韩康伯说："夫妇之象，莫美乎斯。"（《周易集解·卷七》）

咸卦之领导启示：领导者所要真诚追求的，莫重于人才。白居易有"试玉要烧三日满，辨材须待七年期"（《放言五首·其三》），辨别人才很不容易，需要时间，用人才就更难了，需要智慧。与人相交，在意气相投，领导者要能够认同人，感染人，鼓励人，成就人。如此，才能与你同心同德，共创事业。

初六，阴爻阳位。咸卦诸爻，自下而上以人体部位取象。初六最下，为脚趾，此时是感应初始，感应到了脚趾（咸其拇），在感情的试探阶段。上应九四，心有所系，虽感情尚浅，却蠢蠢欲动，想要更进一步。

咸其拇也之领导启示：对于人才，领导者首先看到的是表面的情况。刚刚开始与人接触，不能妄下定论，要"听其言而观其行"（《论语·公冶长》），不能着急。

六二，阴爻阴位。较初六为上，是感应于小腿（咸其腓）。在下卦艮的中位，下受制于脚，上受制于大腿，行动不得。虽上应九五，却是心有余而力不足，老实呆着，才不会出毛病（居吉）。

咸腓居吉之领导启示：领导者对人才了解渐深，要及时表明自己真挚的愿望。领导者应当有"天下英雄入吾彀中"（《唐摭言》）的雄心壮志，一旦发现人才，便与其真诚相交，使人才留在身边，帮自己成就事业。

九三，阳爻阳位，在小腿之上，又在互卦巽（六二、九三、九四）中，巽为大腿，故为感应到了大腿处（咸其股）。与上六相应，一心想向上紧随上六而动，但身处下卦艮的上位，行动不得。前又有两刚爻阻隔，不可信马由缰，不能冲动（执其随），不然会有灾祸（往吝）。此时更要理智，控制好自己的情感，把握分寸，步步为营。

咸股往吝之领导启示：领导者要把握分寸，不能急切重用。初得人才，往往欣喜不已，但若立即重用，一方面易使人才有骄心，另一方面难服组织内众人之口。擢拔人才，当有策略，有制度。

九四，阳爻阴位，在全卦中上，对应人体为心。《孟子》："心之官则思。"男女之间，至此已敞开心扉，渐渐心灵相惜，没有悔恨（悔亡）。九四上下皆为阳爻，同类为朋。上上下下，来来往往，皆心所系，念之恋之（憧憧往来，朋从尔思），真可谓"一日不见，如三秋兮"（《诗·王风》），爱情醇美，于此可感。

憧往贞吉之领导启示：领导者与人才相互欣赏，亦师亦友。孟子讲君子有三乐，其一是"得天下英才而育之"（《孟子·尽心上》）。领导者之于人才，便是如此。人才已得，更需培养交流才能增加彼此之间的信任，提高人才的能力，以期未来担当重任。

九五，阳爻阳位，感应到了比心脏更高的肩背之位（咸其脢）。恋爱的过程更进了一步，可以吐露真情，确立恋爱关系。因下有六三相应，两人的感情基础牢固，因而即使行动稍有出格，也不会有悔恨（无悔）。

咸脢无悔之领导启示：领导者要适时给人才机会，使其独当一面。经过长期交流与锻炼，人才的能力已经有了充分的展现。肩负更大的责任，一方面是对人才的认可，另一方面也是为了组织的发展壮大。

上六，阴爻阴位。在上卦兑之上，兑为口。上六感情已浓，言不尽意，便有贴腮哺舌，男欢女爱（咸其辅，颊，舌）。兑又有言语之意，上六在卦的顶端，言过其实。爱意深浓，便要海誓山盟，海枯石烂，甚至巧言取宠，信口开河，为将来的感情问题埋下隐患。

咸脸颊舌之领导启示：领导者要与人才达到愿景高度的认同。所谓"道不同不相为谋"（《论语·卫灵公》），随着与人才的交流不断深入，最终不免谈到终极目标所向，便是组织的愿景，也是组织文化的内核所在。同"道"者不关乎利益，而关乎信仰。心向愿景，海枯石烂，无怨无悔。

Piper Jaffray 投资银行前主席兼 CEO 泰德·派珀（Tad Piper）曾因一项基金活动的错误决策，使公司及一些大客户蒙受了惨重损失，从而导致了经济和法律的危机。众多基金投资者皆捶案震怒，律师们也群起而攻之，指控 Piper Jaffray 没有告知客户相关风险。许多老客户也在这声讨中渐渐丧失了理智，变得极其幼稚而不顾事实。

事情越闹越严重，到了 1994 年春，整个公司已经命悬一线，处于崩溃的边缘。派珀事后曾经回忆，当时他甚至想过溜之大吉，但是最终他决定要竭尽全力，挽回这糟糕的局面，为此，他不惜暴露自身的脆弱之处。而当他有了这种强大的内心之后，其领导力也以一种奇特的面目展现了出来。

派珀当时做的第一件事，就是把全国各地分公司的领导者及其配偶召集起来，与他们坦诚相见，把自己的处境和盘托出。他明白"憧憧往来，朋从尔思"，只有敞开心扉，才能让人们信任自己。派珀带着太太站在他们面前，向他们诉说了自己的恐惧和困惑，甚至透露自己开始依赖镇定剂的事情，同时也表明了他们自己的信念。

彻底暴露自己的脆弱，使得团队中的每一个人都大为震惊，也大为感动，忽然之间，很多人都开始信任派珀，齐心戮力要一起克服危机。

派珀在危难时表现出的惊人坦诚，充分展现了"脆弱的力量"——真诚。领导是一种充满人性化的行为，坦诚面对要比以强力解决问题更加需要勇气。真诚的对话，使得派珀跟身边的人建立起更加紧密的信任关系，从而对整个团队产生了更强的激励作用，最终成功渡过了危机（比尔·乔治、彼得·西蒙斯，2014：127–129）。

人与人之间信任的建立是极难的，从"咸其拇"到"咸其辅"，每一步都在以真诚的态度推进相互之间的信任，其中的进退取舍需要小心把握。派珀以其真诚拯救了危机，这样的领导方式推而广之就是"爱的领导"。

这种领导者一般具有开放的心态，即使在困境中也仍能保持乐观。在人际交往过程中，领导者尊重员工不同的观点，并期待员工做出了不起的成就，并积极参与组织任务的实现过程，激发员工的创造力，最终达成组织目标。与之相对的一种领导类型是恐惧型领导：这种领导者做事一般很谨慎，对员工管制严格，刻意保持与员工之间的距离，追求组织独立冲突的利益，而不是去寻求团结一致的利益（理查德·L·达夫特，2014：130）。

爱的领导，是咸卦在领导学中的集中体现，也是把一切管理策略，一切管理手腕化于无形的领导方式。

第四节　持久之恒卦

东方之珠整夜未眠
守着沧海桑田变幻的诺言
让海风吹拂了五千年
每一滴泪珠仿佛都说出你的尊严
让海潮伴我来保佑你
请别忘记我永远不变黄色的脸
——《东方之珠》
词曲：罗大佑　演唱：罗大佑

"守着沧海桑田变幻的诺言"，这是人类对恒久的呼唤。世事无常，白云苍狗，谁又能以回天之手，把时光挽留。岁月凋萎了红颜，斑白了头发，却敌不过人的思想。躯壳有生润腐朽，唯道与世长存。

（何心月绘）

第三十二卦　恒　震上巽下　雷风（立不易方）　**浚悔承，田德弹**

恒：亨，无咎，利贞，利有攸往。

恒卦。通达，没有灾难，适宜正固。适宜有所前往。

上六：振恒，凶。

振恒弹凶：久动不息凶险。

六五：恒其德，贞，妇人吉，夫子凶。

恒德妇贞：常守德行，守正，妇人吉祥，男子凶。

九四：田无禽。

田无禽兮：捕猎不到禽兽。

九三：不恒其德，或承之羞，贞吝。

不恒承羞：不常守德行，可能承受羞辱，应有麻烦。

九二：悔亡。

悔亡久中：悔恨消除。

初六：浚（jùn）恒，贞凶，无攸利。

浚恒贞凶：只顾深挖，有凶险，没有好处。

《序卦》说："夫妻之道不可不久也。"因而在咸卦之后有恒卦，象征夫妻间的恒久结合。恒卦上震下巽，风雷相荡相生，威力巨大，可以亨通无阻。《象》曰："天地之道，恒久而不已也。"恒卦顺应天道，故可免于灾难（无咎），可以固守其位（利贞）。又《正义》有言："恒久之道，所贵变通。必须变通随时，方可长久。"恒卦顺应终始，静以制动，一方面遵从道义，一方面灵活处世，可有所前往，大有作为（利有攸往）。

恒卦于君子而言，一方面是要观物之恒，而见其性情规律，为我所用。另一方面是要自恒其德"立不易方"，不能失去操守原则，如此方可化成天下。

恒卦之领导启示：恒者，恒其内而变其外，恒与变是辩证统一的。领导者所建立的恒心，应当是企业内在的文化，是企业的愿景。在实现愿景的过程中，要顺势而为，有阶段性的规划，既不畏缩，也不冒进。即使目标达成，也不变初心。回首愿景，淡然处之，恒久之道，莫过于此。

初六，阴爻阳位，上有互卦兑为泽，下卦巽为大腿，腿深入泽中，有深挖之象。

此爻为全卦初始，一开始就追求深入的恒久（浚恒），追求过了头，如此不知变通，毫无益处，会有凶祸（贞凶，无攸利）。

浚恒贞凶之领导启示：领导者不能有僵化的思维。持之以恒的是目标，而不是方法。条条大路通罗马，通往目标的道路很多，如果只是一条路走到黑，对目标的达成，只能是有弊无利。

九二，阳爻阴位，位不正。《易经》谈到位时，中优于正，九二居中，行事中庸，不偏不倚，且上应六五，可以稳固而长守恒久，不会有悔恨（悔亡）。

悔亡久中之领导启示：领导者要坚持信念，不可动摇。刚开始发展的时候，难免会选错方向，走入歧途，此时应坚定目标，谨守中庸之道，不偏废，勤勤恳恳，不会有重大过失。

九三，阳爻阳位，在互卦乾（九二、九三、九四）中，乾为德。在下卦巽中，巽为进退不果，不能恒守自己的道德品行（不恒其德）。又九三在互卦兑（九三、九四、六五）中，兑为毁折，不守其德会有羞祸产生（或承之羞，贞吝）。古人讲夫唱妇随，是要心意相通，各守其德，不能贪图名利享乐而背叛对方。如陈世美和潘金莲之辈，皆因不恒其德而身败名裂，遗臭万年。

不恒其德之领导启示：领导者不可三心二意。在选定了愿景之后，就应该全身心地投入，努力实现它。若是随着外在环境的变化而变，搞多元化，只会丧失自己的核心竞争力。循着愿景，一往无前，才能获得成功。

九四，阳爻阴位，在上卦震中，震为动。然位不正，违背了恒而当位的易理，故《象》曰："久非其位，安得禽也。"虽然想行动打猎，确实走错了地方，找不到猎物（田无禽）。孔子说："名不正则言不顺，言不顺则事不成。"（《论语·子路》）越俎代庖之事，还是少做为妙。

田无禽兮之领导启示：领导者要有实现愿景的阶段规划。组织的发展不是一蹴而就的，每一个阶段都有每一个阶段的目标。孟子"虽有智慧，不如乘势"，如果超越这个阶段，盲目进取，即使再强的个人能力，也不免沦入失败的境地。

六五，阴爻阳位，在中位且下应九二，阴阳相应，可以始终如一地坚守自己的品行（恒其德，贞）。柔爻为女，女子能够安守正固，从一而终自会有吉（妇人吉）。六五处尊位，寓意妇人掌权，而男人屈从。孟子言大丈夫只受制于仁义，受制于内心的浩然之德，如今屈服于妇人之见，是失去了原则，会有凶祸（夫子凶）。

恒德妇贞之领导启示：领导者与下属的恒久之道是有区别的。下属要信任领导者，坚定地跟随领导者，团结在领导者周围；领导者要待时而动，谨慎地判断形势，不能盲目信从，才可以做出正确的决策。

上六，阴爻阴位，在全卦之上，又在上卦震的上爻，震为动，上六震动剧烈（振恒），又高而易落，与恒卦的内涵背道而驰，终有凶祸。

振恒弹凶之领导启示：目标实现的时候，也是恒心最容易动摇的时候。领导者的"恒其德"是一种内在的理念，外在的目标可以随形势而变，不能过于执着。佛家戒"痴"，痴而后迷，领导者亦然。保持清醒的认识，不因目标的实现而丧失斗志，才是恒久之道。

1987年，霍华德·舒尔茨（Howard Schultz）在刚买下星巴克最初六家店的时候，他就知道，星巴克一定能做大。舒尔茨的星巴克不仅在卖咖啡，更是在卖一种体验、一种生活。他总跟人讲咖啡屋要有灵魂，而吧员就是灵魂的关键，他们应当不拘一格，激情而富有创意，把他们的文化通过咖啡传递给消费者。舒尔茨的这种经营理念取得了巨大的成功。从1992年到2006年，星巴克的股值飙升了58倍。到2007年，星巴克的市值已达到了100亿美元。

但随之而来的金融危机，使得星巴克的销量迅速下滑。舒尔茨勉强承认，星巴克必须改革，必须变得更普通，更加常规，才能"无悔"。美国部总裁克里夫·巴罗斯开始培训吧员按标准的六步法泡咖啡，而不是随心所欲地泡。舒尔茨甚至破天荒地请来雅虎的史蒂芬·吉列特做他的首席信息官，进一步对各个分店的数据做归类分析。19个月后，星巴克可谓发生了翻天覆地的变化，成功扭转了经营状况。

可舒尔茨很矛盾，吧员按严格规矩给顾客泡咖啡，这不就沦为麦当劳的速食了吗？他说，星巴克已经成了他讨厌的那种没有灵魂的企业。如果企业没有了灵魂，"或承之羞"，将丧失长久的发展动力。对他来说，体验才是星巴克的一切，而非数据。

为了重新找回星巴克之魂，2009年，舒尔茨挑出一个团队，给他们了一小笔预算，让他们开一家足以和星巴克抗衡的咖啡厅。7月24日，星巴克的概念店在西雅图开张。新店除了咖啡，还供应啤酒和红酒。店内没有任何星巴克的标志和图案，舒尔茨讨厌的自动咖啡机当然也没有。店里早上会有品茶会，晚上会有音乐会和诗歌朗诵。

概念店开张的前一天，舒尔茨前去拜访。店里诸多迷人的创意使他回想起刚起步时，他满怀憧憬在跳蚤市场挑选物件的时刻。舒尔茨憧憬着，概念店能进一步扩张，他的咖啡之魂能早日回来。

"浚恒，贞凶"，有可执着，有不可执着，执着为自由则可，执着为功利则不可。星巴克的扩张，不可执着。"不恒其德，或承之羞"，经历了扩张的害处，因而舒尔茨要努力寻回星巴克的灵魂，这灵魂便是一种愿景和文化理想。

美国著名畅销书作者柯林斯与波勒斯在《基业长青》一书中提出了"愿景公司"的概念，他们强调全公司范围的理念共享及简单、直截了当的愿景驱动管理。他们指出，美国的长寿公司持续成功的关键，乃是他们的首席执行官的核心意识形态被定为是企业管理的核心。战略要根据环境的变化而变化，而核心意识形态要保持不变（柯林斯、波勒斯，2006）。只有恒久的核心愿景，才能使得企业形成持久的文化，从而才能使组织长存于世，立于不败之地。

第五节　包容之睽卦

我知道想要和你在一起并不容易
我们来自不同的天和地
你总是感觉　和我一起
是漫无边际阴冷的恐惧
我真的好爱你　我愿意改变自己
我愿意为你流浪在戈壁
——《披着羊皮的狼》
词：刀郎　曲：刀郎　演唱：谭咏麟

　　一个群体，一个组织，团结在一起并不容易，因我们每个人，都有属于自己的天地。生如轻尘栖弱草，孤独难依，是一种神秘的缘分，叫我们相遇，却又不懂珍惜。对于领导者，要有宰相肚里能撑船的大度，不怀偏见，团结众人，共同为理想目标而奋斗。

（何心月绘）

第三十八卦　睽　离上兑下　火泽（求同存异）　**马主掣，孤厥强**

睽：小事吉。

睽卦。对小事吉祥。

上九：睽孤，见豕负涂，载鬼一车，先张之弧，后说（tuō）之弧，匪寇婚媾，往遇雨则吉。

豕鬼孤强：孤单一人，见猪满身是泥，又有一车鬼，先张开弓箭，后放下弓箭，并非寇盗，是迎亲的队伍，前往遇雨，吉祥。

六五：悔亡，厥宗噬肤，往何咎？

厥宗噬肤：无悔，同宗在吃肉皮，前往有何灾。

九四：睽孤，遇元夫，交孚，厉无咎。

睽孤交孚：孤独一人，遇大丈夫，相互信任，有险无灾。

六三：见舆曳，其牛掣（chè），其人天且劓（yì），无初有终。

牛掣有终：见到车被曳住，牛闸住不前，车夫额刑面又割鼻，开始不利，后有结果。

九二：遇主于巷，无咎。

遇主无咎：在巷中遇到主人，无灾。

初九：悔亡。丧马，勿逐自复。见恶人，无咎。

丧马自复：无悔。失去的马不追自回，见恶人无灾。

睽即不同，乖背离异的意思。卦中阴爻占据六五尊位，阴爻为小，因此说是对小事有利（小事吉）。上火下泽，火炎上，泽润下，性质不同，渐渐相互背离。上离为中女，下兑为少女，两女各有倾心，不会嫁予同一个丈夫，"其志不同行"，是心愿不同。

睽卦重在强调事物之间对立统一的关系，而非单纯的不同。《象》曰："万物睽而其事类也。"正因为天地万物各自不同，才缤纷多彩，不至于单调乏味。且不同者可以相互配合，在交流切磋中创造新事物。于社会人生而言，人们的人生和心思各自不同，真诚正直者有之，奇谲诡怪者有之，要任尔自然，保持一个共同的底线——法律即可。若以高尚的名义，强让人们统一思想意志，是法西斯的行径。

睽卦之领导启示：孔子言"君子和而不同"（《论语·子路》）。事业的成功需要各种各样的人才，领导者要有宽广的胸襟来包容理解。"君子以同而异"，表面上不同，往往有着共通之初，贵在其和。毛泽东认为领导者最重要的素质之一，是要能"团结人"，包容有过，增加信任，才能构建一个强大的组织。

初九，阳爻阳位，上与九四不应。九四在互卦坎（六三、九四、六五）中，坎为美脊马，为盗贼，故爻辞中为丢失马匹（丧马），见到恶人（见恶人）。因睽卦的本意是万物有别，悖离而无害，顺其自然，丢失的马匹会自己回来（勿逐自复），见到恶人也不会有灾（无咎）。但若过分苛责较真，"水至清则无鱼"（《大戴礼记·子张问入官篇》），会陷入孤独困顿的境地。

丧马自复之领导启示：领导者应当具备宽广的胸襟，对于已经发生的损失不必刻意惋惜甚至报复。另一方面，"朋友多了路好走"，在事业的起步阶段，不应简单因为合作者个人的原因而"拒之于千里之外"，只有首先学会包容他人，才有可能在这些人里面找到真正的朋友，否则会落一个"孤家寡人"的下场。

九二，阳爻阴位。上应六五，六五为君主，九二与六五中间隔着互卦离（九二、六三、九四）。毛奇龄说，离为相见，为巷道。因而是在巷道中与君主相见（遇主于巷）。在巷道中与君主不期而遇，而非是在朝堂之上。寓意贤良无须逢迎谄媚，虽然身居陋巷，也可得到君主的赏识擢拔。

遇主无咎之领导启示："君子坦荡荡"，这个阶段的领导者需要得到上级的赏识，但是真正优秀的领导者不是靠奉承上级上位的，而是在公众场合向领导展现自己的实力。另一方面，只要踏实工作，上级迟早会发现你的存在，心态一定要平正，机会是给有准备的人的。

六三，阴爻阳位，与上九相应，中间隔着互卦坎（六三、九四、六五）和上卦离，坎为马，为曳舆，是多灾的车。马拉着一辆遇灾的车（见舆曳）。离为牛，牛在后面拖着（其牛掣），身不由己，进退不得。且车上之人又是遭刺字割鼻之刑的苦难百姓（其人天且劓）。在这样的困境之中，仍是奋力拼搏，坚忍不拔，虽然开始不好，最终会摆脱困境，被人接纳（无初有终）。

牛掣有终之领导启示：事业刚开始的时候往往不易取得认同。此一阶段的领导者会有无助之感，但是仍要坚持不懈地努力，随着成就的取得，那些原来否定你的人会逐渐认同你，甚至加入你的事业。

九四，阳爻阴位。九四上下皆阴爻，阻挡了他与阳爻同类相交，孤独无助（睽孤）。但九四与初九为应，初九是同类，是大丈夫（遇元夫），可以相互信任（交孚）。在互卦坎（六三、九四、六五）中，虽然身处坎险，却因下有基层的响应而免于灾祸（厉，无咎）。

睽孤交孚之领导启示：领导者如果自高自大，便会被下属"视之如寇仇，名之为独夫"（《原君》），身处孤立无援的状态。领导者应当试着反思自身行为，改变这种作风，学会包容和理解，放低自己的姿态，和基层人员搞好关系，才能得到更多的支持。

六五，阴爻阳位，处尊位，有权有势。下有九二正应，九二为大夫位，有家族之意。六五上于高位之后，仍不忘与九二同宗之人分享食肉（厥宗噬肤），如此可赢得宗族团结，又有什么灾祸呢（往何咎）？

厥宗噬肤之领导启示：领导者要注重利益共享的原则。利益共享，是对合作者的能力的认可，也是提升组织凝聚力的重要手段。如此，才能使组织继续向前发展。

上九，阳爻阴位。在睽卦顶端，可谓睽离孤独之至。下与六三阴阳相应，有婚配之象，然中间隔着互卦坎（六三、九四、六五），坎为加忧，心有疑虑。上九本就孤僻，加之疑心甚重，就好像见到满身污泥的猪和载了一车的鬼（见豕负涂，载鬼一车），皆丑恶无比。于是相互对峙，甚至武力相向（先张之弧）。下卦兑为泽，泽气上蒸而成云为雨，一场雨洗净了两者间的顾虑（往遇雨则吉），发现不是敌人（匪寇），而是来求婚的（婚媾），最后放下弓矢（后说之弧），相与为乐。

豕鬼弧强之领导启示：这一爻更加强调了包容的重要性。领导者在组织运行的过程中可能会遇到一些暂时看不惯的人或者事，切莫着急下定论，怀着包容的心继续观望事态的发展才是正确的选择。一旦心生疑虑，要及时与人交流，化解矛盾，避免事态加重。

2016 年 3 月，李一男因涉嫌内幕交易罪在深圳市中级人民法院受审。于是，关于李一男当初忘恩负义离开华为，背叛任正非的言论开始蔓延，声讨之声不绝于耳。然而任正非的态度如何呢？

1993年，23岁的李一男加入华为公司，可谓是"遇主于巷"，凭借其高超的技术天才，半年后被破格晋升为主任工程师，两年后成为总工程师，四年后成为公司最年轻的副总裁。任正非对他的培养可谓如师如父，李一男也被众人视为任正非的接班人。

但是，出乎所有人的意料，在世纪之交的2000年，李一男带走了华为的人、钱和技术，脱离华为开始单干。在大家都视其为叛徒的时候，任正非却不做如是观。甚至在2006年的时候，任正非以17亿人民币的代价，收购李一男创办的港湾网络，并让他重回华为工作，继续担任副总裁。

然而，任正非的苦心并没有感化年轻气盛的李一男，他再一次决定离开。这次，任正非没有挽留。在李一男离开前夕，任正非在深圳五洲宾馆设豪华宴，为李一男践行，华为所有高层全部参加。从头至尾，没有任何一个桥段，能看出任正非对李一男的责备。

任正非对下属的仁至义尽，就是他作为领导者的大格局，"厥宗噬肤"，让曾经的下属过得更好，这就是包容。也正是这包容，成就了华为，成就了任正非。"遇元夫，交孚"，这是每一个人都向往的境况。在组织中，一个胸怀宽广，包容可亲的领导者对员工来说是祈望而难遇的，对于领导层也是难以做到的，而如任正非这般能够创造如此宽容环境的更是凤毛麟角，因此成功对他而言，也就自然而然了。

领导包容的本质是为了最大可能地获取人才，发挥人才的作用。在全球化的今天，企业想要做大做强，需建立自己的"全球化团队"，由不同的国家、不同的文化背景的人就自己的工作任务而与其他的同行组成团队，进行合作。高效合理的团队需要分配好员工的团队角色，使得人尽其用。

在设计这样一个团队时，管理人员必须记住，团队需要不同品质的人，必须确保选择合适"类型"的团队成员以获得正确的平衡：第一，主席，他善于利用团队资源和各团队成员的潜质，认识到团队的优点和缺点并对之实施控制以实现团队目标。第二，实务者，他们善于实施，能将计划或想法转变为实践，并系统地实施控制以实现团队目标。第三，完成者，他们对工作缓急和进展保存敏锐的触觉，对每一细节都认真检查，以保证没有任何疏漏或保证没有干任何不应该的事情。第四，参谋者，他们确保所有方面都经过合适的评估，从而团体可采用一个平衡的决策。第五，谋划者，他们负责为团队面临的问题寻找解决方法。第六，外交者，他们与对团队有利的外界人士保持联络，并主持相关商议。第七，造型者，他们负责制定团队工作的具体方式，保持注意力集中到目标的制定上。第八，团队协调者，他们负责培养团队精神，帮助信息沟通，通过采纳建议和理解缺点的方式支持团队成员。

第六节 节制之节卦

> 兰之猗猗，扬扬其香。
>
> 众香拱之，幽幽其芳。
>
> 不采而佩，于兰何伤？
>
> 以日以年，我行四方。
>
> 文王梦熊，渭水泱泱。
>
> 采而佩之，奕奕清芳。
>
> 雪霜茂茂，蕾蕾于冬，
>
> 君子之守，子孙之昌。
>
> ——《幽兰操》
>
> 词：韩愈 曲：讴歌 演唱：王菲

君子德行操守，比之如兰，荀子说，"夫芷兰生于深林，非以无人而不芳"(《荀子·宥坐》)，朱熹讲君子要有"涵养"的功夫，都是强调人要能够自制，"以礼制情"，即希望人不被一时的情绪偏见束缚，消去心魔，做正确的事情。

(何心月绘)

第六十卦　节　坎上兑下　水泽（苦节不贞）　**户门嗟，安甘亡**

节：亨。苦节不可贞。

节卦。通达。苦涩的节制不能正固。

上六：苦节，贞凶，悔亡。

苦节凶亡：忍苦节制，虽正亦凶，悔消失。

九五：甘节，吉；往有尚。

甘节有尚：心甘情愿地节制，前往守尊崇。

六四：安节，亨。

安节亨通：安于节制，亨通。

六三：不节若，则嗟若，无咎。

不节嗟若：不节制，就哀叹，无灾。

九二：不出门庭，凶。

不出门庭：不出外院，凶险。

初九：不出户庭，无咎。

不出户庭：不出户庭，无灾。

朱熹说："节，有限而止。"节有节制之意。节卦九二、九五皆处中位而为阳爻，阳爻刚健有力，可以亨通无阻。《易》以变动不居为佳，若苦苦节制，甚至提倡禁欲主义，是不会长久的（苦节，不可贞）。"过犹不及"，天地万物节而有度，才可恒久不衰。

如荀子所论，节人欲，顺人情而有礼。有礼而民有德，国家才可长治久安。节卦之意，更重要的在于节制君子，节制帝王之欲。孔子说："道千乘之国，敬事而信，节用而爱人，使民以时。"（《论语·学而》）行王道，施仁政，必须节用而爱民。然君王有贤不肖之别，故要有制度来约束之。定君王之礼，不可犯；定赋税之数，不可改。《象》曰："节以制度，不伤财，不害民。"孔子执意要讲"克己复礼"，主要对象是君王贵族，若君王能首先地遵循礼，则上行下效，进而广播于民，可使天下有所节制，使百姓不仅知自由，更要知容忍可贵。《来氏易注》曰："立法于今，而可以垂范于后也。"惜哉后世之不传也！

节卦之领导启示：领导者的节，是一种高超的人生态度，适可而止，不贪不损。领导者既要能判断形势，适时进退，为下属做出表率，又要能安节而行，创设相应的制度节制组织的行为，使组织稳步前进。

初九，阳爻阳位。位置最低，上应六四。六四在互卦艮（六三、六四、九五）中，艮为止，为门。初九自知力量弱小，才识尚浅，节制自己，不愿出门行事（不出户庭），如此可以免于灾祸（无咎）。

不出无咎之领导启示：领导者的各种能力的"修炼"是一个渐进的过程，在自己还不能够胜任职位的时候，冒头上位实在不是一个理智之举。领导者应当对自己的能力有正确的认知，在"羽翼丰满"之前，控制自己的言行。

九二，阳爻阴位。上有互卦艮（六三、六四、九五），故如初九一般，闭门不出（不出门庭）。此时九二已比初九力量增强，又在互卦震（九二、六三、六四）中，震为动，积蓄已足的时候就应该适时而动，向外寻求发展，如果仍是闭塞不出，将会失掉大好的机遇（凶）。

不出有凶之领导启示：经过一定的积蓄，领导者已经具备了"出仕"的条件，这个时候就应当抓住时机主动向外发展，如果还是一味节制，则会丧失机遇。

六三，阴爻阳位，位不正。失位不正，在节卦中是失去节制的意思（不节若）。六三在下卦兑中，兑为口，要悲伤叹息（则嗟若）。自己不知操守，又能够责怪谁呢？

不节嗟若之领导启示：若偶然做出了出格的事，领导者内心要清楚，及时反省。向前谋求发展还是继续节制自己的力量，领导者应当把握好其中的"度"，才能进退自如。

六四，阴爻阴位，下与初九相应，在互卦艮（六三、六四、九五）中，艮为止，六四德性温良，品格高尚，可以安然坚守自己的品行（安节）。又上承九五，能够得到上级的认可和支持，因而可以行事顺利（亨）。

安节亨通之领导启示：在这个阶段，领导者安其位而行，尽职尽责，节制自己的行为，事业会一帆风顺。

九五，阳爻阳位，为尊位。身为君王，若能好好地节制自己的行为举止（甘节），则上行下效，不仅能够大量减少浪费，节约资源，还可以促进政治清明，加强教化（往有尚）。

甘节有尚之领导启示："楚王好细腰，宫中多饿死"，领导者的行为往往有导向作用。居高位的领导者更应该时刻保持清醒，注意节制自己的行为，会给组织带来意想不到的好处。

上六，阴爻阴位，是节制之极，过分地守节（苦节）。在上卦坎中，坎为险难，因而会有凶祸（贞凶）。上六走到了穷途末路，苦苦守节已经不能适应世事的变化。

苦节凶亡之领导启示：节制自己的行为当然是好的，但是领导者必须警惕"过犹不及"。过度节制，制定太多的条条框框会束缚人的主动性和创造性，容易把组织变成一沟死水，失去活力。领导者的管理应该是人性化的。

晚清重臣曾国藩，以其文治武功赢得了后世的诸多赞誉。毛泽东曾赞："予于近人，独服曾文正。观其收拾洪、杨一役，完美无缺，使以今日易其位，其能如彼之完满乎？"蒋介石亦说："曾公乃国人精神之典范。"那么，曾国藩到底有哪些成就，竟能得到近世两大领导者的如此赞美呢？

曾国藩（1811—1872），初名子城，字伯涵，号涤生，宗圣曾子七十世孙，湘军的创立者和统帅。他与胡林翼并称"曾胡"，与李鸿章、左宗棠、张之洞并称"晚清四大名臣"。官至两江总督、直隶总督、武英殿大学士，封一等毅勇侯，谥曰文正。后世甚至有人推崇他是"千古第一完人"，认为他达到了传统儒家推崇的"内圣外王"之境界。

道光二十年（1840），曾国藩师从理学大师唐鉴。唐鉴"再官京师，倡导正学"，在他周围聚集了倭仁、曾国藩、吴廷栋、何桂珍、吕贤基等一批理学名士，皆从其问学。由于唐鉴的介绍，曾国藩得识倭仁，他在日记中写道："（唐鉴）言近时河南倭艮峰仁前辈用功最笃实，每日自朝至寝，一言一动，坐作饮食，皆有札记。或心有私欲不克，外有不及检者皆记出。"此后曾国藩与倭仁订交，终生相交于师友之间。

道光末年，曾国藩与倭仁同官京师，过从甚密。此时，他们的交往主要是相互切磋理学。他们共同崇信程朱理学。倭仁根据自己多年来的修身经验，教曾国藩写日课，以提升其自制力，"当即写，不宜再因循"。曾国藩当天即开始写日课，"亦照艮峰样，每日一念一事，皆写之于册，以便触目克治"。曾国藩还把自己的日课册送给倭仁批阅指教，倭仁毫不客气地教曾国藩"扫除一切，须另换一个人"，曾国藩"读之悚然汗下",以此为"药石之言",以免于"不节若,则嗟若"的境地。曾国藩对倭仁的日课册则敬畏有加,"不敢加批,但就其极感予心处著圈而已"。曾国藩在与弟书中称:"余之益友,如倭艮峰之瑟僴,令人对之肃然。"他们互相批阅日课册,共同切磋学问,"安节"自制,均成为继唐鉴之后晚清理学复兴的重要人物。

自从跟着倭仁学习修身之学后,曾国藩开始对自己的一言一行严加修饬,并立下日课,分为主敬、静坐、早起、读书不二、读史、写日记、记茶余偶谈、自作诗文数首、谨言、保身、早起临摹字帖、夜不出门十二条。又作《立志箴》《居敬箴》《主静箴》、《谨言箴》、《有恒箴》各一首,高悬于书房内。朋友们见了,无不钦服。

这种自律修为,进一步影响到曾国藩的为政风格,他一生奉行为政以耐烦为第一要义,故力行"甘节",主张凡事要勤俭廉劳,不可为官自傲。他修身律己,以德求官,礼治为先,以忠谋政,这些都使他获得了声誉日隆的官声,并且给后人留下了一个成功的榜样。

由此可以看到,曾国藩可谓是做到了"安节"、"甘节"的一代贤圣。无论是从传统儒家观念来看,还是从今天的眼光来看,曾国藩的修身、齐家与治国,无不体现了这种节制和自律的精神。节制从来都是把庸人与智者区别开来的一项重要特质,其要点是领导者的自我掌控能力,其基础便是"自我领导策略"。

自我领导是"个体为了自我指导(self-direction)与自我激励(self-motivation)而进行的自我影响(self-influence)过程,是一个多维度的能力集合"。美国学者查尔斯·曼茨(Charles C. Manz)和亨利·西蒙斯(Henry P. Sims, Jr.)等学者将自我领导策略分为自然报偿策略及积极思维策略。前者关注的是工作本身能够为人们带来的内在激励。后者强调怀抱希望、憧憬未来,借助积极的心理暗示与自我对话,培养乐观心态、增强信心,为未来的成功打下基础(Mans & Sims, 2001)。

第七节　守信之中孚卦

我和你　心连心

共住地球村

为梦想　千里行

相会在北京

来吧 朋友　伸出你的手

我和你　心连心

永远一家人

——《我和你》

词：陈其钢等　曲：陈其钢　演唱：刘欢

"我和你，心连心"，信任是人心的交流。古有千金一诺的季布，有抱柱而亡的尾生。信任可以说是人世间最宝贵的情感之一，它构筑了我们的爱情、亲情和友情。人无信不立，事无信不成。在纷繁乱离的世事中，领导者的守信，更是难能可贵，令人钦服。

（何心月绘）

第六十一卦　中孚　巽上兑下　风泽（信及豚鱼）　　**燕鹤鼓，月牵翰**

中孚：豚鱼吉，利涉大川，利贞。

中孚卦。猪与鱼出现，吉祥，适宜渡过大河，适宜正固。

上九：翰音登于天，贞凶。

翰音于天：鸡叫着飞上天，占凶。

九五：有孚挛（luán）如，无咎。

有孚挛如：有诚信团结众人，无灾。

六四：月既望，马匹亡，无咎。

月既马亡：月近十五，马匹丧失了，无灾难。

六三：得敌，或鼓或罢，或泣或歌。

得敌或鼓：遇敌，时进，时退，或进或退，或哭或歌。

九二：鸣鹤在阴，其子和之，我有好爵，吾与尔靡之。

鸣鹤在阴：母鹤鸣于隐蔽之处，小鹤应和。我有好酒，我与你分享。

初九：虞吉，有它不燕。

虞吉不燕：安心则吉，有猜疑就会不安。

《序卦》说："节而信之，故受之以中孚。"古人以竹板做符节，把竹板剖开，两边各有对应的锯齿纹路，甲乙双方各执一片，作为信用凭证。中孚卦上卦和下卦就好比两片齿纹相合的符节，故为诚信之意。精诚所至，甚至可以感动猪和鱼，得到吉祥（豚鱼吉）。上卦巽为木，为舟，下卦兑为泽，为水。舟行于水上，可渡过大河（利涉大川，利贞）。

《孟子》曰："诚者，天之道也，思诚者，人之道也。"《中庸》曰："唯天下之至诚，为能经纶天下之大经，立天下之大本。"古时圣贤，皆以一诚字立身为本。诚首先是要赤诚地对待自己的内心，故孔子曰："古之学者为己。"非诚不足以率性成道。其次，要对别人诚信，坦荡不欺，如此可使亲友和睦，百姓信赖。诚是自内而外的，并非为了任何外在的功利目的。故孟子说："反身而诚，乐莫大焉。"（《孟子·尽心上》）

中孚卦之领导启示：孔子认为可以无兵无食，然"民无信不立"（《论语·颜渊》）。对领导者而言，组织内部的信任至关重要，是组织发展壮大的必要条件。既要维持组织内各个层次的信任关系，建立完善的信任机制，又要防止盲目信任，心怀警惕，保证组织长治久安。

初九，阳爻阳位，上与六四相应，有所指引。虞为古时猎官，是打猎的向导。初九有向导指引，可以安心有吉（虞吉）。在中孚卦中，要始终保持相互之间的信任，一旦有了猜忌，便会不安（有它不燕）。

虞吉不燕之领导启示：领导者应当考虑组织内部可能存在的问题，既要认识到问题所在，又要对组织内部人员保持原则上的信任。任何时候，问题都是会存在的，但不能因小小的问题产生猜忌之心。

九二，阳爻阴位，在互卦震中，震为善鸣，为鹤。又在下卦兑中，兑为口，为相悦。九二与九五同为刚爻，是同类。爻辞讲鹤在树荫下鸣叫（鸣鹤在阴），小鹤也引颈相和（其子和之）；我有美酒（我有好爵），愿与你共享（吾与尔靡之）。意境温柔可人，诚挚如斯，自然是一片温情脉脉的景象。

鸣鹤在阴之领导启示：孔子曰"其言善，则千里之外应之"（《周易·系辞上》），领导者应注重以愿景沟通，以诚信感人。"君子喻于义，小人喻于利"（《论语·里仁》），道义之交，方是至交，"士为知己者死"（《战国策·赵策一》），意气相投，虽死何憾。

六三，阴爻阳位，在上下卦之交，遭遇到了敌人（得敌）。六三在互卦震（九二、六三、六四）中，震为雷，为鼓。又在互卦艮（六三、六四、九五）中，艮为止。一会擂鼓进军，一会罢兵休战（或鼓或罢）。上邻巽卦，巽为号泣，又在下卦兑中，兑为悦，一会哭泣，一会唱歌（或泣或歌）。六三居位不正，缺乏诚信，因而成事不足，来来往往，不得安宁。

得敌或鼓之领导启示：这是对领导者关于诚信的警示，建立良好的信任机制和诚信氛围，才能真正做到"同患难"，否则，便是"大难临头各自飞"，这样的结果确然不是领导者愿意看到的。

六四，阴爻阴位。上承九五，地位已经很高了，好像月亮快要圆满（月既望）。此时却丢了马匹（马匹亡），马匹象征着六四与初九的正应关系，丢失马匹，以防止满盈带来的咎害（无咎）。

月既马亡之领导启示：这是对中层领导者的建议，经过诚信建立的过程，领导者这个时候已经获得了下属的信任，此时，领导者应当警惕"月盈则亏"，防止个人威信凌驾于上级，应恰当地放弃一些与下属的关系，保持组织的和谐稳定。

九五，阳爻阳位，居中且正，为君王。在上卦巽中，巽为绳，为缠绕。九五是全卦的核心，也是诚信的核心。君主的诚信蒙于怀中，驱散不去（有孚挛如），具有感化之力。君王团结上下，凝聚力量，准备开创新局面（无咎）。

有孚挛如之领导启示：领导团队之间要保持充分的信任。领导团队是组织的核心，领导团队的稳定团结是组织良好发展的基础。最高领导者要给予充分的信任，来维持领导团队的和谐。

上九，阳爻阴位。在上卦巽中，巽为鸡，鸡鸣为翰音。上九居全卦之极，为天位。鸡鸣的声音到达了天上（翰音登于天）。鸣于天者为鹤而不是鸡，是君子而非小人，鸡鸣于天，定不可长久，因而有凶（贞凶）。

翰音于天之领导启示：信任，但不能盲目。领导者所构建的信任体系，无论何时都要建立在理智之上。孟子说："言不必信，行不必果，惟义所在"（《孟子·离娄下》），鸡鸣于天，非其义也，故凶。随着信任发展至极，变成了迷信甚至个人崇拜的时候，领导者的话"一句顶一万句"，此时，无论是国家还是企业，都要陷入万劫不复之境。

摩根集团的创始人约翰·摩根（John Morgan），曾是美国现代经济史上有名的霸主。他在鼎盛时期甚至控制着美国经济的四分之一，被人称为高踞在美国企业指挥塔上的人。

摩根能聚敛如此巨额的财富，靠的并非金融上的投机和商业上的手腕。尽管早年也做过一些投机生意，但不断推动他走向巅峰的，是其极高的人格信用。

摩根初出茅庐，便立下誓言，希望能坐镇华尔街，领导美国经济。其时，华尔街虽然资本雄厚，但在社会的印象中却多是鸡鸣狗盗的小人行径，投机逐利而不顾信誉。摩根深知"有孚挛如"之重要，深信欲成大事，必先取信于人。

1897 年，摩根负责经销美国纽约中央铁路股票 2 500 万美元，这次私人企业股票交易是有史以来最大的一次，若摩根稍稍泄露些信息，便可大收渔利，套取巨额财富。但摩根严格遵守协议，秘而不宣，以极高的商业道德完成了这次交易，为股票界树立了榜样，并因此次交易的成功，信誉著于天下。

"虞吉，有它不燕"，为进一步取得公众信任，摩根在铁路管理上提高透明度，并打破惯例，发布买卖后的经营策略和路线。这一系列措施成功地使公司得到了民众的认可，再加上铁路运营的良好效益，公司股票暴涨，使得摩根在这一次的交易中赚取了 300 万美元，利润在 10% 以上。但更重要的是，摩根为自己赢得了伦敦和美国业界的信任和肯定，为其"利涉大川"的未来奠定了基础（史岚，2005：97-99）。

"有孚挛如"投机者营小利，守信者谋大利。摩根明白，信誉是领导事业的无形财富，对于领导者而言，人们的信任乃是比金钱更重要的资本。守信，根本上是组织价值观的体现，广而言之，又称为"使命"。在领导学中，使命一词指的是组织核心的广泛的目的及其存在的根本原因，它确定了组织的核心价值观和存在的原因，为创造愿景提供愿景基础。愿景是对未来的抱负的期望，而使命是组织在更高层次上的"立场"。

第五章　领导技巧

第一节　分布式领导之大有卦

在我心中　曾经有一个梦

要用歌声让你忘了所有的痛

灿烂星空　谁是真的英雄

平凡的人们给我最多感动

……

让真心的话　和开心的泪

在你我的心里流动

——《真心英雄》

词曲：李宗盛　演唱：李宗盛

在一个自由的环境中，人人都可以是英雄。独裁僵硬的制度，总会使人才骈死，壮士难酬。尺有所短，寸有所长，思想的交流分享，能够最大程度地发挥众人的智慧，迸发无穷妙思。

（文佳绘）

第十四卦　大有　离上乾下　火天（柔得尊位）　**交车公，彭厥天**

大有：元亨。

大有卦。最为通达。

上九：自天佑之，吉，无不利。

■■■■■■■■　**天佑之吉**：有上天保佑，吉祥而无不利。

六五：厥（jué）孚交如，威如，吉。

■■■　■■■　**厥孚交如**：以诚信相交，有威信，吉利。

九四：匪其彭，无咎。

■■■■■■■■　**匪彭无咎**：不是大壮盛，无灾。

九三：公用亨于天子，小人弗克。

■■■■■■■■　**公亨天子**：王公接受天子的款待，小人不能。

九二：大车以载，有攸往，无咎。

■■■■■■■■　**大车以载**：用大车装载，有所往，无灾。

初九：无交害，匪咎。艰则无咎。

■■■■■■■■　**无交无咎**：没有因交往带来害处，不是灾祸，虽有艰难而无灾。

大有卦离上乾下，火在天上。古人认为"火炎上"，是天所降，可以驱逐猛兽，保障生存，有惩恶扬善之功，故《象》曰："君子以遏恶扬善。"全卦五阳一阴，阴爻处尊位，诸阳爻亲附君王，阳爻为君子，六五君王性情仁爱，施德政于天下，君子群起而响应，国政因而大化，自不待言。如杨万里在《诚斋易传》中所评："明主在上，群贤毕集，无一败治之小人，无一害治之匪德。"大有古时为大丰收的意思，如是则国富民强为大有。

大有卦之领导启示：独木不成林，事业发展到一定程度，要进步，就要与人共谋发展。组织内的分布领导是交互的、平等的，是要怀着善意与诚信才能达成的。分布式领导，即是不设领导，人人皆可为领导，需要自由以激发动力，更需要规则来维持平衡。

初九，阳爻阳位。大有卦唯一的阴爻六五，五个阳爻都想与之交往。初九居六五最远，不应不比。《系辞》曰："情伪相感而利害生。"初九没什么交往，因而也不会有什么利害关系（无交害）。初九刚进入大有，不可以勉强出头，赵彦肃说："匪咎由时，无咎由己。"只要坚贞自守，不去侵害别人，便可免于咎害（坚则无咎）。

无交害利之领导启示：在事业初期，力量弱小，领导者应韬光养晦，发展壮大自己，不要与别人争强，也不要贸然与人合作，甚至结盟。弱者容易被强者同化，甚至侵食。开始的发展总是很艰难，艰贞自守才不会有大的危险。

九二，阳爻阴位。已较初九有所积蓄。在下卦乾中，乾为负重大车，积蓄之多，要用大车来装（大车以载）。上应六五，心意相投，因而可以有所前往（有攸往，无咎）。

大车以载之领导启示：经过一段时间，事业已经取得了相当的成就，领导者应该设法提高组织的活力，以寻求更大的发展契机。

九三，阳爻阳位。亨通享，通烹。三位为公侯之位，又在互卦兑（九三、九四、六五）中，天子也在互卦兑中，兑为口，王公受到天子的盛情款待（公用亨于天子）。阳爻为君子，只有君子才能得到这样的待遇（小人弗克）。

公亨天子之领导启示：领导者要创造宽适自由的环境，使有才华的员工得以施展其领导才能，赢得领导者的信任，进而带领团队实现更高的发展目标。

九四，阳爻阴位。彭为盛大之意。距六五最近，地位也高，在下三爻之上，可谓睥睨群雄，不可一世。又在上卦离中，离为清明，九四虽壮盛如此，却没有自我膨胀，而是收敛锐气，忠心耿耿（匪其彭），因而能够保持地位，远避灾祸（无咎）。

匪彭无咎之领导启示：事业壮大到一定程度，领导者会有睥睨群雄的错觉，此时要保持清醒的认识。一旦有凌驾别人的心理，便会束缚员工涌现的积极性，有才华的潜在领导者便要敬而远之，进而会遭受意想不到的损失。

六五，阴爻阳位，是主爻，也是唯一的阴爻。五阳环绕，交往频繁，互相信任（厥孚交如）。在互卦兑（九三、九四、六五）中，兑为虎，有威严（威如）。上下交融而心中没有嫌阻，因而吉祥。

厥孚交如之领导启示：随着交互式领导的不断加深，员工互动频繁，组织的凝聚力也逐渐达到前所未有的高度，领导者的威信自然因卓著的成就而愈发稳固。

上九，阳爻阴位，是最后一爻，为天位。古人农业丰收，尤重天时，六位为宗庙，是祭祀之位，因而是上天福佑而致大丰收之意（自天佑之），上天保佑，可以亨通有利（吉无不利）。

天佑之吉之领导启示：天所以佑之，乃是因为顺天应人，组织内部能够保持良好的互动，使得人才资源充分利用。而良好的制度，无疑是一切资源得以流动无阻的坚实保证。

自 1958 年成立以来，戈尔公司（W. L. Gore & Associates）多次获评"全美最适合工作的 100 家企业"。据《福布斯》调查显示，在 2007 年，戈尔公司的 272 个岗位，竟有近 35 000 个求职者应聘。当然，这家公司所受到的追捧，远非数字所能展现。而更加值得人们研究和学习的，乃是戈尔公司独特的"分布式领导"管理模式。

在戈尔公司，最大的特点是平等、自由。没有谁享有正式的领导职权，人为指派的领导被戈尔人弃若敝屣。在戈尔人看来，领导力的产生是自然而然的过程。所谓"公用亨于天子，小人弗克"，那些能够凭借自己能力建立威望，进而在特定的团队活动中涌现领导才能的成员，才能够真正地引领团队走向卓越。

在戈尔公司，从企业文化、部门设置到人力资源政策，皆是为凝聚团队影响力、实现分布式领导而设计的。根据公司的基本条款，企业的高层领导团队仅有四名成员。扁平化的组织结构为戈尔营造平等、民主的氛围提供了条件。总体而言体现出如下三个特征：坦诚、直率的沟通交流，而无须等候批示或经他人转述；不信奉正式指派及僵化刻板的权威头衔；团队领导是合作伙伴而非高高在上的独裁者。

员工只要能聚集起自己的团队，就可以自主申请公司的项目，尽情施展其领导才能。公司也因内部的频繁互动，"厥孚交如"，变得更有凝聚力。如此灵活富有弹性的制度，使得公司在 21 世纪的激烈竞争中游刃有余，"自天佑之，吉无不利"（刘松博，2013：48-49）。

大有卦强调"无交害"，在领导事业中，交流总是有益的，应当想方设法促进交流。戈尔公司便充分体现了大有卦的精髓，这种模式在领导学中被称作"分布式领导"。与传统领导学注重领导者个人的行为特质不同，分布式领导强调在实现组织目标的过程中，由分布灵活的多人担任领导角色，把领导的功能分散在各个层次或部门，突破固守的静态模式，以人尽其才，涌现智慧（冯大鸣，2012）。一旦达到"厥孚交如"的地步，自然会"吉无不利"，长盛不衰。

第二节　艺术式领导之临卦

数英雄论成败

古今谁能说明白

千秋功罪任评说

……

有道是得民心者得天下

看江山由谁来主宰

得民心者得天下

看江山由谁来主宰

——《得民心者得天下》

词：梁国华　曲：徐沛东　演唱：刘欢

一曲《得民心者得天下》，沧桑豪迈，直指"临卦"的领导秘密，那就是"同心同德"。领导之臻于艺术，在于对人心的领悟。敦临天下，垂拱而万民戴德，如此领导，可谓近神乎？

（文佳绘）

第十九卦 临 坤上兑下 地泽（君临天下） **咸咸甘，至知祥**

临：元亨，利贞。至于八月有凶。

临卦。最为通达，适宜正固。到了八月将有凶祸。

上六：敦临，吉，无咎。

▆▆ ▆▆ 敦临吉祥：以敦厚待人，吉祥无灾。

六五：知临，大君之宜，吉。

▆▆ ▆▆ 知临大君：用才智对待人，适宜于君主，吉祥。

六四：至临，无咎。

▆▆ ▆▆ 至临无咎：恳切待人，无灾。

六三：甘临，无攸利。既忧之，无咎。

▆▆ ▆▆ 甘临无利：取媚他人，不好，及时改过，无灾。

九二：咸临，吉无不利。

▆▆▆ ▆▆ 咸临有利：感化他人，吉祥，没有不利。

初九：咸临，贞吉。

▆▆▆▆▆ 咸临贞吉：感化人，占吉。

临卦上坤下兑，坤为顺，兑为悦，喜悦而柔顺，可有为而亨通无阻（元亨）。又九二与六五皆居中相应，有利于正固守贞（利贞）。临卦由复卦变来，较复卦多出一个阳爻，阳爻逐渐发展壮大。

古人按卦中阴阳消长的规律，把十二个卦配与阴历的十二个月份，自十一月冬至开始，阳爻初生为复卦（▆），代表十一月，往上加一个阳爻为临卦，代表十二月，再上是代表三阳开泰的正月（▆），阳爻次第上长，为代表二月的大壮卦（▆），代表三月的夬卦（▆），代表四月的乾卦（▆）。之后阳爻逐渐减少，阴爻开始增加，象征天气变冷。先是代表五月的姤卦（▆），之后代表六月的遁卦（▆），代表七月的否卦（▆），代表八月的观卦（▆），代表九月的剥卦（▆），代表十月的坤卦（▆）。由上可知八月为观卦，观卦两个阳爻即将消退，因而有凶（至于八月有凶）。

临为大，又有统治之意，是君王统治天下的方法，即帝王南面之术。古人认为统治百姓，要能够使民自治，所谓"自天子以至于庶人，一是皆以修身为本"，欲使民身修则不得不教之。兑为悦，坤为思，使民乐于思考，才是教化之精髓。朱熹说：

"教之无穷者，兑也；容之无疆者，坤也。"（《周易本义》）启蒙百姓，以教育治国，可谓是先秦思想的一大特色，故《象》曰："君子以教思无穷，容保民无疆。"

临卦之领导启示：领导技巧的顶峰是没有领导，故称之为艺术。因心的领导，总是高于身的领导，上下一心，则可以"垂拱而治天下"。待下属真诚，则"不思而得，不勉而中"（《中庸》），事事稳当和谐。不着一言，尽得领导之功。

初九，阳爻阳位。上应六四，与六四相感通（咸临）。阳爻初生，生气勃勃，正直刚毅，阳为君子，有君子之德，可以得到人们的信赖认可（贞吉）。

咸临贞吉之领导启示：领导者首先要正心，有一个远大光明的愿景。领导者在初期势力单薄，但"品格就是力量"，优秀品格的彰显，可以渐渐吸引许多人团结在你的周围。

九二，阳爻阴位，继初九而来，阳气渐长，刚开始崭露头角，更与六五君位相应，得到信任，潜力无穷，可以有所作为（吉无不利）。

咸临有利之领导启示：正心之后要意诚，意诚方能与人感同身受，得到人们的衷心爱戴。领导者对于组织，不能只停留在理智层面的领导，更要进入情感层面。孟子"乐民之乐者，民亦乐其乐；忧民之忧者，民亦忧其忧"（《孟子·梁惠王下》），得人心的领导者，才能更好地驾驭组织。

六三，阴爻阳位，在下卦兑中，又在互卦坤（六三、六四、六五）中，坤土为稼穑。口含稼穑之物为甘，甜美有味，得到在上位的甜言蜜语（甘临）。下面两个阳爻进逼，六三乘刚，却沉浸不知，可能会有灾祸到来（无攸利）。但若能及时改过，顺应阳爻君子（既忧之），可以无害（无咎）。

甘临无利之领导启示：张潮有"富而不谄，今人之所少也"（《幽梦影》）。为了保证自己的地位，领导者往往会实施"愚民政策"，用甜言蜜语来蛊惑民众，使基层丧失判断是非的能力。然民愚则主昏，愚民的结果，往往是领导团体的腐败，从而导致组织的停滞甚至退步。

六四，阴爻阴位，在互卦震（九二、六三、六四）中，震为行，又与初九正应，是到初九亲临基层的意思（至临）。领导者心系于民，主动观察民生疾苦，自然是件好事（无咎）。

　　至临无咎之领导启示：领导者要经常到基层，对他们进行引导、教育。领导者考察基层的同时，也会以个人魅力对基层民众产生潜移默化的影响，"其感人深，其移风易俗"（《荀子·乐论》），基层的进步，是组织水平提高的基础。

　　六五，阴爻阳位。在上卦坤中，坤主思，又为君位，是君王以智慧君临天下之意（知临，大君之宜）。下有九二相应，君王柔以抚慰之，使君子贤人为我所用，用德不用刑，可长保统治。

　　知临大君之领导启示：对于领导团体来说，要以愿景为核心。"为政以德，譬如北辰，居其所而众星拱之"（《论语·为政》），此德，便是组织的愿景，领导者一举一动不离愿景，何愁领导团体不归心呢。

　　上六，阴爻阴位。在上卦坤中，坤为厚德载物。上六在君位之上，大智若愚，以敦厚之德包容天下（敦临）。厚道不欺，百姓安乐，可以有吉。

　　敦临吉祥之领导启示：敦厚貌似是愚，其实不然。郑板桥讲"聪明难，糊涂难，由聪明转糊涂尤难"，敦厚是领导者的大智慧。老子"为无为，则无不治"，领导者的敦厚，不治人，乃治心，自己的无为，乃使下属有充分的自由大有所为。

　　在中国历史上，唐太宗可谓是仁君的典范。司马光曾赞："太宗文武之才，高出前古。盖三代以还，中国之盛未之有也。"贞观之治，政通人和，天下大化，真可谓到了夜不闭户、路不拾遗的理想境地。

　　太宗之能得民心，从两则小故事可以看出：贞观二年的时候，关中大旱，蝗虫肆起，动则遮天蔽日，吃尽粮食，留下荒芜一片。太宗在宫苑踱步，看到蝗虫，便生痛恨之心，抓起几只，祷告说："百姓以粮食为生命，你却吃了它。百姓有错，都是我一个人的原因，你若有灵智，就应该吃我的心肺，不应该去害百姓。"于是不顾大臣的阻拦，把蝗虫吞进了肚子里。另有一次，太宗视察中医，看到明堂图（即针灸挂图）中，人的五脏六腑都在背部之下，怆然而悲，说："如今律法杖笞人背，为什么让脏腑受伤呢？"于是下令，以后不能杖笞人背。以仁厚德行感化百姓，是谓"咸临"（吴兢《贞观政要》）。

　　正是唐太宗的这些仁政之举，成就了中国历史上有名的"贞观之治"，使得国力丰稔，民风纯良。社会治安也出现了良好的局面，例如，在630年，全国判处死刑的只有29人。633年腊月，太宗轻车简从，来到长安城外的监狱视察。这一年全国有390个死刑犯，都集中在大理寺监狱。进入牢房，唐太宗挨个询问死因，大家都自责说自作孽，死有余辜，不冤枉。

这些囚犯认罪之恳切，令唐太宗大受感动，于是便跟这些死囚立下君子之约，放他们回家过最后一个春节，来年秋收，再来集合问斩。这390个死囚，个个感激涕零，回家过年。来年秋后，这些回家的死囚，皆如约返回监狱，无一逃跑亡匿。太宗感慨万千，遂全部赦免了他们的死罪。这个故事，也被后人传为圣君仁政的千古佳话。由此观之，太宗的监狱之行，不仅展现了其仁爱的一面，更体现了他的统治智慧，乃是"知临"，以390人之性命来感动万千百姓，正是"大君之宜"，不劳而天下服矣（《资治通鉴》）。

唐太宗领导的关键，即在于敦临天下，回归质朴。正所谓"得民心者得天下"。与此类似，美国麻省理工学院的罗伯特·K.格林里夫（Robert K. Greenleaf）曾提出"公仆型领导"（Servant Leadership）的说法。公仆型领导虽是一种新生概念，在中国却是早已有之。它的内核，是要将服务员工，成就他人作为首要目标，以倾听代替臆断，用真诚培养信任。这种方式培养的员工更能够将心比心，对领导事业忠诚。员工受到领导者的感染，也会向顾客提供贴心服务，营造温和舒适的企业氛围（Greenleaf，2002）。

第三节　惩罚式领导之噬嗑卦

外国人把那京戏叫作 Beijing opera

没见过那五色的油彩愣往脸上画

......

蓝脸的窦尔敦盗御马

红脸的关公战长沙

黄脸的典韦　白脸的曹操

黑脸的张飞叫喳喳

——《唱脸谱》

词：阎肃　曲：姚明　演唱：谢津

　　传统戏剧习惯把人物角色画上脸谱，来辨明其温凶善恶，红白分明。但现实中的善恶却没有那么绝对，人心因情势而多端，善恶随环境而摇摆。领导者是就要能握好其中的情伪变化，必要时，以刑罚来惩恶扬善。

（文佳绘）

第二十一卦　噬嗑　离上震下　火雷（明罚敕法）　**趾鼻毒，矢金险**

噬（shì）嗑（hé）：亨。利用狱。

噬嗑卦。通达。适宜判决诉讼。

上九：何（hè）校灭耳，凶。

何校耳险： 刑具遮灭了耳朵。凶险。

六五：噬干肉，得黄金，贞厉，无咎。

噬肉得金： 咬干肉，得黄金。贞此有难，无灾。

九四：噬乾胏（zǐ），得金矢，利艰贞，吉。

噬胏得矢： 咬肉脯，得铜箭，利艰苦中贞占，吉。

六三：噬腊肉，遇毒；小吝，无咎。

噬肉遇毒： 咬腊肉，遇毒。小有不顺，无灾。

六二：噬肤灭鼻，无咎。

噬肤灭鼻： 咬肥肉而没遮住鼻子，无灾。

初九：屦（jù）校（jiào）灭趾，无咎。

屦校灭趾： 刑具夹足趾，无灾。

噬嗑卦的卦象是颐卦的六四阴爻换为阳爻。颐为口，插入一根刚爻是口中有物，需要把它咀嚼咬碎。就好比社会上有不法之徒，就要把他送进监狱，进行惩罚教育（利用狱）。上卦离为电，下卦震为雷，电闪雷鸣，声威赫赫，法令严格使犯人慑服。又是光明大昭，法网恢恢，使犯人无可遁逃。

古人强调德政，同时也讲究刑法治国。《礼记》有云："礼乐刑政，其极一也，所以同民心而出治道也。"刑狱同礼一样，皆由人性而来，穷凶极恶而难以循礼者，则以刑狱惩之。圣王治狱之道贵明，贵在公平。故卦中有离，离为光明，《象》曰："明罚敕法。"

噬嗑卦之领导启示："刑者，惩恶而禁后者也"（《说苑·政理》），一个完善的组织制度，不能没有监督惩罚措施。刑罚贵在公正，领导者要能够清醒地判断是非对错，更要注重刑罚的策略，在保证自身安全的同时，惩处违规者。要设立相应的制度，防止领导者的不公。

初九，阳爻阳位，在全卦之初。相当于人体的脚趾部位。下卦震为足，又在互卦坎（六三、九四、六五）之下，坎为水，有掩盖之意，是在脚上戴了刑具，遮住了脚趾（屦校灭趾）。因为是初犯，刑罚也轻，及时改过没有什么大的坏处（无咎）。

屦校灭趾之领导启示：领导者要有相应的惩罚监督措施，防微杜渐。孔子言"小惩而大诫，此小人之福也"（《周易·系辞下》），及时采取有效的措施来处罚违规者，以避免大的事故发生。

六二，阴爻阴位。在互卦艮(六二、六三、九四)中，艮为肤，为皮肉，在互卦坎(六三、九四、六五)之下，坎为水，有掩没之意，是咬肥肉，被肥肉遮住了鼻子（噬肤灭鼻）。虽然没有什么大的害处（无咎），但食相不雅，会阻碍呼吸通畅，引申为贪心钻营取巧之人与制度进行软抵抗。

噬肤灭鼻之领导启示：面对那些消极违规的人，领导者应采取灵活措施。消极违规，虽然不至于触犯刑罚，但会影响组织的活力。领导者应当妥善处理，或软硬兼施，或恩威并重，当然最好的办法是完善监督制度，使消极者无机可乘，以绝后患。

六三，阴爻阳位。六三也在互卦艮中，艮为肤，且上有离卦，离为火，火烤之肉为腊肉。六三也在互卦坎中，焦循说："坎为毒"。腊肉放的时间长变质了，外表却看不出来，吃了会中毒（噬腊肉，遇毒）。但毒性较小，不会引起大病（小吝，无咎）。在审案治狱时，要能透过现象看本质，出现错误，要及时改正，不能为了面子而久拖不决。

噬肉遇毒之领导启示：刑罚监督制度一定要秉持公正，看其本质。判断刑罚，重在触犯者的动机，有好心办错事，有坏心办好事，辨之不明，易失人心。庄子"人之心险于山川，难于知天"（《庄子·列御寇》），领导者处刑之时，一定要谨小慎微，明察秋毫。

九四，阳爻阴位。在互卦艮里，艮为肤肉。因九四为全卦嘴中横亘之物，是刚爻，为带骨肉。在互坎也在上卦离中，坎为弓，离为兵，打猎时箭头会留在禽兽体内。在吃带骨肉时吃出了箭头（噬干胏，得金矢），就好比办案时遇到了难缠之事，甚至会威胁自己的人身安全。秉公办案虽然会树敌于人，但坚持正义，终会有好的结果（利坚贞，吉）。

噬肺得矢之领导启示：领导者在处理刑罚的时候要谨防受其害。面对组织内实力强大的违规者，关涉众多，往往盘根错节，甚至会形成一张强力的网络，牵一发而动全身，若处理不好，更会引火烧身。要能够采取灵活措施，既要维持组织内部平衡，又要达到惩恶扬善的目的。

六五，阴爻阳位。咬食干肉得到了黄金（噬干肉，得黄金）。在互卦坎中，坎为险难，会有危险（贞厉）。黄金乃正义所得，最终危险会消除（无咎）。

噬肉得金之领导启示：领导者在监督处罚过程中，总会遇到诸多困难，甚至遭到非议，只有坚持正义，勇敢面对其中的风险，才能化险为夷。

上九，阳爻阴位。在互卦坎上，又在上卦离中，坎为耳，离为目，刑具枷锁遮住了耳朵（何校灭耳）。上九位已至极，是对断案法官的惩罚。断案者耳不聪目不明，以致冤案连连，自然免不了遭受刑罚。

何校耳险之领导启示：完善的监督处罚制度免不了对监督者的监督。组织制度内部应是一个相互制约，相互平衡的体系，既有对下属的处罚，也要有对领导者的处罚，这样才能使组织良性发展。

在中国的企业中，华为显得最为独特的措施，便是其军事化的管理模式，此举把该公司的规范性和纪律性发挥到了极致。

华为的清晨，总是在嘹亮的队列呼号声中开始，员工身着统一军装，进行着有组织的军事化晨练。华为每年招聘的新人，都要进行至少五个月的封闭式训练，其中一个月为单纯的军事训练。教官全是优秀的退伍军人，一切都按照严格的军事标准进行。军事化的训练，一开始就让员工感受到华为的严格，"屦校灭趾"，剔除新人的不良习气，为其工作中的规范奠定基础。

任正非是军人出身，治公司与治军队如出一辙。他认为："中国人一向散漫、自由、富于幻想、不安分，喜欢浅尝辄止的创新。且不愿从事枯燥无味、简单重复的工作，不愿接受流程和规章的约束，难以真正职业化地对待流程与质量。"因此，如果没有军事化的严苛，就难以克服这些不良习气，难以与国际一流的公司竞争。

华为的军事化管理让华为的员工更加富有纪律性，更加严格和规范，员工的执行力也由此更强。比如，华为在深圳体育馆开会做报告，其间不会有手机声响，散会更不会留一片垃圾。即使是接待外宾的司机，也有统一的礼仪和纪律，行动整齐划一，体现了高超的职业素养。极高的标准使得公司无一"噬肤灭鼻"之人，没有人可以投机取巧。

强调纪律、严格管理、赏罚分明、弘扬正气……华为的这些军事化管理措施，为华为培养了一支高效率、高规范、高质量的队伍，正是这样的队伍，使华为在市场的竞争中所向披靡（孙健、王东，2007：295-300）。

惩罚是保持组织秩序的一样必不可少的措施，华为严苛的军事化管理，就是要禁恶于初生，"屡校灭趾，无咎"，防了小恶，庶几无大错。在领导学的研究中，美国著名行为科学家道格拉斯·麦格雷戈（Douglas McGregor）也曾提出 X 理论，来阐释惩罚领导的重要性。

X 理论是麦格雷戈对把人的工作动机视为获得经济报酬的"实利人"的人性假设理论的命名。主要观点是：人类本性懒惰，厌恶工作，尽可能逃避；绝大多数人没有雄心壮志，怕负责任，宁可被领导骂；多数人必须用强制办法乃至惩罚、威胁，使他们为达到组织目标而努力；激励只在生理和安全需要层次上起作用；绝大多数人只有极少的创造力。所以这种理论特别重视满足职工生理及安全的需要，同时也很重视惩罚，认为惩罚是最有效的管理工具（McGregor，1960）。

人们为了避免惩罚而服从领导者的命令，这就是领导学中强调的强制权力。领导事业不是温情脉脉的，领导者要有策略地结合使用奖赏权力和强制权力，以处理不同情境的组织问题。

第四节　修饰性领导之贲卦

再回首　背影已远走

再回首　泪眼朦胧

留下你的祝福

寒夜温暖我

不管明天要面对多少伤痛和迷惑

曾经在幽幽暗暗反反复复中追问

才知道平平淡淡从从容容才是真

——《再回首》

词：陈乐融　曲：卢冠廷　演唱：姜育恒

　　曾经在幽幽暗暗反反复复中追问，才知道平平淡淡从从容容才是真。渡尽劫波，方知人世间的真假空幻。云起朝暮，月落乌啼，假时求真，真时求假，人心诡谲叵测莫过于此。便如古今审美之变化，看清其中本质，才是领导之责。

古今皆美

（文佳绘）

第二十二卦　贲　艮上离下　山火（文饰小利）　**趾须濡，翰丘完**

贲（bì）：亨。小利有攸往。

贲卦。通达。小的方面适宜有所前往。

上九：白贲，无咎。

白贲完全：素白的修饰，无灾。

六五：贲于丘园，束帛戋（jiān）戋，吝，终吉。

贲于丘园：装饰山丘园林，用少量的绢帛。有小难，终吉。

六四：贲如皤（pó）如，白马翰如，匪寇，婚媾。

白马翰如：修饰白净，骑白马飞奔，不是盗寇而是求婚。

九三：贲如，濡如，永贞吉。

贲如濡如：漂亮柔润，永守正道吉祥。

六二：贲其须。

贲须上兴：修饰须发。

初九：贲其趾，舍车而徒。

贲趾徒行：修饰足趾，舍弃车子步行。

贲卦为噬嗑的覆卦，意义相反。噬嗑为刑狱，贲为文明。《序卦》讲贲为文饰之意，上艮下离，艮为止，离为火为文明，止于文明，归于礼义，即是贲卦。故《象》曰："关乎人文，以化成天下。"文明礼教，乃德政之基石，非此不足以使天下归心向善。民国时蒋介石曾大力提倡：礼义廉耻，国之四维，四维既张，国乃复兴。即是强调传统文明之功。

但若比之于君子之德，贲卦的修饰只可有小的功用了。孔子曾筮得贲卦而"愀然有不平之色"，子张问其故，孔子说："吾闻丹漆不文，白玉不雕。何也？质有余，不受饰故也。"（《孔子家语·卷二》）君子比德于玉，白璧无瑕，不加修饰即温润可人。《本义》曰："贲极反本，复于无色。"君子赤诚，无所修饰。大象无形，此之谓也。

贲卦之领导启示：领导者应当注重对组织的修饰，但不应执着于此，要认识到组织的核心力量。在不同的发展阶段，组织应当改变修饰策略，以吸引外界的注意。但是最终还是要抛弃文饰，回归本真，以真实的面目赢得人们的信任。

初九，阳爻阳位，全卦之初，为脚趾。有修饰脚趾之意（贲其趾）。又在互坎（六二、九三、六四）之下，坎为舆，在坎之外，舍弃车子，徒步走〔舍车而徒〕。初位实力尚弱，不做越礼之事，因而不去坐车，行走于百姓之间，更可体味民情冷暖。

贲趾徒行之领导启示：在组织发展的初始阶段，领导者要注重对基层组织的包装，以期得到人们的认可。良好的形象，可以加大与人相交的可能性。而不应闭门不出，丧失与民众亲近联系的机会。

六二，阴爻阴位。侯果说："自三至上有颐之象也，二在颐下，须之象也。"九三到上九是一个小的颐卦（䷚，第二十七卦）。颐是嘴，嘴下的就是须了。修饰胡须（贲其须），是注重仪表的体现。

贲须上兴之领导启示：领导者应注重以语言展示自己的优势。古有"善言终美"之说，修饰之中，辞令为重。以言语动人，更容易取得人们的信任。要做好宣传，使组织取得良好的发展空间。

九三，阳爻阳位。从初九至六二，从头到脚都打扮好了。在互卦坎（六二、九三、六四）中，坎为水。打扮得水润泽美，光彩照人（贲如濡如）。居位正，刚爻为君子，外表华美，内又有君子之德，可以吉祥（永贞吉）。

贲如濡如之领导启示：注重外在的修饰，是地位与水平的象征。大凡有名气的组织或者产品，无不注重细节的修饰。"天下大事，必作于细"，在细节上下功夫，外表与内在相互依托，才是长久之道。

六四，阴爻阴位。皤为老人须发斑白。翰为天鸡，为白雉。商朝尚白，故以白色事物比喻文饰之盛美。打扮得须发洁白（贲如皤如），马也白如天鸡，纯而不杂（白马翰如）。又与初九阴阳相应，有婚娶之象，在互卦坎中，坎为盗贼。先疑为盗贼，后发现是来求婚的（匪寇婚媾）。

白马翰如之领导启示：组织发展到一定程度，随着民众对组织了解的深入，领导者就更加注重企业核心文化的建设。民众对组织的认同和了解已经达到了"婚媾"的地步，就不会太在意外在的修饰了，而是关注组织的本质为何。

六五，阴爻阳位。在上卦艮中，艮为山林，有装饰山林家园之意（贲于丘园）。

束帛为布帛礼品，就好比结婚之时，女方精心装饰打扮要迎接新郎，却只收到了菲薄的彩礼（束帛戋戋），有些失礼，会导致一些不愉快，然因夫妻心意相通，外物多少并不影响本质，最终会有吉祥（终吉）。

贲于丘园之领导启示：合作者所期望看到的，一定不能是奢华铺张的组织，而要是精简节约、有着很高的效率的组织。当组织的发展到了关乎人们切身利益的时候，朴实无华要比绚丽的外表更吸引人。

上九，阳爻阴位。修饰之极为白色（白贲）。商朝尚白，白色也有朴实无华之意，文饰至此，就要抛弃文饰，回归本来面目，做一个"真人"。

白贲完全之领导启示：事业发展到极致，就是返璞归真，再无须为谁而修饰。远离了繁文缛节，更能抱朴归一，专注于自身。就像金庸笔下的武林高手，内力深厚，再精妙的招式，也不过弹指而灭。

1854 年，路易·威登（Louis Vuitton）开办首家皮具店，生产平盖行李箱。因其曾服务王室，信誉不著而自立。且路易·威登生产的箱子用料高档，外观华美典雅，"贲如濡如"，一时间，上流社会趋之若鹜，路易·威登声名鹊起。之后，路易·威登更加专注解决旅行者的实际问题，不断改善旅行箱的性能，并于 1889 年诞生了传世经典的坚硬旅行箱。

声誉渐隆，模仿者也蜂起挑战。1896 年，路易·威登的儿子乔治·威登（Georges L.Vuitton）开始在自己的皮箱上印上著名的"LV"商标，"贲其须"，以加强对品牌的宣传。路易·威登因其古典而奢华的形象，逐渐成为了地位的象征。

随着时代的变迁，路易·威登的经营者也不断探索新时期的经营方法。1984 年，路易·威登成为上市公司。然而，夺目耀眼的光环并没有使经营者丧失理智，他们及时与 1743 年创立的 Moet 香槟公司，及诞生于 1765 年的轩尼诗品牌共同组成 LVHM（Moët Hennessy-Louis Vuitton）集团，"匪寇，婚媾"，以品牌强强联合的方式，扩大自己的影响力。

然而，繁复的贵族设计风格毕竟与新时代的简约精神格格不入，1990 年代末开始流行的不再是高贵的皇室风格，而是青春和活力。于是，从 1998 年起，公司便开始回归"白贲"，回归质朴，倡导极简主义。如今，整个时尚行业仍未走出萧条，但这家全球最大的时尚和奢侈品公司还是被无可争议地称为"赚钱机器"。

初创时奢华，繁盛后简约，LV 走过了一段不寻常的转变之路。从"贲如，濡如"的浪漫，到"白贲，无咎"的坦然，正如一个人，终于悟到了自己的价值，不被外在的变化干扰。这也是一个伟大品牌的创建历程。

一个历久不衰的品牌，有着强大的"品牌杠杆效应"，在市场中就象征着巨大的经济利益。所谓的品牌杠杆效应，是一种品牌扩展理念，即将现有品牌的价值和名称扩展到新的产品上（Kevin Lane Keller，2010）。例如，伊夫·圣罗兰（Yves Saint Laurent）将他自己的名字写在了腰带、太阳镜等饰品上的行为引发了大量设计师的效仿，时尚女设计师可可·香奈儿（Coco Chanel）就用自己的名字命名了她的香水。通过品牌杠杆效应，可以减少启动一个新产品项目的风险，而且还可以丰富自己的产品市场，反哺品牌形象。

这并不是说每家公司都应追求杠杆效应拓展战略。例如，比克（BIC）最初销售一种价值 19 美分的普通圆珠笔并旗开得胜。之后，它试图将价值定位拓展到香水等奢侈品和裤袜等生活必需品，结果以失败告终。无独有偶，20 世纪 80 年代，Gucci 也曾滥发其品牌经营许可权，结果，Gucci 名下派生出包括多达 22 000 个商品的十个品牌标识，销售一路下滑。于是 Gucci 收回许可权，提高价格，严格控制品牌的卓越品质，集中分销并增加广告投放。其后销售情况有了一定程度的好转。事实证明，公司在修饰领导的过程中，也要保持自己的本色，谨防过犹不及。

第五节　减损式领导之损卦

> 说句心里话　我也想家
>
> 家中的老妈妈已是满头白发
>
> ……
>
> 来来来来来　既然来当兵
>
> 来来来　就知责任大
>
> 你不扛枪我不扛枪
>
> 谁保卫咱妈妈谁来保卫她
>
> ——《说句心里话》
>
> 词：石顺义　曲：士心　曲：阎维文

　　有私利，有公义，在特定的历史时期，需要人们为了公义而舍弃私利。肯尼迪在就职演说中说："不要问国家能为你做些什么，而要问你能为国家做些什么。"所谓折损，也并非绝对，如郑国渠的修剪本为消耗民财，却反而增强了秦国国力。

（文佳绘）

195

第四十一卦　损　艮上兑下　山泽（损下益上）　**遄益三，疾龟忘**

损：有孚，元吉，无咎，可贞，利有攸往。曷之用？二簋（guǐ）可用享。

损卦。有诚信，最为吉祥，没有灾难，可以正固。适宜有所前往。要使用什么？二簋就可以用来献祭。

上九：弗损益之，无咎，贞吉，利有攸往，得臣无家。

得臣忘家： 不增减损，无灾有吉，利于前往，得到无私忘家的臣仆。

六五：或益之十朋之龟，弗克违，元吉。

朋龟弗违： 有人进给十朋钱的龟，不能推辞，大吉祥。

六四：损其疾，使遄有喜，无咎。

损疾遄喜： 减损病祸，使它迅速好转，无灾。

六三：三人行，则损一人，一人行，则得其友。

三行损一： 三人同行会减损一个人，一人前往就会得到朋友。

九二：利贞，征凶，弗损益之。

弗损益之： 利于守正，前往则凶，不要增减它。

初九：已事遄（chuán）往，无咎。酌损之。

已事遄往： 速往祭祀，无灾，酌量减省祭品。

《象》曰："损，损下益上，其道上行。"人祀天，臣事君，子事父，皆有所损。这些也都是合理正当之事，是为了表达心中的崇敬与诚挚，因而"有孚，元吉，无咎，可贞，利有攸往"。就好比祭祀一样，即使简单的祭品（二簋），只要心中有诚，照样可以祭祀天地，得到福佑（可用享）。

损卦之损下益上并非益在上之人，上者为宗庙，为君国。民众甘心受损，是为了信仰，为了国家的正常运转。圣王不忍，故三十而税一，轻徭薄赋，上下诚意款款，喜乐无疆。于君子修德而言，是要减损自己的私欲，增加自己的理智。泽深山高，君子之德，便如高山仰止，损欲而德彰。

损卦之领导启示：损下益上有三个层次。第一个是要适度地损下益上，以实现集体利益或者渡过难关。第二个是要减损组织中腐坏的部分，使组织良性发展。第三个是要建立合理的秩序，成就一种无损而益的结果。

初九，阳爻阳位，刚开始祭祀，与六四相应，心中有诚意。赶快跑去祭祀（已事遄往），但初九基础薄弱，如在春夏之交，青黄不接，适量减少祭品也没有什么关系（酌损之）。

已事遄往之领导启示：领导者应适当减少组织的欲望，减少在非生产层面的消费，用以增强集体的力量。组织在诸如基层宣传、文化建设等方面的花费本来没有什么害处，但在特定的时期，应适当减少，让位于更高的集体利益。

九二，阳爻阴位，与六五相应，都处中位，要坚持中庸之道，无过无不及（利贞）。前面已经损下过多，九二就不应再有损益（弗损益之），不然会有凶祸（征凶）。

弗损益之之领导启示：经过一段时间的损下补上，就要适可而止。当损下补上已经达到了预期的效果，领导者应适时停止对下层的减损，给他们自由的发展空间，就自然会有所增益。

六三，阴爻阳位。三个和尚没水吃的故事，大家从小便知。三人同为阴，或同为阳时，看问题的角度类似，却是各执一词，一人一个观点，争执难定，会产生矛盾，以致失去同伴（三人行则损一人）。《易》中，朋为同性爻，友是异性爻。六三与九二阴阳相比，可得友（一人行则得其友）。因男女看问题角度不同，可以阴阳调和，相互补充，因而有利。

三行损一之领导启示：此爻讲领导者的管理技巧。领导者在组织的人员安排上要充分考虑下属的性情与特点，把握分寸，损多益寡，合理安排，使其能发挥最大的效用。

六四，阴爻阴位。在互卦震（九二、六三、六四）中，震为决躁，不安而有疾。与初九阴阳正应，初九前来帮忙。因初九在下卦兑中，兑为悦，帮助六四摆脱了疾病困扰（损其疾），是可喜之事（使遄有喜），自然就没有咎害了（无咎）。

损疾遄喜之领导启示：领导者要及时处理组织内部的腐败与疾患之处。如果任由其发展，将会不断溃烂，甚至感染整个组织，后果不堪设想。果断割除，虽有小痛，但对组织的发展有利无害。

六五，阴爻阳位。从卦象而言，自九二到上九是一个大的离卦，离为龟，古人

用龟壳占卜，是很有价值的东西。又在互卦坤（六三、六四、六五）中，坤数十，赠送给他价值十朋的宝龟（或益之十朋之龟），下有九二相应，推辞不掉，可以获吉（弗克违，元吉）。

朋龟弗违之领导启示："十朋之龟"是因为顺道而行，天佑之，故易交好运，甚至会有上级的奖赏。运气来了，领导者要顺势而为，利用这些财富，强化组织内部的信任与和谐，如此，才能永葆财富。

上九，阳爻阴位。在互卦坤之上，下乘柔爻，坤柔为臣民，可得到臣民的支持。上九已到损下益上的极处，到了这里，在下者心附于上，可以无损而有益（弗损，益之）。因为国家得益，会以建设民生的方式回馈于民。统治者得到的最高利益是民心，上九为天位，所谓"天听自我民听"（《尚书·泰誓中》），有忠诚团结的臣民（得臣无家），便可冲破重重困难，实现大业（利有攸往）。

得臣忘家之领导启示：秩序是发展壮大的基础。领导者要注意在组织内部建立良好的秩序，确保组织人员的团结忠贞，确保各项资源的最优配置，以实现经济学所讲的"帕累托最优"。

20 世纪 70 年代，克莱斯勒汽车公司的业绩一落千丈。1978 年，该公司的市场占有率从原来的 25% 下降到只剩 11%，而且每况愈下之势使整个公司濒临破产的边缘。为挽救颓势，1978 年 11 月，克莱斯勒聘请李·艾柯卡（Lee Iacocca）出任总裁。

前任留下的烂摊子比艾柯卡预料得还要糟：公司纪律松弛，管理无序；财务混乱，现金枯竭；产品质量粗劣，积压严重。在其上任当天，公司宣布三个季度亏损已高达 1.6 亿美元。一般的领导者面对此种局面，定要大规模裁员，以减少开支，但艾柯卡没有。为确保 65 万员工的工作生活，艾柯卡以紧缩开支为突破口，"酌损之"，提出了"共同牺牲"的方针。艾柯卡首先把自己 36 万美元的年薪降为 1 美元，同时全体员工的年薪也酌量减少，以服务全局。

艾柯卡 1 美元的年薪在美国引起了轰动。克莱斯勒人长期以来铺张浪费、奢侈无度的作风也因此而渐渐改变。艾柯卡适时确立规章，"损其疾"，改善公司内部的不良之风，并率领高层，对营销、财务、人事等部门整顿改革，大力提高生产质量。

"共同牺牲"使克莱斯勒的死水渐渐有了生机，正确的举措终于"得臣无家"，从领导到普通员工，人人渐渐达成共识，毫无怨言，心甘情愿地为公司做出牺牲。

人心和合，"利有攸往"的未来也定然会不期而至。

1982 年，"道奇 400"新型敞篷车先声夺人，迅速畅销，使得克莱斯勒多年来第一次引领市场。K 型车面市后，一下子占领了小型车市场的 20% 以上。至 1983 年，克莱斯勒还清了所有债务。

克莱斯勒公司还在继续成长，且逐步赢回了市场。在艾柯卡执掌公司的几年里，公司在美国、加拿大市场中的占有率回升到了 16%，约为他初任总裁时的两倍（约翰·C·马克斯韦尔，2004：205-207）。

艾柯卡倡导的"共同牺牲"为克莱斯勒赢得了新生。由此观之，在必要的时期，领导者要能够狠下心来，"酌损之"，或许会引来非议，会导致领导认同感的短期下降，但最终的成功会赢得更大的声誉和财富。

在组织文化的构建中，有一种叫作集体主义（collectivism）的思想。集体主义的基本内容是：坚持集体利益与个人利益的辩证统一，强调集体利益高于个人利益；充分尊重和维护个人正当利益的实现，使个人的才能、价值能得到最好的发挥；当集体利益与个人利益发生矛盾时，要以集体利益为重，必要时要放弃或牺牲个人利益。然而，这种集体主义的思想却不宜成为组织的主导思想，领导者要把握好其中的度，一方面损多则伤民，另一方面领导者容易迷信集体主义而导致思想腐化。损卦的最高境界，是"弗损益之"，最终"得臣无家"。

第六节　增益式领导之益卦

我爱你　塞北的雪

飘飘洒洒漫天遍野

你用白玉般的身躯

装扮银光闪闪的世界

你把生命溶进土地哟

滋润着返青的麦苗

迎春的花叶啊

——《我爱你，塞北的雪》

词：王德　曲：刘锡津　演唱：彭丽媛

　　雪花用白玉般的身躯，滋润即将返青的大地。损卦之后，国力强盛，就要及时反哺人民。在上者散财于下，是为了兑现最初许下的承诺，实现共同富裕，若只顾一己私利，终会重蹈历史的覆辙，失尽人心。

（文佳绘）

第四十二卦　益　巽上震下　风雷（损上益下）　**作龟凶，迁惠险**

益：利有攸往，利涉大川。

益卦。适宜有所前往，适宜渡过大河。

上九：莫益之，或击之，立心勿恒，凶。

莫益击险：没有人助益他，有人攻击他，立心不坚定，有凶险。

九五：有孚惠心，勿问元吉。有孚惠我德。

有孚惠心：有诚信惠心，不问就知是大吉祥，有诚信，以恩德报答我。

六四：中行，告公从。利用为依迁国。

中告迁国：中道而行，告诉王公得到承诺，可依之迁移国都有利。

六三：益之用凶事，无咎。有孚中行，告公用圭（guī）。

益用凶事：增益它用于救凶平险，无灾。有诚信，持中，手持玉珪向王公报告。

六二：或益之十朋之龟，弗克违，永贞吉。王用享于帝，吉。

朋龟贞吉：有人赠送价值十朋的宝龟，不能推辞，坚持守正有吉，君王祭祀天帝，吉祥。

初九：利用为大作，元吉，无咎。

用为大作：有利于大的作为，大吉祥，无灾祸。

益卦上巽下震，巽为木为舟，震为动为行。舟行于水，可以涉川渡河（利涉大川）。又九五与六二正应，皆处中位，行事合宜，上下同德，利于前往开拓新的事业（利有攸往）。

益卦是损卦的覆卦，《彖》曰："益，损上益下，民说无疆。"益卦是强调在上位者要能够屈尊就下，爱民养民，使仓廪实而衣食足，如此则百姓可得安乐。益卦上风下雷，风为君子见善相随，如春风化雨，养润其德；雷为君子严于律己，力改己过，如雷之凌厉果断。故《象》曰："见善则迁，有过则改。"

益卦之领导启示：荀子讲"王者富民，霸者富士，仅存之国富大夫，亡国富筐箧，实府库"（《荀子·王制》）。"王者"是领导者的最高目标，所要做的便是富民。领导者若要实现组织的富裕，必须要时刻爱护民众，实现组织基层人员的富裕。

初九，阳爻阳位。在下卦震中，震为动，是万物初生，可以有所行动（利用为大作）。益卦是损上益下，在上位的统治者不与民争利，一开始就要为老百姓谋福利，如兴修水利、开仓赈灾等惠民政策。这样会得到老百姓的认可和赞誉，是极好之事（元吉，无咎）。

用为大作之领导启示：遇到大的困难，基层民众无法解决的，领导者要集中组织的力量，发挥集体的优势，"集中力量办大事"，为民解困，替民谋福。

六二，阴爻阴位。从初九到九五是一个大的离卦，离为龟。六二又在互卦坤（六二、六三、六四）中，坤数十。上应九五，得到九五所给的价值十朋的宝龟（或益之十朋之龟），不却人情（不克违）。处中位，正固有吉（利永贞）。上应九五为君王之位，利于祭祀天地（王用享于帝，吉）。

朋龟贞吉之领导启示：领导者在发展中遇到好运，要顺势而为。坚守中正之道，不因此而沾沾自喜，更要懂得感恩。"用享于帝"，便是要表明正直之心，一如既往地爱护民众。

六三，阴爻阳位。在下者有灾荒，统治者应该把平日里的积蓄拿出来救济百姓（益之用凶事），方显诚意满满（有孚）。在全卦中位，坚持正道（中行）。下卦震为主公，诸侯国有灾，天子以圭作信物来指示救灾（告公用圭）。

益用凶事之领导启示：组织在发展中若遇困难，领导者应当果断地放弃利益，以维持组织的良好形象。不能使组织丧失诚信，组织内部的团结信任要重于短期的金钱利益，要懂得何为本，何为末。

六四，阴爻阴位。在互卦坤（六二、六三、六四）中，坤为国邑，与初九正应。初九在下卦震中，震为动，为王公。意为得到王公的认可（告公从），可以迁移国都（利用为依迁国）。程颐说："自古国邑，民不安其居则迁。迁国者，顺下而动也。"（《周易折中》）迁移国都，也是为了百姓利益。

中告迁国之领导启示：领导者在带领组织走出困境后，要认真反省，找到问题根源所在，甚至改变组织的发展环境。找到更有利的环境，才能维持组织的长治久安。

　　九五，阳爻阳位，为君王，与六二相应。君王惠民，最重要的是要有施惠的诚心（有孚惠心）。有了诚心，不用占问也可得吉祥（勿问，有吉）。下有互卦坤，坤为臣民，臣民会衷心地赞美君王的德行（有孚，惠我德）。

　　有孚惠心之领导启示：领导者要与基层分享利益，分享利益是为了赢得基层的支持，增强组织内部的凝聚力。在分享利益的同时，要使组织有公平公正，和谐友爱的环境，如此，才能真正惠及人心，使人真诚拥护。

　　上九，阳爻阴位。在卦的极处，有些求益过度的意味。在上者贪得无厌，过了一定的度，反而得不到任何好处（莫益之）。甚至会有人操戈相向，反抗残暴的统治（或击之），因而会有凶祸。

　　莫益击险之领导启示：贪图自身的利益，会丧失人心，成为孤家寡人。"闻诛一夫纣，未闻弑君"，领导者若过于自私自利，不懂分享，甚至会引起基层的反抗，最终导致身败名裂的下场。

　　"财聚人散，财散人聚"，这是亘古不变的领导真理。蒙牛集团的总裁牛根生，正是悟到这个道理，总是不失时机地把自己手中的钱财分给别人，才得以长保不衰。

　　2005 年初，牛根生将自己的约 10% 的股份全部捐出，"利用为大作"，创立"老牛专项基金"，以回馈社会，服务大众。且在牛根生天年之后，股份全数捐给"老牛专项基金"，家人不能继承，妻儿只领取不低于北京、上海、广州的平均工资，作为生活费。

　　面对社会的天灾人祸，牛根生"益之用凶事"，"散财"以救济百姓。如在"非典"之役时，他捐资 100 万，并向教师免费赠送蒙牛产品；汶川赈灾时，他又捐出了价值 1 000 万的牛奶。另如，为了打开销售市场，仅在上海，蒙牛就送出了 800 万的产品。

　　蒙牛不仅"散财"给消费者，也"散财"给企业职工，为解决他们生活中的实际问题，牛根生毫不吝啬，广施财德。牛根生的这一系列举动，真正达到了"有孚惠心"的地步，故而自然"勿问元吉"，使蒙牛在发展中不断创造辉煌（张宁，2009：95-96）。

　　牛根生的这一系列举措正是为了损上益下，以达到"有孚惠我德"，增益其下，最终获益的是整个组织。现代企业多认识到了损上益下的重要意义，一般采取两种通行的方式，来回馈员工：员工所有权计划和收益分享计划。

员工所有权计划指的是领导者以员工持股计划、按知识支付薪水以及按工作表现支付薪水等形式，来激励员工工作的积极性。它有两种好处：第一，授权能使员工对公司使命产生责任感，赋予员工以"主人翁意识"，而不是只是公司的员工；第二，通过持有公司的股票，员工受到财富激励，会更加努力做出自己最好的成绩。

而收益分享指的是当员工为公司整体业绩做出自己的努力时，能得到一份额外的报酬，这是一种团队激励薪酬计划，旨在将公司整体的收益与员工个体的收益勾连起来，将整体目标与个体目标结合起来，从而激励员工的积极性，在共同协作中实现双赢。

这些回馈员工的奖励计划，已经随着现代企业的兴起而得到了普遍应用，个中的道理，便可以从益卦中找到先声。损益总是相伴的，也是可以相互转化的，掌握了这个辩证的道理，领导者就能够更得人心，获得更强的领导力。

第七节　向心式领导之归妹卦

你要是嫁人

不要嫁给别人

一定要嫁给我

带上你的嫁妆

领着你的妹妹

赶着那马车来

——《达坂城的姑娘》

词曲：王洛宾整理　演唱：黑鸭子

归妹本是讲女子嫁人的卦，嫁人的关键是要归心，历史上有文成公主入藏而吐蕃归心。曹操说：周公吐哺，天下归心。向心式领导不仅是一种领导策略，更是一种领导境界。

（文佳绘）

205

第五十四卦　归妹　震上兑下　雷泽（天地大义）　跛眇须，愆袂筐

归妹：征凶，无攸利。

归妹卦。前进有凶祸，没有什么适宜的事。

上六：女承筐无实，士刲（kuī）羊无血，无攸利。

承筐无实：新娘的篮子没有东西，新郎杀羊无血，不顺利。

六五：帝乙归妹，其君之袂，不如其娣之袂良，月几望，吉。

娣之袂良：帝乙嫁女，公主的衣饰，不如妾的陪嫁，月近十五，吉祥。

九四：归妹愆（qiān）期，迟归有时。

愆期有时：嫁女错过婚期，晚嫁还有时机。

六三：归妹以须，反归以娣。

须归以娣：嫁女要等待，后以妾的身份出嫁。

九二：眇（miǎo）能视，利幽人之贞。

眇视幽人：独眼能视，利于隐士守正。

初九：归妹以娣，跛能履，征吉。

跛履征吉：嫁女，以族从嫁，跛子能行，前往有吉。

归妹卦为专讲男婚女嫁之卦，古人认为女子出嫁是回到自己真正的家，故为"归"。婚礼是"礼之本"，因而孔子删选《诗》，以《关雎》为首，以倡男女之情。然卦中诸爻多位不正，会有凶祸（征凶），六三、六五有乘刚之势，自然没什么好处（无攸利）。

归妹卦上震下兑，震为长男，兑为少女，两者年龄相差悬殊。苏轼曾有"一树梨花压海棠"戏称其事。兑又为悦，程颐说："徇情肆欲，唯说是动，则夫妇渎乱，男牵欲而失其刚，妇狃说而忘其顺。"（《近思录·卷十二》）老夫少妻，有悖天理，容易肆欲伤身，败坏民俗。

归妹卦之领导启示：知人善任，是领导者必备的能力。曹操言"周公吐哺，天下归心"，领导者既要求贤若渴，又要能与贤才交心，唯如此，才能充分地了解贤才的性情与能力，以做出可以让贤才大展拳脚的任命。量才而用，让贤才能够实现自己的价值，才能使其归心组织。

初九,阳爻阳位。古时女子出嫁,妹妹会随从一起嫁人(归妹以娣)。初九在下位为足,又在下卦兑中,兑为毁折。若姐姐死亡,妹妹可以继承婚姻,就好比一条腿受伤,另一条腿也可支持走路一样(跛能履)。姐妹各有其职,如此可以保证婚姻关系的恒久稳定(征吉)。

跛履征吉之领导启示:领导者要能使下属各安其职。组织内部总会有复杂的人事情况,或者怀才不遇而愤愤不平,或者眼红同事而心怀妒忌,领导者要能洞察其心,让他们各安其职。

九二,阳爻阴位。在互卦离(九二、六三、九四)中,离为目,又在下卦兑中,兑为毁折,为目盲之人。却不是全盲,仍是勉强可以看到东西的(眇能视)。因居中位,行事稳妥,善于处理事务,并不影响正常生活,甚至在某些方面会做得更好(利幽人之贞)。

眇视幽人之领导启示:领导者要能量才用人,恰当地安排职位。"尺有所短,寸有所长",合理地安排任务,才能发挥每一个人的优点。相互补充,相互合作,以达到一加一大于二的效果。

六三,阴爻阳位。《史记·天官书》:"须女,贱妾之称。"须女是在织女星之南的一个星座,主妾职。古时嫁女,使人以妾的身份随从出嫁(归妹以须),但妻妾容易不和,不如以妹妹的身份作为陪嫁(反归以娣),因妹妹做娣可以姊妹和睦,保证婚姻的和谐。

须归以娣之领导启示:在做出错误的任命之后,领导者要及时改过。如果之前的任命不能胜任其位,要及时纠正,选择合适的人才。同时,任命相似任务的人才,要保证互相之间有类似的性情,避免发生矛盾。

九四,阳爻阴位。与初九不应,没有相应的阴爻,推迟结婚,以致超过了一般的结婚年龄,成了"大龄剩女"(归妹愆期)。在上卦震中,震为动,为春。古人嫁女多在春天,以喻女子"待价而沽",迟迟不出嫁,是为了等待更好的时机(迟归有时)。

愆期有时之领导启示:在没有找到合适的人才担负重任之前,应该虚位以待,若勉强择人,不当的任命往往会损害组织的利益。领导者应该耐心等待,仔细寻找，终会找到合适的人才。

六五，阴爻阳位。帝乙为纣王之父，是商朝第二十九世君王，他把妹妹嫁给了周王季历。六五为尊位，帝妹位尊而内心柔顺，注重内在美，因而出嫁时反而没有陪嫁之娣衣饰华美（其君之袂，不如其娣之袂良）。以象征出嫁之人德行高尚，不慕虚荣，可以有利于侯国的建设发展，所以有吉。

娣之袂良之领导启示：真正的有才之士，无须外在的修饰，自然会以德服人，得到组织内部的衷心认同。即使位高任重，也不会遭人猜疑妒忌。领导者选贤任能，要有真才实学，才能服众。任命得当，才能使人归心。

上六，阴爻阴位。阴为虚，在上卦震中，震为筐，筐中没有东西。古代成婚祭祖，女的要捧着筐，男的要杀羊取血。此时却筐内空无一物（女承筐无实），杀羊流不出血来（士刲羊无血），是两者不诚之兆，夫妻之间不能真诚相待，祖先定不会福佑他们，因而不好（无攸利）。

承筐无实之领导启示：领导者招揽人才，贵在心灵相应，真诚相交。若只为了一时的利益而勉强结合，互相不会有什么好处，于组织是浪费资源，于人才是虚度光阴。

2004年海底捞入驻京城的时候，很少有人将其放在心上，但在此之后，海底捞的发展却令人刮目相看。连续三年，网上好评前三名中都有海底捞，即使在"淡季"，海底捞平均每天每桌也要"翻三次台"，京城食客趋之若鹜，哪怕要在三伏天等上一两个小时。

最为人津津乐道的，是海底捞一系列"变态"的服务：排队时免费为顾客修指甲、免费上网、棋牌，就餐时提供擦眼睛的布、装手机的塑料袋等。在这精致服务的背后，是海底捞员工的全心付出。

海底捞使员工归心，自有其妙招。海底捞的员工，住的都是城中的正规住宅，空调暖气俱全，有专人打扫，换洗被单；宿舍可以免费上网，皆配电视电话；冬天海底捞专门给员工配发热水袋，甚至会有专人把热水灌进去。此外，海底捞员工春节享受7天带薪年假，子女可到海底捞建的学校就读。这些措施使得员工视公司如家，自然"归妹以娣，跛能履"，各安其职，心无旁骛地工作。

仅仅这些还不够。孟子曾说："食而弗爱，豕交之也；爱而不敬，兽畜之也。"海底捞给员工的，还有尊重和信任。即便是海底捞的普通员工，也拥有为客人免单的权力，此举真正把对员工的信任做到了实处。以诚相待至此，避免了"女承筐无实，士刲羊无血"的后果。

海底捞的服务并不是一条条规定出来的，这种"变态"式的细致服务也不可能通过规定而实现。事实上，这些服务更多是出自员工的积极用心和创造。究其原因，正是海底捞的这种归心式的领导，让员工时刻都会细致用心，带着真诚而富有感染力的笑容，对顾客做出越来越体贴入微的服务（黄铁鹰，2011）。

"帝乙归妹，其君之袂，不如其娣之袂良"，关注员工和服务，舍弃虚浮的装饰，以心换心，海底捞把向心式领导演绎到了极致。海底捞的模式，正是体现了一种"以员工为导向的领导"。

这种领导类型关注两个基本方面：一方面是领导者的支持；另一方面是组织内部的相互促进。换言之，领导者除了在工作上支持员工的工作，还要促进员工内部积极的沟通并设法将各种矛盾最小化。与之相对的一种领导类型是"以工作为导向的领导"：这种领导类型强调组织的目标。领导者将工作目标的实现作为工作中最首要的任务，而不是着眼于员工内部关系的处理。

事实证明，这种以员工为导向的领导模式，更适合于东方，也更适合中国的文化。日本学者威廉·大内（William Ouchi）在比较了日本企业和美国企业的不同的管理特点之后，参照 X 理论和 Y 理论，提出了所谓 Z 理论，将日本的企业文化管理加以归纳。Z 理论强调管理中的文化特性，主要由信任、微妙性和亲密性所组成。根据这种理论，管理者要对员工表示信任，而信任可以激励员工以真诚的态度对待企业、对待同事，为企业忠心耿耿地工作。微妙性是指企业对员工的不同个性的了解，以便根据各自的个性和特长组成最佳搭档或团队，增强劳动率。而亲密性强调个人感情的作用，提倡在员工之间应建立一种亲密和谐的伙伴关系，为了企业的目标而共同努力（Ouchi，1981：82–83）。

X 理论和 Y 理论基本回答了员工管理的基本原则问题，Z 理论将东方国度中的人文感情揉进了管理理论。我们可以将 Z 理论看作是对 X 理论和 Y 理论的一种补充和完善，在员工管理中根据企业的实际状况灵活掌握制度与人性、管制与自觉之间的关系，因地制宜地实施最符合企业利益和员工利益的管理方法。

第八节　家庭式领导之家人卦

找点空闲　找点时间
领着孩子　常回家看看
……

常回家看看　回家看看
哪怕给妈妈刷刷筷子洗洗碗
老人不图儿女为家做多大贡献
一辈子不容易就图个团团圆圆
——《常回家看看》
词：车行　曲：戚建波　演唱：蔡国庆

　　家是漂泊的岸，是避风的港湾，是人们思之念之的温暖。墨子曰：治天下之国若治一家。家庭式领导，就是要让员工把组织当作家来爱护，把组织当作家来奋斗。而要做到这些，首先就要把员工当作家人，培育一个家的环境。

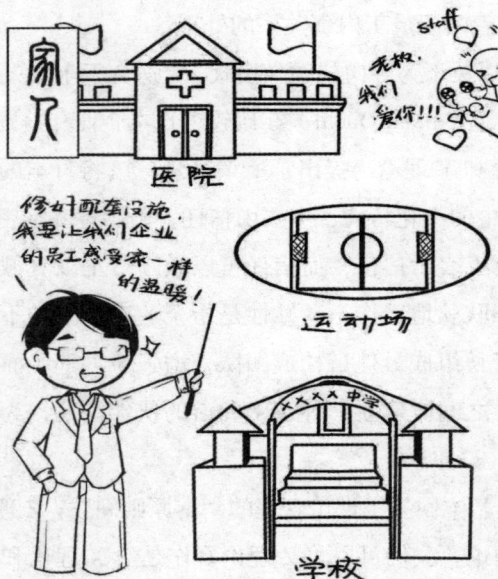

（文佳绘）

第三十七卦 家人　巽上离下　风火（男女正位）　**闲中嗃，富假严**

家人：利女贞。

家人卦。适宜女子正固。

上九：有孚威如，终吉。

■■■■■■ **有孚威严**：有诚信威仪，终究吉祥。

九五：王假（gé）有家，勿恤，吉。

■■■■■■ **王假有家**：君王到家里，不要忧愁，吉祥。

六四：富家，大吉。

■■■ ■■ **富家大吉**：使家庭富有，大吉祥。

九三：家人嗃（hè）嗃，悔厉，吉；妇子嘻嘻，终吝。

■■■■■■ **嗃嗃厉吉**：家人悉怨责怪，虽有麻烦，但吉祥；妇人孩子嬉笑，终有麻烦。

六二：无攸遂，在中馈，贞吉。

■■■ ■■ **中馈贞吉**：无所成就，守家，贞卜吉祥。

初九：闲有家，悔亡。

■■■■■■ **闲家悔亡**：防止家中有疏失，才没有悔恨。

在家人卦中，六二、六四皆阴爻阴位，且在阳爻之内，是女子正位主内之象，又下卦离为中女，上卦巽为长女，成婚而有家，利于女子正固（利女贞）。下卦为内卦，六二为女，在下卦中位。上应九五为男，在上卦中位，上卦为外卦，形象地展示了男主外女主内的家庭秩序。

古时士人的理想是"修身，齐家，治国，平天下"（《大学》）。齐家是其中重要一环，故《象》曰："正家而天下定矣。"如何才能叫齐家呢？"父父、子子、兄兄、弟弟、夫夫、妇妇"，做什么要有什么的样子，各守其位，各司其职，则可家和万事兴。

家人卦之领导启示：家庭式领导的优点在于温情与信任。领导者如慈母严父一般保护与指引人们，哪里还会有不爱戴的呢？然而家庭式的领导没有想象得那么容易。领导者要想使组织处在一种高效状态，须恰当把握恩威的度，这需要高超的智慧与谋略。

初九，阳爻阳位，与六四相应。"国有国法，家有家规"，初九一开始就要设立严明的家规，且得到六四的支持，对家人进行教育，防患于未然，以减少家中的疏失之处（闲有家），如此可以免于悔恨（悔亡）。

闲家悔亡之领导启示：《孝经》有"孝莫大于严父"，领导者要有严格的组织教育，设立组织规则，才能保证内部的和谐。家庭式的领导往往充斥着温情脉脉的关系，但并不代表能够肆意妄为。

六二，阴爻阴位，中正，利于固守妇德（贞吉）。与九五相应，九五为丈夫，能够尊重丈夫的意见，不自作主张（无攸遂）。在互卦坎（六二、九三、六四）中，坎为水，又在下卦离中，离为火，有火上烧水之象。象征六二尽心尽力地料理家中的饮食起居（在中馈）。古人说："国乱思良相，家贫思贤妻。"（《史记·魏世家》）此爻是妇德的完美体现。

中馈贞吉之领导启示：组织内部要有优秀的后勤队伍。在日常生活中，虽然是衣食之类的小事，却能体现出对员工的人情关怀，使员工感受到家庭般的温馨，从而增强员工对组织的忠诚度。

九三，阳爻阳位。治家有过于严格之象。在下卦离中又在互卦坎中，离为目，坎为水，家人受到严厉的训斥而哭泣（家人嗃嗃）。如此虽然会刺伤与家人之间的感情，但"爱之深责之切"，严格家教终会有好处（悔厉吉）。倘若家教宽松，妇人孩子整天嘻嘻哈哈，不守规矩（妇子嘻嘻），最终会乐而生悲，导致无尽的灾吝（终吝）。

嗃嗃厉吉之领导启示：领导者对组织的管理要松紧有度。"业精于勤而荒于嬉"，过于人性化的管理往往导致组织的松懈，降低工作效率。同时过严则近于苛刻，易使组织丧失激情。

六四，阴爻阴位。下应初九，上承九五刚爻，上下和顺一心，又在上卦巽中，巽为近利市三倍，家和万事兴，财源滚滚，可以有吉（富家，大吉）。

富家大吉之领导启示：当组织如家庭般和谐，成功便不期而至。"有诸内者，必形诸外"（《黄帝内经》），内在的和谐，必然会在外部以成就展现出来。领导者要致力于内部的建设，组织的壮大便是意料之中的事了。

九五，阳爻阳位，君王之位，是一家之主。下与六二正应，六二为大夫之位，大夫有家。君王来到家中，至诚感人（王假有家）。在互卦坎之上，坎为加忧，上下和睦，自然不必忧愁（勿恤），吉祥自来。

王假有家之领导启示：最高领导者要经常主动与组织人员接触，以家人的态度关心他们，促成一种相亲相爱的企业文化。最高领导者与基层打成一片，更能提升组织的凝聚力。

上九，阳爻阴位，在全卦之终。在家中地位最尊。阳爻有实，会以诚相待（有孚）。孔子曰："政者正也，子帅以正，孰敢不正？"（《论语·颜渊》）居上而正身有威严（威如），德高望重，家人恭敬，循礼而动，不逾法度，可以有吉（终吉）。

有孚威严之领导启示：领导者要恩威并重，有恩情也要有威严。就好比一家之长，既要能使组织团结在家的温馨之中，又能使组织服从命令，如此才能有强大的执行力。

比亚迪汽车公司总经理王传福虽被业界称为"技术狂人"，但在其领导理念中却丝毫感受不到冰冷的科技气息。相反，在他看来，一家企业应让职工有家的感觉，而作为"企业家长"，需如父母恋儿女一般，对员工付出真诚的关怀。

为塑造"家"的氛围，与员工打成一片，王传福工作时身着制服，按时打卡上班，一如普通员工，正是"王假有家"。他有时比员工还晚走，能让员工切实感受到老总是与他们一起在创造未来。

其次，为构建"家"的文化，王传福拨款兴办图书馆，以及各类技能学习班，甚至亲执教鞭，传授知识。在王传福的鼓励下，为丰富家庭生活，员工还成立了文学社、书画社、艺术团、英语协会等。而为了培育"家"的未来，王传福为职工建起了亚迪幼儿园、亚迪小学，甚至和深圳中学联办建立了亚迪分校。如此"在中馈"，体现了比亚迪对员工的人文关怀，为他们免除了后顾之忧。

最后，为了能够成就"家"的财富，实现"富家，大吉"，王传福许诺其高层管理团队股权奖励，并在公司上市后全部兑现。

通过这一系列行为，比亚迪为员工创造出了一个个小家，从而让每一名员工都能在比亚迪找到自己存在的价值感，体验到家的温馨。"只有当这些小家温暖了，比亚迪这个'大家'才能蒸蒸日上。"王传福如是说（李大千，2011）。

中国的领导，多有家长式的独裁，少有家人式的仁慈。如王传福的"仁慈领导"才能更好地铸就一个家庭式的环境。

仁慈领导指的是领导者对下属的工作和生活予以无微不至的关怀。员工为了回报领导者的恩惠，在工作中可能会为了组织利益牺牲小我，努力达到领导者对自身绩效水平的期望，最终促进团队整体绩效提高。

而台湾大学心理系教授郑伯壎总结的家长式领导，更加全面地概括了"有孚威如"而"大吉"的组织模式。

郑伯壎最早提出家长式领导这一概念，他将其定义为：在人治的氛围下，显现出严明的纪律与强大的权威、父亲般的仁慈及道德廉洁的领导方式。家长式领导在以下条件下易于存在：第一，家族企业。企业所有权在一个家族里，家族内成员为企业领导。第二，所有权与经营权不分。领导者既是企业所有者，又是企业经营者。第三，企业经营环境简单，技术稳定。企业人数不多，权力高度集中于一人。

家长式领导有以下特征：第一，组织层级分明，权力距离大。第二，领导者拥有权威和声誉，被众人认可。第三，领导者会聆听下属观点，修改自己专断的行为。第四，领导者多实施教诲式领导，提高员工的忠诚度。第五，领导者是楷模和导师，员工犹如自己的"孩子"，领导者会关心员工的生活和职业规划（郑伯壎，2000）。这种领导模式显然是东方式的，只要运用得当，自然会返本开新，营造出一片新天地。

第九节　参与式领导之兑卦

鲜花曾告诉我你怎样走过

大地知道你心中的每一个角落

……

星光洒满了所有的童年

风雨走遍了世间的角落

同样的感受给了我们同样的渴望

同样的欢乐给了我们同一首歌

——《同一首歌》

词：陈哲　曲：孟卫东　演唱：蔡国庆

"同样的感受给了我们同样的渴望，同样的欢乐给了我们同一首歌"，对于共同的目标，人总有不同的理解，协商就是为了平衡，如隋唐有三省制度以协调各方。兼顾各方利益的决策，才能行而无阻，行之有效。

（文佳绘）

第五十八卦　兑　兑上兑下　泽（劝勉民众）　**和孚来，商剥光**

兑：亨，利贞。

兑卦。通达，适宜正固。

上六：引兑。

引兑未光：引导大家和睦。

九五：孚于剥，有厉。

孚剥有厉：信任小人，有危险。

九四：商兑未宁，介疾有喜。

商兑未宁：商谈未成，有小病而后好转。

六三：来兑，凶。

来兑之凶：再三取悦，凶。

九二：孚兑，吉，悔亡。

孚兑悔亡：诚信和悦，悔削除。

初九：和兑，吉。

和兑之吉：和睦而悦，吉。

兑卦上下皆兑，兑二阳在下在内，一阴在上在外，刚内而柔外。象征君子行事，外圆而内方，既刚毅中正，又与人为善，可以处世逢源，办事顺利（亨利贞）。兑又为口，为悦，有说服百姓，使人心悦诚服之意。内可以养民富国，外可以争战御侮，顺天应人，国运不衰。

孔子曰："有朋自远方来，不亦说乎？"（《论语·学而》）兑卦又有朋友相交相悦的意思。孔颖达议此卦说："朋友聚居，讲习道义，相说（悦）之盛，莫过于此也。"（《周易正义》）独学而无友，则孤陋而寡闻，知己难遇，学而有同道之人，酌清酒，抚五弦，畅谈天地大义，共销万古愁绪，此诚君子之至乐也。

兑卦之领导启示："言，心声也"，领导者要注重与不同人的沟通交流。与人言语本身就是协商的过程，各言心声。领导者的包容与真诚可以团结众人，使协商有令人愉悦的结果。同时领导者也要防范虚伪的人，以免与其协商影响对组织事务的正确判断。

初九，阳爻阳位。在兑中，兑为口，上下兑有相互和鸣之意。遇有快乐的事情，与人分享，一同喜悦（和兑）。温馨而和睦，不孤闭自封，如此便乐而有吉，行事有利。

和兑之吉之领导启示：领导者无论对于合作者还是组织人员，都应当真诚相交，把手言欢。所谓"和气生财"，与人愉悦的交往是良好共事的开端。

九二，阳爻阴位。阳而有实，有诚有信，与九五不应，会有悔恨。然因诚信而获得的愉悦是相当稳固的（孚兑），内心恳切，虽有外物阻隔，也可免于悔恨（悔无）。

孚兑悔亡之领导启示：《左传》"志以定言"，领导者与人言语相交，更重要的是志趣的交流。志趣相投，便可相与为谋，纵然不能共创事业，得一佳友，亦足以为乐事。

六三，阴爻阳位，位不正。又乘刚，为小人。小人之悦，多由巴结奉承，阿意献媚得来，故意讨人欢心以谋取不当的利益（来兑）。这样做或许会有小利，但小聪明不过是愚蠢的别称，从长远看，如此进取无望，必有凶险。

来兑之凶之领导启示：孔子言"巧言令色，鲜仁矣"（《论语·学而》）。虚伪之言，必为不义之事。领导者与人交流，要时刻保持警惕，避免结交虚伪的人，避免轻信人言而陷于困苦之中。

九四，阳爻阴位。上下皆为兑卦，兑为口，故有商谈之象，九四在上下交接处，有动摇之态，预示协商还没有取得成果（商兑未宁）。因为位不正，会有小的疾病疏漏之处，但在兑中，终会转危为喜（介疾有喜）。

商兑未宁之领导启示：领导者与人协商，要注重说话技巧，圆滑处世，"买卖不成仁义在"，即使商议不成，也不能与人交恶。要与其建立信任关系，使其成为未来潜在的合作者。

九五，阳爻阳位。与上六阴阳邻比，上六处全卦之极，有剥退消亡之象，九五受到上六将衰之人的诱惑腐蚀（孚于剥），处境危险（有厉）。

孚剥有厉之领导启示："亲贤臣，远小人"是领导者不变的准则。然而"忠言逆耳"，小人的谄媚之言却令人愉悦，领导者要清醒辨别，谨防陷入小人用糖衣炮弹编织的陷阱之中。

上六，阴爻阴位。在全卦之终，即将衰退，此时已难以自得欢愉，只好牵引着九五，由九五而得快乐（引兑）。然而虽有欢愉，终究是心有所私，非君子之行，于道德上略逊一筹。

引兑未光之领导启示：领导者要有娴熟的言语技巧，言传身教，让民众保持欢愉状态的同时，能够发自内心地接受领导者的政策主张，与组织的发展保持一致，同心协力促进组织的发展。

特斯拉（Tesla Motor）正在成为电动汽车行业的颠覆者。为了完成绿色交通的使命，特斯拉首先要为人才提供施展的平台和空间，创造独特的企业环境和文化氛围，让优秀人才能够充满激情、高效地工作。

特斯拉提倡扁平化的组织结构。在特斯拉，工程师团队的阶级基本不存在，所有人都在开放的环境中工作，大家可以自由走动，自由交流，甚至 CEO 埃隆·马斯克（Elon Musk）的桌子也完全开放。打破公司的阶级使得员工之间的交谈更加直接，"和兑"而利于信息的交流分享。

此外，特斯拉还尽可能减少员工的汇报层级，鼓励员工积极联系同事，以确保最大效率解决问题。在特斯拉，一线员工离马斯克之间通常只有四级。这样的组织结构可以达到"商兑未宁，介疾有喜"的效果，员工即使商议不成，也能够从团队的合作交流中学到知识和经验，迅速获得成长。

公司扁平自由的领导模式，赋予了员工极大的权力和自信，"孚兑"使得特斯拉的员工永远是激情饱满。团队成员之间互助扶持，协心戮力，开创未来。兑为口，有对话协商之意。特斯拉公司自由的组织环境，为充分地协商创造了良好的条件。这样的领导方式，又叫作"参与式领导"。

参与式领导的组织致力于让员工参与到组织管理和建设的过程中，参与式领导就是领导者通过施行员工提案制度、制度参与计划和质量圈，为下属提供更大的工作自主权，更多地关心、影响、支持、信息和其他资源来促进下属参与，并通过在决策前征询下属意见，来与下属共享信息和观点的一系列领导行为，这样可以激发员工参与组织活动的动力，使员工的参与度有所提高（Xu Huang, etc., 2010）。

第六章　顺势领导策略

第一节　去除虚妄之无妄卦

一个枉自嗟呀

一个空劳牵挂

一个是水中月

一个是镜中花

想眼中能有多少泪珠儿

怎禁得秋流到冬尽　春流到夏

——《枉凝眉》

词：曹雪芹　曲：王立平　演唱：陈力

　　生命中的许多光阴，都被虚妄无用的事情浪费掉了，有的是枉自嗟呀，有的是空劳牵挂。然而辨别虚妄不是一件容易的事，随着时代的变化，成功者为愿景，失败者为虚妄，而历史则是个狡猾的裁判。若宝玉生在当代，其不羁的愿望或许就会被广为称道了。

顾天下女人

各得其情

各遂其欲

（赵洁绘）

第二十五卦　无妄　乾上震下　天雷（物与无妄）　**往耕牛，贞药妄**

无妄：元，亨，利，贞。其匪正有眚，不利有攸往。

无妄卦。最为通达，适宜正固，如果不守正就会有灾难，不适宜有所前往。

上九：无妄，行有眚，无攸利。

无妄有眚：不要妄为，行动则有灾，无所利。

九五：无妄之疾，勿药有喜。

勿药有喜：意外疾病，不必用药自愈之喜。

九四：可贞，无咎。

可贞无咎：可以守正，无灾。

六三：无妄之灾，或系之牛，行人之得，邑人之灾。

系牛之灾：意想不到的灾害，有人拴住牛，牛被行人牵走，行人被村人冤枉。

六二：不耕获，不菑（zī）畬（yú），则利有攸往。

不耕不菑：不耕即获，不垦即有熟田，利于有所往。

初九：无妄，往吉。

无妄往吉：不妄为，前往有吉。

无妄，是不虚妄，不乱来。卦中九五在乾卦中居天位，下应六二，上下同心，行事一致，可以亨通有利（元亨利贞）。乾上震下，天雷滚滚，古人认为上天如此是要惩治邪恶，不循正道的人和事就要遭受惩罚（其匪正有眚）。人非圣贤，孰能无过，天之所罚，无处不在。《杂卦》说："无妄，灾也。"无妄之灾，便是没有大的恶行，却也受了灾，因此不宜有所行动（不利有攸往）。

古时圣王治国，亦有天灾人祸，君子所能做的，便是要顺天承命，谨慎行事，以保育万物众生。

无妄卦之领导启示：领导者不能虚妄，要去伪存真，脚踏实地，稳固地进步。领导者要有清楚的判断，不躁进不盲动，铸就一个团结有序的组织，如此才能防止灾害发生。但同时领导者也要保持机警的态度，防微杜渐，遇到好的时机要大胆出击，不能耽于安逸。

初九，阳爻阳位，在下卦震中，震为动。阳而有实，没有虚妄（无妄），可以行动有吉（往吉）。

无妄往吉之领导启示：领导者行事要心志坚定，实事求是。领导者对下属的行为有导向作用，稍有虚妄，下属必加倍应之。因此，领导者不可懈怠，必须慎终如始，脚踏实地。

六二，阴爻阴位。与九五正应，九五在互卦巽（六三、九四、九五）中，巽为近利市三倍，九五高位之人会施舍财富给六二，使其不耕种而有收获（不耕获），不开垦而有熟地（不菑畲），因而利于有所前往（利有攸往）。然能够不劳而获的事情，终究是少之又少，更会增加人的懒惰之心。

不耕不畲之领导启示：领导者要立足现实，对事业的发展不能有非分之想。不妄为并不是不作为，孔子"饱食终日，无所用心，难矣哉"（《论语·阳货》），如果整日妄想不劳而获，是不会有好的结果的。

六三，阴爻阳位，位不正。在下卦震中，震为行人，在互卦艮（六二、六三、九四）中，艮为手，又在互卦巽（六三、九四、九五）中，巽为绳。这是一个形象描述无妄之灾的事例：有人在村口拴了头牛（或系之牛），路过的行人顺手牵走（行人之得），牛的主人便怀疑是村里的人所偷（邑人之灾）。村人受到不明不白的指控，即是无妄之灾。

系牛之灾之领导启示：无妄之灾往往源于领导者的麻痹大意，疏于细节。不妄为是消极之为，应积极警惕组织出现的种种征兆。孔子"几者，动之微，吉凶之先见者也。君子见几而作，不俟终日"（《周易·系辞下》），领导者要能敏感地辨别出组织出现的细微不良征兆，防止发生大的灾祸。

九四，阳爻阴位。下乘六三阴爻，上比九五至尊，下有所应上有依靠，又在互卦艮（六二、六三、九四）中，艮为止，有利于正固不动（可贞），安守本位，可以无灾（无咎）。

可贞无咎之领导启示：虽然经历了无妄之灾，领导者却不能动摇心态，要明白飞来横祸只是偶尔有之，保持自身的谨慎稳重才是长久之道。

九五，阳爻阳位，处尊位，下与六二正应，虽行事中正有度，却也不免遭受无妄之灾，身患疾病（无妄之疾）。此时不必过分担心，也不用吃药，身体自会调节痊愈（勿药有喜）。

勿药有喜之领导启示：去虚求实，建立起良好的内部秩序，就好比给了组织强大的自愈系统。即使组织出现了问题，领导者也不必担忧，只要保证组织内部的稳定和谐，问题自会消失。

上九，阳爻阴位，处穷极之位，不可妄动。妄动有灾（行有眚，无攸利）。《象》曰："对时育万物。"待时而动，顺时而行，才可以养物自然。

无妄有眚之领导启示：过于沉浸于无妄所带来的安逸之中，便会丧失前进的动力，止步不前。兵法"凡战者，以正合，以奇胜"（《孙子兵法·势篇》），中行无妄为正，进取为奇。领导者若只懂得守正，不懂得进取，便很难有所成就。

自 1981 年接手通用电气（GE）后的 20 年间，杰克·韦尔奇（Jack Welch）成功将一个弥漫着官僚主义气息的公司，打造成了一个充满朝气、富有生机的企业巨头。韦尔奇出众的功绩使得他多次被评为"世界最佳 CEO"，成为全球经理人的偶像。

韦尔奇接手通用时，公司臃肿不堪，有 40 多万雇员，由 25 000 多名经理（其中130 多人拥有副总裁或副总裁以上的头衔）管理，产品和服务渗透到美国经济的方方面面，从烤面包机到发电厂，几乎无所不包。当时通用可谓是一艘疲敝不堪的超级油轮，充斥着"不耕获，不菑畬"的腐败堕落气息。

为了减少公司的虚妄无用业务，韦尔奇进行了"数一数二"的淘汰弱势业务的战略，即只有在本行业处于领先地位的业务，才能存活。那些处于行业边缘，业绩不好，或者市场前景黯淡，不具备战略价值的企业，都要被整顿、出售或者关闭。

可想而知，人们对这改革措施的反应异常激烈，被整顿关闭的部门员工奋起反抗，工会和政府也多有怨言。但这并没有动摇韦尔奇的决心，他明白"无妄，往吉"，只有去除这些虚妄没落的业务，公司才能浴火重生。

事实证明，韦尔奇的"数一数二"战略取得了巨大的成功。2001 年 9 月他退休时，通用电气的市值已从 20 年前上任时的 140 亿美元飙升到 5 750 亿美元，且拥有 12个事业部门在各自行业内数一数二，是上任时的 4 倍（叶光森、刘红强，2009：

25–37）。

在一个组织，一个社会中，因为人们普遍的惰性和投机取巧心理，会出现"劣币驱逐良币"的现象。劣币驱逐良币（bad money drives out good）是指当一个国家同时流通两种实际价值不同而法定比价不变的货币时，实际价值高的货币（良币）必然要被熔化、收藏或输出而退出流通领域，而实际价值低的货币（劣币）反而充斥市场。

就通用公司而言，当企业不断变得臃肿庞大，就会出现许多管理上的"空白"，产生一部分的"劣质员工"。美国教育心理学家杰考白·库宁（Jacob Kounin）指出，当一群人看到有人破坏组织规则，而未见对这种不良行为的及时处理，就会模仿破坏规则的行为，这就叫作"涟漪效应"（Kounin, 1958: 158–162）。这种涟漪效应会随着时间的推移不断扩大，虚妄不断加深，进而腐蚀整个组织。

韦尔奇正是看到了这种情况的危害，"其匪正有眚"，便以钢铁般的决心，去除组织内的虚妄，造就了通用的辉煌。

第二节　过越行动之大过卦

速度七十迈

心情是自由自在

希望终点是爱琴海

……

随风奔跑自由是方向

追逐雷和闪电的力量

把浩瀚的海洋装进我胸膛

即使再小的帆也能远航

——《奔跑》

词曲：羽泉、黄征　演唱：羽泉、黄征

《奔跑》旋律激昂，动人心弦，饱含着对理想的渴望，想要大踏步前进的勇气和决心。事业的积累是漫长而艰辛的，而时势又是瞬息万变，有时需要领导者把握时机，拼力一搏，进行跨越式的发展。

（赵洁绘）

第二十八卦　大过　兑上巽下　泽风（大有过越）　**白稊桄，隆华淹**

大过：栋桡（náo），利有攸往，亨。

大过卦。栋梁弯曲，适宜有所前往，通达。

上六：过涉灭顶，凶，无咎。

■■ ■■ 过涉淹顶：过淹到头顶的河，凶，但没有危险。

九五：枯杨生华，老妇得其士夫，无咎无誉。

■■■■■ 枯杨生华：枯萎的杨树生花，老妇得少男为夫，无灾无誉。

九四：栋隆，吉，有它吝。

■■■■■ 栋隆吉吝：栋梁隆起，吉祥，有其他的不足。

九三：栋桡，凶。

■■■■■ 栋桡之凶：栋梁桡曲，有凶险。

九二：枯杨生稊（tí），老夫得其女妻，无不利。

■■■■■ 枯杨生稊：枯萎的杨树生芽，老夫得少女为妻，没有不利。

初六：藉用白茅，无咎。

■■ ■■ 白茅无咎：用白茅衬垫，无灾。

《杂卦》说："大过，颠也。"因过分而有颠覆之患。卦中上下为阴，中间为阳，好比栋梁两头柔弱，中间结实，经不起重压而弯曲（栋桡）。上卦兑为悦，下卦巽为顺，柔顺而喜悦，适宜有所行动（利有攸往）。

于国家而言，栋梁弯曲，又有泽水淹没树木之象，是国之将亡，积弊而危。此时大丈夫当临危受命，力挽时局，"独立不惧"。如果大势已去，回天乏术，也不可沉沉自哀，"邦无道则隐"，遁世隐居，亦不失君子操守。

大过卦之领导启示：此卦讲领导者要有雄心与气魄。组织经过一段时间的平稳发展，往往会变得墨守成规，平庸沉寂。领导者要有胆识进行大的举措，以鼓动人心，激发组织活力，进而突破发展的瓶颈。同时领导者也要刚柔相济，巧施谋略，稳妥地实现目标。

初六，阴爻阳位，在下卦巽中。巽为木，为白。在初位，是用来垫衬祭物的白茅（藉用白茅）。白茅柔软，洁净无污，以表达对神灵的恭敬之心。其敬如此，何可咎哉？（无咎）

白茅无咎之领导启示：领导者在采取大的行动前，要保持一种谨慎的态度。《左传》"慎始而敬终，终不以困"，领导者要做好各项评估，尽可能地减少风险，增加成功的可能性。

九二，阳爻阴位，在巽中位，为木。下与初六比邻，阴阳相吸，有婚娶之象。好比枯老的杨树长出了新芽（枯杨生稊），年老的汉子娶了年轻女子（老夫得其女妻），仍可生育。有绝处逢生，生生不息之意。在互卦乾中，行而有利（无不利）。

枯杨生稊之领导启示：领导者要适时进行大刀阔斧的改革，引进创新的力量，使组织重新焕发活力，实现长足的进步。组织长期的安颐，会产生极大的惰性，此时要"大有过越"，采取过越的行动，突破旧的观念，为组织注入新鲜的血液。

九三，阳爻阳位，过于刚硬。在全卦中位，是栋梁弯曲的关键所在（栋桡）。在下卦，向下弯曲，房屋或会因此而坍塌，没有好的结果（凶）。九三居栋梁而任重，然刚愎自用，容易导致上下不和，终致倾覆。

栋桡之凶之领导启示：古语有"峣峣者易折，皎皎者易污"，领导者在采取过越式的行动的时候，要把握分寸，如果过于激进，急功近利，就会造成不可估量的恶果。

九四，阳爻阴位。在上卦中，下又有初六正应支撑，栋梁会从中间向上隆起（栋隆），内柔而有所调和，可以经受住压力（吉），房屋不会有大的危险。但其他诸爻羸弱，不堪重负，会连累到九四（由它吝）。

栋隆吉吝之领导启示：领导者要注重行动的策略，改革而不要革命。老子有言，"以天下之至柔，驰骋天下之至坚"，领导者在实现大的目标的时候，要采取柔和平稳的措施，"事缓则圆"，稳步推进，才不会有疏漏之处。

九五，阳爻阳位。与上六相比，上六处极位，为老衰之象。好比枯老的杨树开了花（枯杨生华），年老的妇人嫁给了壮年男子（老妇得其士夫）。枯杨开花，不会结果，老妇再嫁，也不会再生儿育女，华而不实，虽不是大的错误，也没什么值得称赞的（无咎无誉）。居尊位而为无益之事，粉饰门面，徒劳伤财。

枯杨生华之领导启示：不恰当的过越，虽然也可能会取得成绩，但华而不实，没有实际的作用。领导者要能够认识到组织的核心问题所在，如果只解决表面问题，不过是隔靴搔痒，劳民伤财。

上六，阴爻阴位。在全卦上爻，为头。在泽水中，有泽水淹过了头顶之象（过涉灭顶）。时势已然如此，上六位正，仍是要涉险渡河，欲挽狂澜，有"知其不可为而为之"（《论语·宪问》）的豪气，精神可嘉，感人深切，无可苛责（无咎）。

过涉淹顶之领导启示：有一种过越行为，符合道义，却困难重重。孟子言"自反而缩，虽千万人吾往矣"（《孟子·公孙丑上》）。面对组织出现的巨大困难，领导者要有一种"吾曹不出如苍生何"的气魄，受命于危难，勇担大任，即使失败，亦无愧于人民，更可以鼓励后进者，假以时日，必能成功。

1971 年诞生的三星电子，在 2004 年销售额已达 496 亿美元，比晚其十年诞生的 TCL 大了十倍不止。TCL 总裁李东生看到这个数据，默然无言，他明白，TCL 虽然在国内电子信息业排第三位，但在世界市场中，不过只是一个小小的山头。

李东生的理想，是要创建世界级的企业。当海尔、联想小心翼翼地在海外树立品牌形象、一步步打开市场缺口的时候，TCL 选择了通过合纵连横进行快速扩张和布局。这条道路上不是没有成功的先例，但更多的是白骨累累，"栋桡"而凶。

李东生的哲学是"企业大不一定强，但是，不大一定不强"。他的目标是，到 2010 年，把 TCL 变成一个年销售收入超过 1 500 亿元的世界级企业。为了这个目标，李东生每周工作至少 50 个小时，而他的 3 万名员工自愿在法定的 5 天工作日外再增加半天，可谓是"藉用白茅"，上下同心。

尽管 TCL 过去一直表现傲然，执中国家电业牛耳。但如此过越的行动，仍要注意谨慎推进，每一步都要力求稳健，避免"过涉灭顶"的后果。在外表来看，他的确是一位静悄悄的革命者。在 TCL 惠州总部大楼里，悬挂着李东生亲自题写的使命宣言，最后一句是：历史是由那些充分利用他们时代的机会不断进行变革创新的人们写的（王辉，2008）。

TCL 的跨越发展，是李东生"战略领导"（strategic leadership）的展现。在领导学中，战略领导指的是预测和设定未来愿景的能力，领导者保持灵活性，进行战略性思考，积极推动组织的变革，从而为组织在未来的愿景赢得竞争力。战略领导的影响是分层次的，可能对引领组织未来发展的愿景产生影响，也可能是组织使命、战略，以及整个执行体系，这种影响力由于受到各种要素的影响依次增加（Finkelstein，2009）。

虽"利有攸往"，可以进行过越的行动，一展宏图，但仍要警惕"藉用白茅"，非诚心不足以甘心竭力，不足以成就大业。在跨越发展的过程中，若不能做到组织的团结一致，倒不如谨慎发展为好。

第三节　防止冒进之大壮卦

谁的江山　马蹄声狂乱

我一身的戎装　呼啸沧桑

天微微亮　你轻声地叹

一夜惆怅　如此委婉

菊花残　满地伤

你的笑容已泛黄

花落人断肠　我心事静静躺

——《菊花台》

词：方文山　曲：周杰伦　演唱：周杰伦

一曲《菊花台》，唱出了电影《满城尽带黄金甲》中贸然进兵失败的凄凉哀婉。一般青年人事业有成，血气方刚，总有不可一世的傲气，因而容易冒进，想要再创一番成就。但巨人大厦的前鉴未远，能不慎乎？

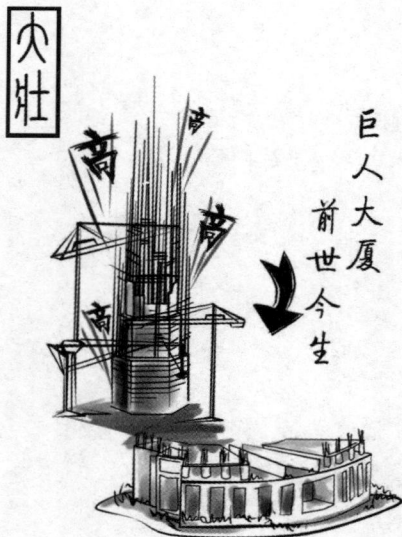

（赵洁绘）

第三十四卦　大壮　震上乾下　雷天（非礼勿履）　**趾贞小，羸丧艰**

大壮：利贞。

大壮卦。适宜正固。

上六：羝羊触藩，不能退，不能遂，无攸利，艰则吉。

触藩艰吉： 壮羊触于藩篱，不能退，也不能进，能艰忍则吉。

六五：丧羊于易，无悔。

丧羊于易： 田边地头上丢了羊，无所悔恨。

九四：贞吉，悔亡。藩决不羸，壮于大舆之輹（fù）。

藩决不羸： 贞卜，无悔，藩篱已破，像大车车轴一样强壮。

九三：小人用壮，君子用罔，贞厉。羝（dī）羊触藩，羸（léi）其角。

小人用壮： 小人壮旺，君子不用，占事危险，壮羊触于藩篱，挂到角。

九二：贞吉。

中而贞吉： 占卜吉。

初九：壮于趾，征凶，有孚。

壮趾征凶： 足趾强壮，行动有凶险，但尚有诚信。

大壮卦中，阳长阴消，阳有四爻，阴有两爻，阳刚为大，阳爻多余阴爻为大。上卦为震，为动，下卦为乾，有刚健之德，行动刚健，为壮盛之象，故合而卦名为大壮。阳刚强势，为君子渐长，小人渐息，有利于固守正道（利贞）。

《杂卦》说："大壮则止。"凡物之性，发展到一定程度，骄奢怠惰之心便生，因此要及时警醒，防止壮盛而衰。孔子云"泰而不骄"（《论语·尧曰》），"富而好礼"（《论语·学而》）；老子云"知其雄守其雌"，皆是要居安思危，不可固守盛壮以致衰败。君子之德，要始终如一，不可因外在条件的好坏而有所动摇。孟子曰："无恒产而有恒心者，惟士为能"（《孟子·梁惠王上》）。"非礼勿履"，最是可贵。

大壮卦之领导启示：壮胜易凌人，易狂妄。组织发展强盛，领导者往往容易滋生刚愎自用，自以为是的心理。由此而滥用权力，产生许多冒进不当的举措，以致与基层产生摩擦，故下敢犯上，灾祸迭生。领导者要心怀谨慎，不冒进，一如既往地行正道，防止盛极而衰。

初九，阳爻阳位，位在最下，为脚趾（壮于趾）。阳爻为实，实而有信（有孚）。大壮卦阳刚已盛，到了该要收敛的时候了，但初九仍轻柔冒进，因而会有凶祸（征凶）。

壮趾征凶之领导启示："高必以下为基"（《老子》），保持基层组织的稳定至关重要。与基层组织产生了矛盾，领导者要能够放下面子，缓和强势的态度，争取与他们达成共识，采取适当措施重新与其建立信任关系。

九二，阳爻阴位，上应六五，皆在中位，上下同心，都行事中庸得当，没有躁进的行为，可以正固有吉（贞吉）。

中而贞吉之领导启示：领导者即使取得了成就，也不能随意妄为。持中守正保持本色，谦逊待人，才能维持组织的稳定。

九三，阳爻阳位，在下卦乾的上位，刚健有力，应于上六，上六阴爻为小人，小人易有乖悖之行，遇到问题时恃力强悍（小人用壮）。君子则相反，克己守正，理智应对（君子用罔）。九三上下皆为刚爻，可谓强强相遇，在互卦兑（九三、九四、六五）中，兑为羊，就如大角公羊顶撞藩篱一样（羝羊触藩），挂到了羊角（羸其角）。凡行事，不可以恃壮轻举，不然会两败俱伤。

小人用壮之领导启示：《管子》有言，"上好勇，则民轻死"。上残则下暴，基层的反抗往往是领导者的残酷行为所导致的。此爻告诫领导者，做事不能强悍冒进，要适可而止，广布信任以团结组织。不然等到"仁义不施，而攻守之势异"的时候，就为时已晚。

九四，阳爻阴位，是全卦的主爻，引领在下的三个阳爻，壮大上长，势不可挡。阳为君子，坚守君子之道会有吉利，懊恼也会消失（贞吉，悔亡）。九四阳刚之势可以冲破藩篱，摆脱束缚（藩决不羸），就像大车有强健的车轴一样（壮于大舆之輹），势如破竹，要把阴爻小人扫荡殆尽。

藩决不羸之领导启示：老子言"兵者，不详之器，非君子之器，不得已而为之"。如果组织遇到了困难，领导者要以大局为重，顺道而行，即使会损害部分人的利益，也要采取强悍的措施，维持组织的正常运转。如果为了小利而任其发展，会有灾难性的后果。

六五，阴爻阳位。"易"为边界之意。六五在互卦兑（九三、九四、六五）中，兑为羊，且六五在刚爻上长时首当其冲，九四羊冲破藩篱而出，六五便有失羊之象（丧羊于易）。六五位中，且与九二相应，行事稳重，顺应时势天命，因而可以消除悔恨（无悔）。后世楚王的"楚人之弓，楚人得之"，孔子的"人遗弓，人得之"（《孔子家语·好生》），与此处的跑掉羊依然保持"无悔"的心理，应该有着源流关系。

丧羊于易之领导启示：领导者用强冒进，已经导致组织的利益受损，甚至组织内部有失望而退出者。领导者不应强留，要看到本质，人心的分崩离析才最可怕，应当维持内部的稳定与信任，不要向外寻求，如此，才能"无悔"。

上六，阴爻阴位。在全卦最后，向上已进无可进，向下则有阳爻进逼，就像羊角缠绕在了藩篱之上一样（羝羊触藩），进不能进，退不能退（不能退，不能遂）。然上六位正，又与九三相应，若能认清时势，坚贞自守，还是会得到吉祥（艰则吉）。

触藩艰吉之领导启示："强弩之末，不可以穿鲁缟"（《史记·韩长孺列传》），实力渐弱，领导者如果还是一味逞强，不免陷入进退两难的尴尬境地。

1989年，史玉柱带着东挪西凑的4 000元钱"下海"，几年后创立了巨人高科技集团；1994年，他当选为"中国十大改革风云人物"；1995年美国《福布斯》杂志把史玉柱列为中国大陆20名富翁的第8位，且是仅有的以高科技起家的企业家。

然而好景不长，在经历了高速发展之后，到了1996年底，史玉柱的事业却濒临崩溃的边缘。何以至此？我们可从史玉柱的性格上窥出些端倪。史玉柱不善交际，作风独裁，行事急于冒进而不知守业，此之谓"壮于趾"。别人用三年打开市场，他只需要三个月，但之后，史玉柱就厌倦而转移兴趣，把这成绩抛之脑后。他的独裁作风使得公司人才只如木偶般被他操控，英雄无用武之地，虽有高薪，却难留人心，人才失望，分崩离析，"丧羊于易"，这可谓是史玉柱失败的内部原因。

直接引起巨人集团财务危机的原因有二：其一便是"巨人大厦"的狂热上马。1992年，史玉柱计划盖18层大厦，作为办公楼。1993年看到位置好，他就决定加高为54层，做地产开发；此后，为赶超63层的全国最高建筑，楼高又改为了70层。大厦的预算也因此增加到了 12 亿元，工期延长到 6 年。随着施工不断出现地质问题，国内债主闻风而动，纷至沓来，法院冻结资产，新闻大肆报道。霎时间，千夫所指，巨人集团分崩离析。史玉柱后来承认，兴建巨人大厦是自己一时脑热，"小人用壮"的结果。

其二是生物工程的盲目推进。生物工程在 1994—1996 年异军突起，许多企业因此暴发横财。史玉柱也跟风而上，使其成了巨人集团第二大支柱产业。然而，史玉柱在这方面的知识是欠缺的，而且管理混乱，加之生物工程热潮减退，此项目的子公司康元公司遂全面亏损。史玉柱本想从康元抽调资金以支持大厦的兴建，却不料"羝羊触藩，羸其角"，使得整个集团资金枯竭，最终陷入失败之境（庄汉山、张慧，2000）。

史玉柱的狂妄冒进、恃壮轻举，正违背了"大壮卦"防止冒进之意，进退不得，甚至于失败。虽然巨人集团经历过一段辉煌，但这种辉煌却是不值得赞赏的，史玉柱的形象在领导学中被称为"'皮洛士式'的胜利者"。所谓"'皮洛士式'的胜利者"是指付出极高代价才取得的胜利。皮洛士是伊皮鲁斯国王，公元前 280 年，他曾率军队在意大利登陆，介入迦太基和古罗马战争。在作战中，皮洛士多次击败当时强大的古罗马军队，但己方也付出了非常高昂的代价。在追求愿景的过程中，领导者可能被愿景驱使，以至于忽略了实现战略目标所付出的高昂代价。野心和对必须资源的错估，可能将领导者导向"'皮洛士式'的胜利者"。这种胜利，即便取得一时的胜利，也只是惨胜，实堪殷鉴。

第四节 鼓励进取之晋卦

金梭和银梭日夜在穿梭

时光如流水督促你和我

年轻人别消磨

珍惜今天好日月好日月

金梭和银梭匆匆眼前过

光阴快如箭提醒你和我

年轻人快发奋

黄金时代莫错过莫错过

——《金梭和银梭》

词：李幼蓉 曲：金凤浩 演唱：朱逢博

这首歌在 20 世纪 80 年代激励了一大批有志青年。"花开堪折直须折，莫待无花空折枝"（《金缕衣》），鼓励进取，是对年轻人的期许。保持这一份昂扬斗志，不仅是为了名利，更是对自我生命的负责。

（赵洁绘）

第三十五卦　晋　离上坤下　火地（大明柔进）　　**摧愁允，鼫恤尖**

晋：康侯用锡马蕃庶，昼日三接。

晋卦。安邦的诸侯受赏众多车马，一日之内获天子接见三次。

上九：晋其角，维用伐邑，厉吉，无咎，贞吝。

晋尖伐邑：晋升到顶点，只能征伐小国建功，虽有危险，但终于吉祥，无碍，有小困难。

六五：悔亡，失得勿恤，往吉，无不利。

失得勿恤：悔恨消失，得与失不要忧虑，前往有吉，无所不利。

九四：晋如鼫（shí）鼠，贞厉。

晋鼫贞厉：晋升时如硕鼠胆小无能，贞卜有麻烦。

六三：众允，悔亡。

众允悔亡：众人信任，无悔恨。

六二：晋如愁如，贞吉。受兹介福，于其王母。

晋愁贞吉：也升也忧愁，贞卜吉祥，从祖母那里接受洪福。

初六：晋如摧如，贞吉。罔孚，裕无咎。

晋摧贞吉：升降进退，贞卜吉，不受信任，但因宽容，故无灾。

古时天子会赐诸侯良马战车，让其繁殖训练，以作为防卫戎狄之用。秦国祖先伯翳便因此而裂土受封。此卦便是讲安邦的诸侯受赏车马，繁庶有功（康侯用锡马蕃庶）。晋卦又有日出于地之象，《杂卦》说："晋，昼也"，即是一天。"三接"为天子接见诸侯的礼节。有功的诸侯在一天内受到天子三次接见（昼日三接），可见恩宠有加，有加官进爵之意。

晋卦上离下坤，光明渐升，坤为厚德之君子，为柔。象征谦谦君子柔进上行，进取而不凌人。《象》曰："君子以自昭明德。"君子让自己的光明德行显露出来，是为了以德服人，教化百姓。《大学》曰："大学之道，在明明德，在亲民，在止于至善。"即是如此。

晋卦之领导启示：领导者要有进取之心，顺势而为。不仅要有不懈的努力来克服困难，也要有和顺的态度来处理好组织内部的关系。同时领导者也要明白"知足不辱，知止不殆"（《老子》）的道理，事业达到一定地步的时候，及时止步，功遂身退，以免过犹不及。

初六，阴爻阳位，刚开始起步，便要急着向前。但是实力不足，且前有互卦艮（六二、六三、九四）阻挡，前进不得（晋如摧如），不如老老实实呆着，静待时机（贞吉）。又与九四相应，但九四在互卦艮的主爻，艮是止，两者的信任还不够（罔孚），却也没什么大的问题（无咎）。

晋摧贞吉之领导启示：领导者要有坚韧不拔的精神，努力进取，创造晋升的机会。进取之路，阻力重重，领导者要强力努行，以待晋升。

六二，阴爻阴位。前临互坎（六三、九四、六五），坎为加忧。虽六二也想前进，却有忧愁（晋如愁如）。但因位中且正，在下卦坤中，有"柔进"之意，正固有吉（贞吉）。上虽然不应九五，但因位置好，可以受到九五王母的恩泽（受兹介福，于其王母）。

晋愁贞吉之领导启示：领导者勤勤恳恳，做好本职工作，不越位，坚韧而顺从，定会得到上级的赏识。锋芒毕露，是不会得到上级的好感的。

六三，阴爻阳位，在坤的上爻，坤为众，下有两个阴爻跟随前进（众允），上临离卦，离为光明。虽然因居位不正而有悔，但前进可得光明，悔恨终会消除（悔亡）。

众允悔亡之领导启示：领导者若想晋升，必须与下属和同事搞好关系，得到他们的支持与信赖，晋升之路会顺利许多。

九四，阳爻阴位，在互卦艮中，艮为鼠，底下有三个阴爻进逼，很危险。且在上卦离中，离为光明，鼠不宜白天活动，因而正固不动会有危厉（晋如鼫鼠，贞厉）。

晋鼫贞厉之领导启示：为了晋升而投机取巧，不择手段是领导者所不耻的。晋升贵在服众，是为了给组织创造更大的价值。另外，晋升过快，也难以处理好各方面的关系。领导者要切忌浮华，为了个人利益而谋求晋升，终受其害。

六五，阴爻阳位。在互卦坎中，坎为加忧。但六五已至尊位，柔而中行，悔恨可以消除（悔亡），不必顾虑得失（失得勿恤）。前往有吉，可以实现加官进爵之事，没有什么不利（往吉，无不利）。

失得勿恤之领导启示："大行不顾细谨，大礼不辞小让"（《史记·项羽本纪》），领导者要"失得勿恤"，不必计较小的得失，目光长远，才能有大的进步。若计较小利，容易结怨于人，也容易因小失大。

上九，阳爻阴位，位置最高，为头角之位，升到了极处（晋其角）。在上卦离中，离为甲兵，为在上位者征伐属国之象（维用伐邑），虽有困难而能够最终成功（厉吉，无咎）。位处穷极，若只知一味地武力征伐，而非以德服人，将有危吝（贞吝）。

晋尖伐邑之领导启示：老子"祸莫大于不知足"，孔子"戒之在得"（《论语·季氏》），领导者晋升到一定地步之后，一定要适可而止，若不满足，仍要激进行事，便要触犯众怒，尽失人心，甚至落得身败名裂的下场。

在软件行业里，微软（Microsoft）是当之无愧的霸主。在其翩翩起舞、长盛不衰的背后，是其独特的企业文化以及领导力晋升的管理模式。除了高薪、娱乐、温暖的环境之外，微软还提供了独特的上升通道，以汇聚人才，竭尽人才的潜力。

在微软，呆板的管理层级不复存在，取而代之的是多种多样的成长型团队。团队因项目而自发聚合，每个优秀的个体，都有可能因"众允"，得到队员的认可而成为团队领导者。基于微软"卓越软件工程"的理念，每个产品开发团队都会考虑优化软件开发流程，让员工自发组织虚拟团队来做技术性创新。因此，在充沛的机会面前，问题不再是"晋如摧如"或上升渠道的缺乏，而是自己有没有担负责任的意愿与能力。

对于一个想要做领导者的员工来说，首先要做的就是要用热情感染他人，聚集不同产品组的人才，激励大家同心向一个目标而努力。之后，他们一起讨论商议，定下愿景和计划。在团队兴趣渐弱时，要能振作人心，重提激情；在成员忙碌时，要灵活修改计划，兼顾每个人能力意愿。如此而得到的晋升，自然避免了"晋如鼫鼠"的投机取巧。

在微软鼓励进取的制度下，普通员工满怀激情与梦想，日积月累地努力在提升自己领导力的同时，"受兹介福"，集腋成裘，造就了微软产品不懈创新的不败神话（李杨，2009）。

员工在晋升过程中往往会有"晋如愁如"、"晋如摧如"之苦，以致徘徊难进。优秀的组织，就能够及时为员工创造一个良好的环境，给他们进取的可能。事实上，微软的团队管理模式既能够给予员工良好上升的空间，更能够给予他们以发展进取的希望。因此，微软的这些举措，便是很好地利用"期望理论"来激励员工的。

期望理论（expectancy theory）由北美著名心理学家和行为科学家维克托·弗鲁姆（Victor Harold Vroom）于 1964 年在《工作与激励》中提出。期望理论是以三个因素反映需要与目标之间的关系的，要激励员工，就必须让员工明确：一是工作能提供给他们真正需要的东西；二是他们欲求的东西是和绩效联系在一起的；三是只要努力工作就能提高他们的绩效。因此，如果他们相信通过自己的努力能够得到这些有价值的结果，他们就会努力工作（Vroom，1964）。

无论是绩效的提高还是职务的晋升，都是员工个人发展的体现，更是企业整体得以发展的根本。因此，合理运用正向激励的"期望理论"，便是为员工开启上升的法门。在这个方面，我们有必要借鉴微软公司那般精妙的企业理念和制度设计，为员工的发展创造一个真正利好的环境。

第五节　防微杜渐之姤卦

我说我的眼里只有你

只有你让我无法忘记

度过每一个黑夜

和每一个白天

在你身边守护着你

——《我的眼里只有你》

词：黄小茂　曲：三宝　演唱：景岗山

　　"我的眼里只有你，只有你让我无法忘记"，这是人们对美好爱情的向往，但领导者却不能如此。执着于一点，则不能掌控大局，难以察觉细处的腐坏，千里之堤溃于蚁穴，必须慎之又慎。

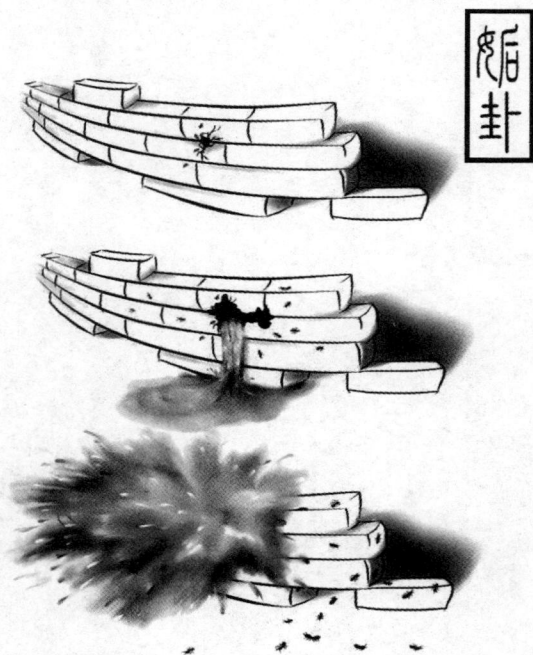

（赵洁绘）

第四十四卦　姤　乾上巽下　天风（勿用取女）　**杞鱼肤，无瓜尖**

姤（gòu）：女壮，勿用取女。

姤卦。女子强壮，不要娶这样的女子。

上九：姤其角，吝，无咎。

姤尖有吝：碰到角，有麻烦，无灾。

九五：以杞包瓜，含章，有陨自天。

包瓜含章：用杞柳做包袋装瓜，外面粗砺里面章美，自天而降。

九四：包无鱼，起凶。

无鱼之凶：草做的包袋里无鱼，有凶险。

九三：臀无肤，其行次（zī）且（jū），厉，无大咎。

无肤次行：臀部皮肤有伤，行走颠，有危险，无大灾。

九二：包有鱼，无咎，不利宾。

包鱼不宾：草做的包袋里有鱼，无灾，不利于招待宾客。

初六：系于金杞（ní），贞吉。有攸往，见凶，羸豕孚蹢（zhí）躅（zhú）。

金杞蹢躅：被系绊在金属车上，占吉，前往则有凶，瘦猪被缚而挣扎。

姤卦由乾卦变来，是在乾卦诸阳之下生出一个阴爻。从发展趋势上看，阴爻会逐渐向上生长，侵蚀阳爻。阴爻为女，女的会越来越强势（女壮），男的越来越衰弱，因此，不可以娶这样的女子（勿用取女）。

姤卦一阴遇众阳，为一女遇众男，有女壮而淫之象，要及时整治风气，防止小人阴邪势力上升。上乾下巽，天下有风，君王效法于天，颁布法令，可以风行天下，故《象》曰："施命诰四方。"

姤卦之领导启示：领导者要有防微杜渐的意识。组织越壮大，便容易有越多细小之处的缺陷，难以察觉。从合作者到员工，从组织文化到组织结构，无一不关系着组织的生死存亡。如果放任奸邪，轻视隙漏，随着时间的推移，将会对事业的发展造成致命打击。

初六，阴爻阳位，"杞"是缧车上的止动之木，可使车停止运转。在下卦巽中，巽为绳，为系。上临乾卦，乾为金，拴缚在金杞之上（系于金杞），是为了防止初六有所行动。柔爻向上，是小人灭君子，前往会有凶（有攸往，见凶）。阴为豕，就好比羸弱的小猪，仍会挣扎着前进一样（羸豕孚蹢躅），要提早加以遏制，防患于未然。

姤尖有咎之领导启示：墨子"知止，则日进无疆"。领导者要懂得欲进先止，止乃为寻找忽略的隙漏之处。千里之堤毁于蚁穴，寻找出组织的每一处缺陷，是长远进步的重要保障。

九二，阳爻阴位。初六阴爻为鱼，与九四相应，本应为九四之鱼，但九二与初六邻比，就近把初六包裹起来（包有鱼）。此"鱼"乃上长之阴爻，九二顺势控制住阴爻，阻止他生长，因而可得无害（无咎）。九四为客，没有得到初六，因而对九四客人不利（不利宾）。

包鱼不宾之领导启示：领导者要谨慎挑选合作者，及时别除组织中的害群之马。在组织中，腐烂往往是由点到面，个别具有负能量的人往往能影响周围的其他人员，甚至会导致"劣币驱逐良币现象"，进而造成组织内部的混乱。领导者对这种危险要有清醒的认识，及早消除。

九三，阳爻阳位，在下卦巽的上爻。巽为股，其上为臀。与其相邻的九二、九四与初六或比或应，只九三空有刚健之力，与初六无缘。就像臀部被打伤了一样（臀无肤），行动艰难，进退不得（其行次且），有危厉。但因初六是小人，不能与小人交往，可免于灾祸（无咎）。

无肤次行之领导启示：领导者要注意培养组织内部的"浩然之气"。孟子善养其"浩然之气"，故"四十而不动心"（《孟子·公孙丑上》），奸邪小人难侵其心。领导者也要注意培育组织文化，使组织内部充满正能量，大道之行，自然"盗窃乱贼而不作"（《礼记·礼运》）。

九四，阳爻阴位。本与初六相应，初六为鱼，但初六为九二所得，九四失去了鱼（包无鱼）。受到小人的诱惑，虽没有与小人同流合污，却已污染了德行，前进将有凶祸（起凶）。

无鱼之凶之领导启示：领导者要抵住诱惑，避免为小利益而丧失立场，因小失大。诸葛亮有"亲贤臣远小人"之说，因小人总能用小利引诱领导者，使其一点一点地陷入失败的泥淖，难以自拔。

九五，阳爻阳位，为天位。看到初六小人上长，为了顾全大局，自天位而降，要限制初六生长（有陨自天），像是用大的杞树叶子把初六包起来一样（以杞包瓜），不露声色地使小人自灭。

包瓜含章之领导启示：荀子"蓬生麻中，不扶而直"（《荀子·劝学》），领导者要努力创造正直和谐的组织环境，以增强组织的"自愈"能力。这样即使有小人，也会被组织同化，或者因难以适应而退出组织。

上九，阳爻阴位。为头角之位（姤其角），初六阴爻若上长，则上九将退出姤卦，故有吝难（吝）。但此时阳爻尚多，二、五中位皆由阳爻所守，可保一时无虞（无咎）。

姤角有吝之领导启示：对一个组织来说，最重要的还是要以制度来防范，远离奸邪危害。领导者要努力完善组织制度，使小人无所遁形。

"饮料大王"宗庆后出身清贫，曾当过 15 年农场工人。1986 年后，他筹借了 14 万人民币，创办了一家销售冰淇淋、汽水的小厂。几年后，这家小厂变成了娃哈哈食品集团公司，发展至今，那个名不见经传的小厂已蜕变成饮料业的巨擘，目前已成为中国最大、效益最好、最具发展潜力的食品饮料企业。

娃哈哈获得瞩目成就的秘诀在于细节管理。食品饮料行业是一个强调细节的行业，收益以毫厘计，在市场占有率或利润率上差一个百分点，强弱便有天壤之别。《易》言"系于金柅"，宗庆后深谙此道，对细节精益求精，以小处的优势积累而为超越。谈起细节宗庆后如数家珍，甚至能轻易说出娃哈哈纯净水瓶盖上有几个齿：18 个。

或许会有人质疑宗庆后事无巨细的管理，然他认为，做实业，必须有心无旁骛的专注以及醉心细节的热忱，正是这些，决定了食品企业的存亡。出于对细节的勤勉，宗庆后又"以杞包瓜"，把防微杜渐的细节管理制度化：娃哈哈实施强大的数字化管理，销售、开票、财务、仓库全部信息化，每天下班时经销商、客户经理、部门主管都可收到当日销售报表、库存表、批发商余额表、累计销售报表及各产品生产日期，宗庆后本人亦可随时了解销售动态。

显然，这些措施极大地提高了企业的效率。而对细节的控制，使娃哈哈免去了许多同类企业的积弊，使其得以长盛不衰，笑傲市场（岳淼，2013）。

反观当前的领导和管理理论，在新经济环境下企业获得竞争力和持续发展能力的经营策略中，六西格玛管理法可谓是对细节控制、防微杜渐的最佳总结。

六西格玛管理法是一项以数据为基础，追求近乎"完美零缺陷"的质量管理方法。

"西格玛（Sigma，σ）"是统计学里的一个单位，表示与平均值的标准偏差。它可以用来衡量一个流程的完美程度，显示每一百万次操作中发生多少次失误。"西格玛"的数值越高，失误率就越低。具体说来，6西格玛=3.4次失误/百万次操作。1986年，摩托罗拉公司首倡这种办法，并在10年时间内达到了六西格玛水平。

六西格玛包括两个过程：六西格玛DMAIC和六西格玛DMADV，它们是整个过程中两个主要的步骤。六西格玛DMAIC是对当前低于六西格玛规格的项目进行：其一，识别（Define），识别问题，以确定什么需要改进；其二，测量（Measure），测量收集此产品或过程的表现作底线，建立改进目标；其三，分析（Analyse），分析在测量阶段所收集的数据，以确定一组按重要程度排列的影响质量的变量，找出差距产生的根本原因；其四，改进（Improve），优化解决方案，并确认该方案能够满足或超过项目质量改进目标；其五，控制（Control），通过建立监督制、负责制等方法，控制改进的持续性。而六西格玛DMADV则是对试图达到六西格玛质量的新产品或项目进行识别、测量、分析、设计（Design）和检验（Verify）的过程。经过这些显得繁复的细节控制，可以使公司精益求精，避免不必要的失误。

第六节　集聚人才之萃卦

五十六个星座　五十六支花
五十六族兄弟姐妹是一家
五十六种语言汇成一句话
爱我中华爱我中华爱我中华
爱我中华　健儿奋起步伐
爱我中华　建设我们的国家
爱我中华　中华雄姿英发
——《爱我中华》
词：乔羽　曲：徐沛东　演唱：宋祖英

国家兴盛，需要广纳贤才，不拘民族，无论信仰。古代帝王刚刚即位，第一件事就是要下"求贤诏"，求贤若渴，是古代明君圣王的一个重要标准。汉末之时，更有刘备三顾茅庐的故事感人至深，传为千古美谈。

（赵洁绘）

第四十五卦　萃　兑上坤下　泽地（方以类聚）　**乱引嗟，大位叹**

萃：亨。王假（gé）有庙，利见大人，亨，利贞。用大牲吉，利有攸往。

萃卦。要献祭，君王来到宗庙。适宜见到大人，通达，适宜正固。用大牲去祭祀，吉祥。适宜有所前往。

上六：赍（jī）咨涕洟，无咎。

▅▅ ▅▅ 嗟叹涕洟： 嗟叹流泪，无灾。

九五：萃有位，无咎，匪孚。元永贞，悔亡。

▅▅▅▅▅ 有位无咎： 会聚有序位，无灾。未取信于民，须长期坚持德行，悔恨可消除。

九四：大吉，无咎。

▅▅▅▅▅ 大吉无咎： 大吉，无灾。

六三：萃如嗟如，无攸利。往无咎，小吝。

▅▅ ▅▅ 萃嗟无利： 汇聚而嗟叹，无所利，前往无灾，有小艰辛。

六二：引吉，无咎，孚乃利用禴（yuè）。

▅▅ ▅▅ 引吉无咎： 有人援引则无灾，有诚信，薄礼祭祀便可以了。

初六：有孚不终，乃乱乃萃，若号，一握为笑，勿恤，往无咎。

▅▅ ▅▅ 乃乱乃萃： 有诚信不坚持，就会纷乱。会聚大声呼喊，握手言笑，不必忧虑，前往无灾。

萃为聚集之意，君王得民，关键在得民心，民心所聚在信仰。古时有祖先崇拜，朱熹说："庙所以聚祖考之精神，又人必能聚己之精神，则可以至庙而承祖考也。"（《周易本义》）因而君王一般都在宗庙中汇聚人才（王假有庙）。"大人"乃贤良人才，可以得到贤臣良相的辅佐（利见大人），以保事业顺利、国运亨通（亨，利贞）。祭祀一般有牛、羊、猪三牲，牛体格最大，用大牲口祭祀表示对天命神灵的敬畏，其心笃切，可以有所前往（利有攸往）。

《系辞》曰："方以类聚，人以群分。"圣王昏君，以其臣子贤不肖而别。《彖》曰："观其所聚，而天地万物之情可见矣。"如何聚揽贤才，以成文治武功，是历代君王所面临的重大问题。

萃卦之领导启示：经营事业，本质是经营人才。领导者要能构建出有足够吸引力的愿景，不拘一格，广求贤才。领导者既要有求贤若渴的态度，又要有团结人才的技巧，重在以德服人。若能有人杰如许，道同而谋，共创事业，不亦快哉！

初六，阴爻阳位。本与九四相应，但萃卦所聚集的主爻为九五，初六也想向九五靠拢。因而与九四的信任关系不能长久（有孚不终），聚集不成，心烦意乱（乃乱乃萃）。九四在互卦巽（六三、九四、九五）中，巽为号令，为哭号。九五在上卦兑中为悦。因此一开始号哭（若号），但与九五相遇之后便可握手言笑（一握为笑），前往没有咎害（往无咎）。

乃乱乃萃之领导启示：领导者要怀着真诚之心，主动与贤才相交，努力消除彼此之间的矛盾。周公有"一沐三握发，一饭三吐哺"（《史记·鲁周公世家》），求贤若渴，是领导者必需的态度。

六二，阴爻阴位。与九五正应，得到九五的引荐而有吉（引吉），这样的吉祥没有什么不利之处，相当可靠（无咎）。在上位者求贤若渴，其心诚挚，就好比薄祭也能得到神灵保佑一般（孚乃利用禴），君王诚意纳贤，无论何种方式，条件如何艰苦，贤者总会屈身前往，辅佐大业。

引吉无咎之领导启示：嵇康青眼看人，只在志趣相投，名利之事"冷笑置之而已"（《金缕曲·赠梁汾》）。领导者要能构建具有吸引力愿景，以招揽人才，即使待遇不佳，也不足为虑，因为真正的才华贤士，是不会计较这些的。

六三，阴爻阳位，居位不正，上无所应。在互卦巽（六三、九四、九五）中，巽为号，为叹息。六三位置不好而得不到赏识（萃如嗟如），没有什么好处（无攸利），心中郁郁不得志（小吝）。但因向上走可与九五相聚，前往没有咎害（往无咎）。

萃嗟无利之领导启示：有奇才必有奇癖，领导者要有强大的包容与驾驭能力。孔子云"赦小过，举贤才"（《论语·子路》），不要抓住贤才的小辫子不放，把他们集中于组织的愿景之下，才是领导者应该做的。

九四，阳爻阴位。下临坤卦，坤为民众，又与初六基层相应，能够得到民众的支持信赖，因而吉利（大吉）。但上为九五主爻，九四有功高震主之势，故仅免于难而已（无咎）。

大吉无咎之领导启示：领导者招徕贤才，既要得到上层的认可，也要关注基层的意见。组织的和谐与团结是重中之重，使贤才得到组织内部的认可，才能最大程度地为组织做贡献。

九五，阳爻阳位，是全卦的主爻，为尊位，下有六二相应。地位高且全卦向其聚合（萃有位），可以免于险难（无咎）。但九五初登大位，又与下卦坤隔着九四，还没有得到民众的彻底信赖（匪孚），此时若开始注重德行修养以取信于民（元永贞），可以消除悔恨（悔亡）。

有位无咎之领导启示：孟子讲"以德服人者，中心悦而诚服也"（《孟子·公孙丑上》）。领导者注意不能滥用权力，要行中庸之道，提高自己的素质修养，从而增加组织的认同度。组织做到同心同德，才会有强大的凝聚力和执行力。

上六，阴爻阴位，位处穷极，又承九五刚爻，不尊重九五。下与六三不应，得不到下属臣民的支持，可谓穷途末路，孤立无援。在上卦兑中，兑为泽水，为泪，心伤之处，涕泪横流（赍咨涕洟）。九五为大有为之君，上六能够反省得到包容，不至于有灾（无咎）。

嗟叹涕洟之领导启示：领导者偶有失德，即失人心，知错能改，善莫大焉。领导者不尊重贤才的行为，将不可避免地导致人才流失，此时要及时反省，挽回人心。

东汉末年，天下残弊，百姓流离，群雄四起，诸侯割据。没落的汉朝宗室刘备，顺势而起，以汉室宗亲为号，以仁义宽厚为名，游走于各种势力之间，蓄势待发，与群雄逐鹿。

《战国策》有云：帝者与师处，王者与友处，霸者与臣处，亡国与役处。若要雄踞天下，必要有智者师友为辅。《三国演义》中演绎了刘关张桃园结义的故事，早期的发展，使刘备手下猛将有余而智慧不足。因此刘备奔走半生，一直渴望得到贤能异士为辅，于是，便上演了刘备三顾茅庐请诸葛出山的故事。

青年的诸葛亮躬耕襄阳以西的隆中，泛览经典，观其大略，娴通历史兴衰，熟谙兵法韬略，人称"卧龙"。寄寓荆州的刘备正在新野屯兵，得闻孔明的消息后，自然喜不自胜，决心要把这不世英才纳入彀中。

深冬寒霜时节，刘备携关羽、张飞，到隆中拜访诸葛亮，却被童子告知先生外出云游，刘备只好扫兴而归。回到新野，刘备心中挂念，寝食难安，不断派人打听消息。张飞嗔怒道："一个平民匹夫，武士押来即可，何必劳烦亲架？"刘备正色道："诸葛亮当代大贤，岂可屈致。"于是说服张飞，再次前往。北风怒号，大雪纷扬，张飞又生怨言，刘备劝解道："冒严寒前去，才更显诚意。"不料，这次刘备又未见到诸葛亮，只好留下封信，择日再访。

《易》讲"引吉"，有同志愿之贤才，必不可贸然轻弃。次年春天，刘备整装备马，要三访诸葛亮。关羽也耐不住怒道："两次相请都空手而返，想必他徒有虚名，不敢相见。"刘备正色："没有诚意，哪能请到贤人？"

三人到达隆中时，诸葛亮午睡正酣，刘备屏声敛气静候门外，待其醒来才敢请见。刘备的谦逊恳切使诸葛亮大受感动，"孚乃利用禴"，不仅为刘备阐述了"隆中对"的三分天下的战略判断，而且感其知遇之恩，最终答应此时依然势弱的刘备，出山辅佐其王霸大业。

此后，诸葛亮助刘备北抗曹操，东连孙权，取荆、益，南抚夷越，西和诸戎，三分天下遂得其一。及至刘备称帝于蜀，"大吉"达到事业巅峰。而这一切，皆离不开诸葛亮的虔心辅佐（《三国演义》）。

刘备以诚恳之姿感动诸葛亮，招致诸葛亮于麾下。当然，仅凭诸葛亮一人，刘备也难成大业。广纳文武贤才，乃是刘备一以贯之的领导风格。每到一处，他都会寻访和招纳贤能之士，并且充分发挥他们的作用，满足他们的各种需求，使其能够忠心耿耿地为己所用。事实上，"有孚不终，乃乱乃萃"，招揽人才容易，若不能充分发挥人才的作用，满足人才的需求，贤才最终也是要离去的。

在企业中，了解员工的需求是对员工进行激励的前提，而马斯洛需求层次理论是对人们需求的极好阐释。马斯洛需求层次理论是行为科学的理论之一，由美国著名人本心理学家亚伯拉罕·马斯洛（Abraham Harold Maslow）在其1954年出版的著作《动机与人格》中提出。书中将人类需求像阶梯一样从低到高按层次分为五种，分别是：生理需求、安全需求、社交需求、尊重需求和自我实现需求。这五类需求依次由较低层次到较高层次排列（Maslow，1954）。在自我实现需求之后，还有自我超越需求，但通常不作为马斯洛需求层次理论中必要的层次，大多数会将自我超越合并至自我实现需求当中。

对马斯洛需求层次的通俗理解就是，假如一个人同时缺乏食物、安全、爱和尊重，通常对食物的需求量是最强烈的，其他需要则显得不那么重要。此时人的意识几乎全被饥饿所占据，所有能量都被用来获取食物。在这种极端情况下，人生的全部意义就是吃，其他什么都不重要。只有当人从生理需要的控制下解放出来时，才可能出现更高级的、社会化程度更高的需要，如安全的需要。

因此，在企业中，了解员工的需要是应用需求层次论对员工进行激励的一个重要前提。在不同组织中、不同时期的员工以及组织中不同的员工的需要充满差异性，而且经常变化。因此，管理者应该经常性地用各种方式进行调研，弄清员工未得到满足的需要是什么，然后有针对性地进行激励。这样，领导者便能够顺利开发各类人才的潜力，充分发挥他们的作用，从而达到人才汇聚、共谋大业的发展趋势。

第七节　位阶升级之升卦

长大后我就成了你
才知道那间教室
放飞的是希望　守巢的总是你
长大后我就成了你
才知道那块黑板
写下的是真理　擦去的是功利
——《长大后我就成了你》
词：宋青松　曲：王佑贵　演唱：宋祖英

"长大后我就成了你"，人都有其楷模，有理想的目标。然而这些楷模和目标往往使人因执着而偏颇，前途无垠，人的发展应在束缚与自由中不断取舍，从而把握自己。从量变到质变的位阶升级，不仅是超越自我，更是寻找自我。

（赵洁绘）

251

第四十六卦　升　坤上巽下　地风（积小成大）　**允褕虚，山阶暗**

升：元亨，用见大人，勿恤，南征吉。

升卦。最为通达，可以用来见大人，不必担忧，往南前进吉祥。

上六：冥升，利于不息之贞。

暗升不息：昏暗上升，利于不懈者贞吉。

六五：贞吉，升阶。

贞吉升阶：贞卜获吉，登台阶而上。

六四：王用亨于岐山，吉无咎。

用亨岐山：文王在岐山祭祀，吉利无灾。

九三：升虚邑。

升入虚邑：升到空虚的城邑。

九二：孚乃利用禴，无咎。

用禴无咎：有诚信，即使简单祭祀也有利，无灾。

初六：允升，大吉。

允升大吉：可以上升，大吉。

"升"有蒸蒸日上之意。升卦上坤下巽，坤为土，巽为木，木在地中为根。对于树木来说，根脉深远者，枝叶必广茂。《象》曰："柔以时升。"柔顺且按时升进，正是树木生长的自然规律。根系柔小不可见，却孕育着参天之势。《象》曰："积小以高大。"如君子之德，渐积深广，一旦破土而出，便可得人赏识，得到重用（利见大人）。树木生长，向着阳光。在文王八卦方位中，离为南，为光明。象征君子前途，也要向着光明圣贤，才能得到吉祥（南征吉）。

升卦之领导启示：领导者事业的位阶升级是一个从量变到质变的过程。升级前的努力和勇气固然重要，升级后的态度和措施更要谨慎。事业的发展并非一味的进步，懂得"消息"之道，方可长盛不衰。

初六，阴爻阳位，与六四不应，但上承九二，又为柔爻，可以顺从全卦"柔以时升"的大势，向上升进（允升），应时而升，将大有作为（大吉）。

允升大吉之领导启示：领导者要有进取之心，有衷心向上的愿望。组织若能保持这样一种昂扬的态度，事业的质变升级便指日可待。

九二，阳爻阴位，上应六五，心怀诚信，互相支持，就如薄祭也能得到福佑一样（孚乃利用禴）。上升虽有九三阻隔，也可免于咎害（无咎）。

用禴无咎之领导启示：想要进步，定然会有诸多困难，领导者要明白，有志者事竟成，以诚心努力化解阻力，不仅要得到上层的认可，还要得到基层人们的认同。

九三，阳爻阳位。在互卦震（九三、六四、九五）中，震为行，上卦坤为国邑，升进到一个空荡荡的国邑之中（升虚邑），这是一种勇气。上升之中的环境复杂多变，但不必有什么疑虑，大步向前即可。

升入虚邑之领导启示：事业的升级进步需要勇气。突破瓶颈不仅仅是进步那么简单，升级之后所可能遇到的情况，前所未有，甚至会打破原有的安逸环境。故领导者要有充分的心理准备，不能被未卜的前途吓倒，而要有一往无前的气概去创造事业的新高峰。

六四，阴爻阴位。这一爻是对史实的叙说：周朝祖先古公亶父因屡受狄人侵扰不得安宁，便带领人民从豳迁到了岐山脚下。安定之后，要恭敬地祭享岐山（王用亨于岐山），顺天承命。

用亨岐山之领导启示：在组织升级之后，领导者依然要保持谦虚的本色，对上下恭敬，不失礼节。成就容易使人自满，取得成就之后仍能虚心待人，方显领导者的气度不凡。

六五，阴爻阳位。与九二相应，九二为贤人君子，在下卦巽中，巽为高，得到贤良之才的帮助，自然可以步步高升（升阶）。又在中位，坚守中道可得吉祥（贞吉）。

贞吉升阶之领导启示：事业的突破，需要招徕更高水平的，可以与当前事业相符的人才。升级之后，领导者若要巩固成果，需要为组织加入新鲜血液，如此才能使组织的发展更上一层楼。

上六，阴爻阴位。在全卦终位，有衰退之象，下应九三，仍要上升但物极必反，再升就是退，因而此时的升，是昏昧之升（冥升）。升进并非一味是好，到了这等地步，就应停止升进，固守成就（利不息之贞）。常言"消息"，消是消退，息是上长，爻中不息即是消。

暗升不息之领导启示：领导者不能只是一味地求升进，有时候停下来看看走过的路，鉴往知来，更能保持清醒的认识。昏聩地前进，不如清醒地停止。

1990 年获费城自由勋章，1995 年获联合国教科文组织设立的费利克斯·乌弗埃·博瓦尼和平奖，1997 年因其对全球和平、裁军和发展所做的贡献而被印度授予 1997 年度英·甘地奖，1998 年获联合国人权奖，2002 年获诺贝尔和平奖……赢得这些不朽荣誉的，便是美国前总统吉米·卡特（Jimmy Carter）。而卡特的一生，可谓深得"升卦"三昧。

自 1946 年海军学校毕业后，卡特在美国海军中服役七年。但因父亲溘然辞世，他决定回到佐治亚州接管家族企业，并迅速成为社区领袖人物。到了 20 世纪 60 年代，时局已开始变化，佐治亚州古老腐败的政治体系逐渐瓦解崩溃，旧的制度已难以维系，正是"允升，大吉"之时。于是，1962 年，卡特决定参选佐治亚州参议员。然而，一位把持地盘的政治大佬公开威胁投票人，并篡改投票记录，卡特初选落败。他为此上诉到最高法院，夺回了正义，赢得选举。后又乘势操作，顺利于 1970 年当选州长。

为突破事业的瓶颈，"升虚邑"，卡特做了一个令人震惊的决定——竞选美国总统。消息传开，媒体界几乎无人看好他，因他毕生只担任过一任州参议员和州长，不仅缺乏经验，更毫无声誉可言。但卡特明白，在这时局转异、人心思变之时，正是自己跨越升级的契机。

1975 年，卡特正式宣布参加总统选举。此时，越战与水门事件把旧的政治体系冲击得摇摇欲坠，南方种族关系的改变也呼吁着更加深刻的开放和公平，政治意识形态已非民众评价参选人的唯一标准。卡特与旧有的形象截然不同：他竞选期间并未担任任何职务，他也并非专业律师，只是强调自己的基督信仰，完全没有混迹于华盛顿的政治圈里。"王用亨于岐山"，他明白，此时最重要的就是要取得人们的信任。他以崭新的面孔和迥异过去的执政理念，来面对期盼改革的美国民众。

在这千载难逢的时刻，卡特终于"贞吉，升阶"，获得了竞选的胜利，于 1977 年 1 月 20 日就任美国第 39 届总统（约翰·C·马克斯韦尔，2004：215-217）。

卡特把握时机，及时进行位阶升级，超越过去，成就自己，甚至"升阶"而得吉，成为美国总统。卡特的竞选之路，正是"晕轮效应"的体现。

晕轮效应最早是由美国著名心理学家爱德华·桑戴克（Edward Lee Thorndike）于 20 世纪 20 年代提出的。他认为，人们对人的认知和判断往往只从局部出发，扩散而得出整体印象，即常常以偏概全。这种既定的情境下，我们去评价一个人，将会放大他的优点或是缺点。比如，某人优点可能遮盖了他的缺点，而产生这种认识偏差，其实他也有些缺点，但是处在当时的情境中的人们往往缺乏一定的理性去认真审视（Swinder Janda，2002）。

在总统选举中，人们对候选人的审视主要是依据媒体的宣传，或者候选人片面的展现。卡特正是利用这些，塑造了一种崭新的总统形象，在人们心中形成晕轮效应，最终取得了成功。

值得一提的是，晕轮效应也愈来愈多地被应用在企业管理上，比如在绩效考核中，晕轮效应意味着一个考核者对被考核者的某一绩效要素的评价较高，就会导致他对该人所有的其他绩效要素也评价较高；反之，如果对被考核者的某一绩效要素的评价较差，则会导致他对该人所有的其他绩效要素也评价较差。

第八节　培养人才之井卦

看着你哭红的眼睛

想着远离的家门

满天的星星请为我点盏希望的灯火

星星点灯

照亮我的家门

让迷失的孩子

找到来时的路

——《星星点灯》

词：郑智化　　曲：郑智化　　演唱：郑智化

孟子曾言，君子之乐，在于"得天下英才而教育之"。领导者对于人才，就应当如"星星点灯"，为他们照亮前路。培养人才不仅是指引别人，更是传承自己。睿智之人当以和风温雨，呵护人才之花，浇灌未来。

（赵洁绘）

第四十八卦　井　坎上巽下　水风（无丧无得）　　**泥射渫，甃冽面**

井：改邑不改井，无丧无得，往来井井。汔（qì）至，亦未繘（yù）井，羸其瓶，凶。

井卦。可以迁移村落，但不能移动水井。没有丧失也没有获得。往来井然有序。汲水时，快到而尚未拉出井口，就碰坏了瓶罐，有凶祸。

上六：井收勿幕，有孚元吉。

▬▬▬　▬▬▬　井收勿面： 井建成后，不要覆盖，有诚信大吉祥。

九五：井冽（liè），寒泉食。

▬▬▬　▬▬▬　井冽寒食： 井水甘冽，清凉的泉水众人引用。

六四：井甃（zhóu），无咎。

▬▬▬　▬▬▬　井甃无咎： 井用砖修好，无灾。

九三：井渫（xiè）不食，为我心恻，可用汲，王明，并受其福。

▬▬▬▬▬▬▬　井渫不食： 井已经清洁而不饮用，使我伤心，快来汲用，君王贤明，天下共受福泽。

九二：井谷射鲋（fù），瓮敝漏。

▬▬▬　▬▬▬　井射敝漏： 井里小鱼窜游，水罐破旧漏水。

初六：井泥不食，旧井无禽。

▬▬▬　▬▬▬　井泥不食： 打上来的泥水不能饮用，旧井连鸟禽也不来。

在古代井田制社会里，一平方公里的土地按井字可分为九份，四周八份为八户人家的私田，中间一份是共耕的公田，四井三十二户为一邑，是一个村落。村落可能会改动搬迁，但井则是在哪里打，就会固定下来，不可变动（改邑不改井）。且井中的水不会因人们的汲取而有所增减（无丧无得）。"汔"，几乎；"繘"，打水井绳。用井绳打水，未到井口而碰坏了瓶罐（汔至，亦未繘井，羸其瓶）。井以养人，打水而不得，不能善始善终，故凶。

井象征君子德厚。如孔颖达所言："终日引汲，未尝言损；终日泉注，未尝言益。"（《周易正义》）古人修德，得失不能改异其心，始终清澈明净。井又有养贤之意。《正义》曰："养物无穷，莫过于井。"养贤如汲水，须小心翼翼，爱才之心始终如一，若三心二意，心中不诚，便如汲水羸瓶一般，有贤而不可用了。

井卦之领导启示：人才是组织的血液。领导者要注重修养德行，构建清明的组织环境，使选贤用贤制度化。同时，领导者要有网罗天下人才的雄心，大开招贤之门，使同类人才团结在领导者的周围。"有贤而不用，犹无有也"（《兴贤》），招来贤才，更要能够任用贤才，及时为事业的发展做出贡献。

初六，阴爻阳位。在互卦兑（九二、九三、六四）之下，兑为口，为毁折，毁折之井年久而破坏，淤泥堆积不可食用（井泥不食）。古时多浅井，水位近于地面，鸟兽也可引用。废井淤泥之多，以致鸟兽也不来了（旧井无禽）。此时清理旧井，整治淤泥，才是以井养人的首要任务。

井泥不食之领导启示：领导者上任之初，要注意整顿领导环境，打击腐败，清除异己，增强团结。把组织团结在领导者的理念之下，是组织执行力的重要保证，然要以正道施行，才能合民心，招贤才。

九二，阳爻阴位。与九五不应，只好下比初六，阴爻为鱼，井水深积，却只为养鱼之用（井谷射鲋），真可谓是大材小用。且拉井水的陶瓮又破漏不堪（瓮敝漏），如何可以汲水养贤呢？

井射敝漏之领导启示：韩愈"千里马常有而伯乐不常有"，领导者要做的，就是要成为一个爱才惜才的好伯乐。若有人才"辱于奴隶人之手"，更是身为领导者的奇耻大辱。

九三，阳爻阳位。在上卦坎下，坎为加忧。此时井已治理好了，淤泥也已淘净（井渫），却没有人食用（不食），不免惋惜（为我心恻）。与九五共在互卦离（九三、六四、九五）中，离为光明，君德圣明（王明），政治亨通如水之可饮，贤才起而应之，共受福泽（并受其福）。

井渫不食之领导启示：领导者已开招贤之门，励精图治，贤士们应当群起而效力，为社会谋福，实现自身价值。孔子云"邦有道则见"，丈夫大展宏图，中流击楫，正在此时。

六四，阴爻阴位。下临巽卦为工，是整修水井的工人，又在互卦离（九三、六四、九五）中，离为火。修井工人用火烧泥成砖，修葺水井的内壁（井甃），较六三进一步改善了井水环境。

井甃无咎之领导启示：领导者不仅要有用贤之心，也要构建良好的组织环境与社会环境。为了更加充分地发挥人才的能力，领导者要培育和谐的工作氛围，为他们提供充足的生活保障，使人才能够心无旁骛，安心事业。

九五，阳爻阳位，位正且尊。经由之前的修整，井已焕然一新，井水清冽凉爽，可供人们食用（井冽，寒泉食）。以喻圣王已重整改善了用贤环境，井水养人之功，也可彰于天下了。

井冽寒食之领导启示：人才已得，此时是组织最有活力与创造力的时刻，领导者要把握机会，积极进取，除旧布新，共创辉煌。

上六，阴爻阴位。爻象缺口，是没有加盖子之意。汲罢井水，却不盖上井盖（井收勿幕）。如此是为了方便他人汲取。上六下与九三相应，九三为君子，相互信赖，又有宽容纳贤之姿，可以有吉（有孚元吉）。

井收勿面之领导启示：长久之道，是要建立良性的进贤机制。组织的前途，不能因领导者个人的变化而变化，招贤用贤，要成为一种集体的观念，成为一种不变的制度。

1807 年，普鲁士大败于拿破仑之手，法国士兵的铁蹄声响彻德意志。此时，在柏林大学的校园里，爱国哲学家费希特满腔愤怒，不顾法国间谍的窥伺捕杀，为教育救国而大声疾呼："德国之所以失败，不是因为拿破仑强大，而是因为我们的教育毁了自己。"

事实确实如此。当时德国教育异常衰败，可谓是"井泥不食，旧井无禽"，甚至有的教员其实才刚会写字母。他用雄辩的事实说服了德国皇帝，必须要对教育进行改革。并且，这位仅次于康德的大哲学家三次越过边界，访问瑞士的裴斯泰洛齐，耐心向其请教，研讨如何完善教育制度。面对国家巨大的失败，普鲁士国王腓特烈·威廉三世痛彻心扉，他说："躯体的损失，我们要用精神来弥补。我们贫困，因而更需要办教育，没有哪个国家是因办教育而办穷，办亡国的。"

国王深知"井甃"之重要，于是，国王亲自去瑞士参观学习，并出资送去留学生，期待他们能够重整教育。到 1820 年，德国的孩子已经了解到了五大洲的不同状况，并了解到了万里之外的中国；在小学实验室里，他们可以接触到最新的自然科学知识。学生上学几乎免费，不上学却要受处罚，到了德意志统一前夕，适龄儿童入学率已高达 97.5%。

当普鲁士还在向拿破仑支付巨额的战争赔款时，柏林洪堡大学诞生了。国王拿出最后的家底，并把王子的宫殿捐献出来作为大学校舍。同时，为保证"井冽，寒泉食"，使人才们能够尽心研究，他还接受了大学教授的一个"无理"请求：国家保证大学的物质支持的同时，不得干涉教育和学术活动。如今洪堡大学的主楼长廊里，挂着许多本校杰出教授的黑白照片，其中 29 位拥有一个共同的身份：诺贝尔奖得主。

1970 年，普法战争爆发，法国皇帝拿破仑三世大败被俘。俘虏他的毛奇元帅的一句话，充分表明了此前普鲁士注重教育的深刻影响："普鲁士的胜利早就在小学教师的讲台上决定了。"（唐晋，2006）

培养人才不仅是国家崛起的重要战略，也是组织进步的必要基础。领导者对人才的态度，决定着组织的未来。一方面要完善人才培养制度，"井泥不食，旧井无禽"；另一方面不可禁锢人心，"井冽，寒泉食"，给他们自由发挥的空间，才能留住贤才。

在企业中，对人才的培养也需要讲究策略。领导学中有"人才强化理论"，指的就是领导者对员工的激励不是着眼于需求层次理论中的深层次需求，而是关注员工行为和结果之间的关系，主要通过适当地使用一些奖惩来改变或是修正员工的工作以及行为。而行为修正是建立在"效果定律"假设的基础上，领导者的正面强化会使某一行为反复出现，而负面强化则避免某一行为出现。领导者一般通过正向强化、反向强化、惩罚和消除等手段来塑造员工的行为。所谓"正向强化"指的是领导者对员工的行为中想要的结果进行肯定，并且立即给予称赞，这种好的结果会增加出现好的行为的可能性；而"反向强化"指的是领导者规避某一行为的发生，而对某一行为给予一些否定性表现，这样会减少该种行为再次出现的可能性。

第九节　创新制度之鼎卦

世界正越变越糊涂

太多欲望的迫压

我已厌倦了在从前常被受骗

可否冲破眼前这装扮

可否冲破以前那颤抖的岁月

道别旧日落寞现在坚守我自信

——《可否冲破》

词：叶世荣、詹德茂　曲：黄家驹　演唱：Beyond

　　背负着旧日的包裹，这颤抖的岁月可否冲破。古有遽伯玉"行年五十而知四十九年之非"（《淮南子·原道训》），真可谓大勇之人；又有秦国因商鞅变法而一扫六合，成就霸业。创新是对昨日的继承和否定，是对前途的慨叹和追逐。

（赵洁绘）

261

第五十卦　鼎　离上巽下　火风（鼎元吉亨）　颠实革，折耳铉

鼎：元吉，亨。

鼎卦。最为吉祥，通达。

上九：鼎玉铉，大吉，无不利。

■■■■■ 玉铉大吉：鼎配以玉质鼎杠，大吉祥，无不利。

六五：鼎黄耳金铉（xuàn），利贞。

■■ ■ 黄耳利贞：鼎配以黄色的耳，铜饰的鼎杠，贞吉。

九四：鼎折足，覆公𫗧（sù），其形渥，凶。

■■■■■ 折足覆𫗧：鼎足折断，颠覆了美味，浑身沾湿污物，凶。

九三：鼎耳革，其行塞，雉膏不食，方雨亏悔，终吉。

■■■■■ 耳革行塞：鼎耳脱落，移动困难，山鸡肉没法吃了，下雨了，悔恨消除，终吉。

九二：鼎有实，我仇有疾，不我能即，吉。

■■■■■ 有实不我：鼎中人食物，我的仇人有病，不能加害于我，吉利。

初六：鼎颠趾，利出否（pǐ），得妾以其子，无咎。

■■ ■ 颠趾利出：鼎足颠倒，利于倾出赃物。因为要儿子而娶妾，无灾。

鼎卦上离下巽，离为火，巽为木，以火烧木，有烹饪之象。鼎即是烹饪所用的容器：初六柔爻为鼎足，中间三个刚爻为鼎腹，六五是两个鼎耳，上九是穿耳抬鼎的杠子叫鼎铉。之后鼎又作为祭祀神灵的礼器而用途有所延伸。《九家易》曰："鼎者，三足一体，犹三公承天子也。"鼎又被看作权力的象征，以致诸侯都想"问鼎中原"。

于治国理政而言，鼎上刻有一国的制度刑法，每有朝代更替，便有新的制度刻于其上，因而有"鼎新"的象征意义。故《杂卦》说："鼎，取新也。"《序卦》曰："革物者莫若鼎。"革旧而纳新，新的环境需要新的制度，不断创新，才能长保盛壮。

鼎卦之领导启示：对于组织的鼎新，领导者要有气魄涤除旧势力，也要有策略以维持新旧人员的稳定。领导者建立新的制度，要尽量做到人尽其才，恩威并施，一方面带领组织开拓事业，一方面安抚民众以取得信任。

初六，阴爻阳位，王弼注曰："否，不善之物也。"在全卦之初，是要先把鼎颠倒（鼎

颠趾），清除掉里面残存的污秽之物（利出否）。初六上应九四，九四在互卦兑（九三、九四、六五）里，兑为妾，纳妾是为了生儿子（得妾以其子），是为了延续新的生命。

颠趾利出之领导启示：领导者要以颠倒乾坤的气魄，摒除旧观念，消除落后制度的影响。旧势力在改革初期往往非常强大，有很强的惰性。这时领导者改革的勇气便十分重要，面对强大的旧势力，要不屈不挠，勇于突破。

九二，阳爻阴位。阳爻为实，又在鼎腹之中，鼎中食物丰盛（鼎有实）。与六五相应，受到青睐，是德才兼备之士受到赏识。但相比于九三九四而言，地位却低，难免怀才不遇，心生怨恨（我仇有疾）。因在中位，行事中规中矩，不做出格之事，可以有吉。

有实不我之领导启示：新的制度建立，少不了许多有新思想人才的帮助，然而自古文人相轻，有才华者很难相处。领导者既要调节新进人员之间的关系，又要维持老人与新人和谐。

九三，阳爻阳位。从初六到六五是一个放大的坎卦，坎为耳，九三在其间。九三又在互卦兑（九三、九四、六五）中，兑为毁折。鼎耳坏了，就无法搬动行走（鼎耳革，其行塞）。即使鼎中装满肥美的山鸡肉，也无法吃了（雉膏不食）。鼎的小处出了问题，影响重大。

耳革行塞之领导启示：鼎新之后的新事物容易被落后的惰性放大，领导者要保持平和的心态，理顺各个环节，以免因小处的错误而功亏一篑。

九四，阳爻阴位。在互卦兑中，兑为毁折，与初六相应。初六颠趾，九四则是鼎过于满溢，不堪重负而鼎足毁折（鼎折足），打翻了王公的美食（覆公餗）。"渥"为沾污，洒出的美食溅上了衣服（其形渥）。因鼎质不佳而有凶祸。

折足覆餗之领导启示：鼎新之事，任重道远，非真贤才不能担当。故领导者要打造一支高效的领导团队，若任人不当，"沐猴而冠带，知小而谋强"（《薤露行》），只会导致革新失败，甚至会影响领导者的个人地位。

六五，阴爻阳位，为尊位。在鼎卦中为鼎耳。用黄金所做的鼎耳和鼎铉贵重无比（鼎黄耳金铉），且质量上乘，坚固无比。以象征制度稳定，帝王选贤之诚，中正无私，不吝财富。

黄耳利贞之领导启示：在鼎新的过程中，领导者要注意相关制度的完善，制度是新政策得以施行的重要保证。同时也能够防止倒行逆施，稳定人心，使人才各当其位。

上九，阳爻阴位，刚中带柔，在全卦中为鼎铉。鼎新之势，至此而刚柔兼备，如玉般温润（鼎玉铉），选贤任能分寸把握恰当，上下皆比德于玉之君子，则鼎新之事可以有功而无害。

玉铉大吉之领导启示：领导者鼎新措施要做到刚柔兼备。《史记》有"逆取而以顺守之，文武并用，长久之术也"。以强力行改革，改革后要以仁政安抚民众，刚柔相济，才能政通人和。

作为中国改革开放的前沿阵地，深圳市蛇口工业区的一举一动都牵动着人们的神经。经过多年的改革发展，蛇口工业区的党委书记袁庚从四个方面成功塑造了"蛇口模式"。

一是住房问题。制度改革必要清除掉旧制度的腐朽残余，"鼎颠趾，利出否"。故而袁庚首先废除了以往的计划分房制度，进行住房商品化的改革。

二是工资问题。工资问题和人才问题相辅相生，改变旧有的固化工资，就是要彻底涤除呆板的行政等级制度。如此则工资随能力升降，人才不必束缚于一个等级，或者一个领导之下，而是可以自由流动，在这个平等的环境中施展才华。然而上述这两个改革，无疑都触及了旧官员的特权，"鼎耳革，其行塞"，改革难免会遇到阻力，艰难前行。

三是社会公积金问题。袁庚很早就认识到社会保障制度对改革的重要作用，便从工业区每名职工的工资中抽出 20% 作社会保险福利。如此，已经显示出诸多弊端的子女接班制度就可以休矣，且减少了许多不必要的利益争执和逢迎拍马。

四是政治问题。蛇口工业区提倡民主和法制，并很早就开始进行民主选举的实验，提倡人们对"当官的"进行批评。以此来制约以往过于放纵的权力，防止政府因经济增长而腐化堕落。

袁庚在被采访的时候引用了杜牧《阿房宫赋》中的"秦人不暇自哀，而后人哀之；

后人哀之而不鉴之，亦使后人而复哀后人也"。他认为，只有吸取以往历史的教训，不断进行制度改革，才能最终达到"鼎玉铉，大吉，无不利"的效果，如果只是一味地因循守旧，必不可取（徐天明，2008：159–161）。

旧的制度坏了，就要及时舍弃，"鼎颠趾，利出否"，舍弃之后才能有创新。袁庚大胆地创新制度，为改革开放的全局开辟道路，这不仅需要智慧，更需勇气。

阿兰·G·罗宾森通过对大量创新案例的研究，认为创新型组织需要以下五个要素：合作、创新价值观、非正式的活动、开放的文化和团队。只有具备这个五个要素，组织才能激发员工的创新能力，使得组织更富有创新精神（David B. Audretsch，2012）。与此相关，一种良好的组织创新文化应当是"适应性文化"：领导者重视所有的支持者，无论是客户、股东，还是员工，为了满足这些支持者对合法利益的诉求，领导者会考虑支持者的需求进行相应的改变，哪怕这种改变会带来一些组织风险。经过努力，领导者会自然地走向制度创新，为组织的发展注入新的活力。

第十节　循序渐进之渐卦

未来会怎样　究竟有谁会知道

幸福是否只是一种传说

我永远都找不到

我是一只小小小小鸟

想要飞呀飞　却飞也飞不高

我寻寻觅觅　寻寻觅觅

一个温暖的怀抱

这样的要求算不算太高

——《我是一只小小鸟》

词：李宗盛　曲：李宗盛　演唱：赵传

　　我是一只小小鸟，未来会怎样，究竟有谁会知道。初次面对这偌大茫茫的世界，何处是栖身之所？这似乎是每个人都难免会感到的彷徨。然而，大器往往晚成，人生宜如鸿雁，一日日坚持，一日日进步，终究会飞上蓝天，到达彼岸。

（赵洁绘）

第五十三卦　渐　巽上艮下　风山（守礼渐进）　**干衍陆，木陵岸**

渐：女归吉，利贞。

渐卦。女子出嫁吉祥，适宜正固。

上九：鸿渐于陆，其羽可用为仪，吉。

■■■■■　岸羽为仪：鸿雁渐飞向通衢，它的羽毛可做礼仪饰品。吉祥。

九五：鸿渐于陵，妇三岁不孕，终莫之胜，吉。

■■■■■　陵妇不孕：鸿雁渐飞于山陵。妇人三年不怀孕，最终没人能取胜。吉祥。

六四：鸿渐于木，或得其桷（jué），无咎。

■■■■ ■■　木桷无咎：鸿雁渐飞于树，或栖息于平直之桷木。无灾。

九三：鸿渐于陆，夫征不复，妇孕不育，凶。利御寇。

■■■■■　陆凶御寇：鸿雁渐飞向高地，丈夫出征不回，妇女怀孕流产。凶，只利于抵御外寇。

六二：鸿渐于磐，饮食衎（kàn）衎，吉。

■■■■■　磐食衎衎：鸿雁渐栖于磐石，饮食和乐。吉。

初六：鸿渐于干，小子厉，有言，无咎。

■■■■ ■■　鸿渐于干：鸿雁渐渐飞到水边，小孩有危险，但加以责诚则无灾。

渐卦上巽下艮，巽为木，艮为山，山中之木有渐长之势。卦中有互坎（六二、九三、六四）与互离（九三、六四、九五），为男女相交之象，利于女子嫁人（女归吉）。又坎为北，离为南，上卦巽为进退，南来北往，进退行止，为候鸟大雁，故全卦各爻以鸿为喻。鸿雁迁徙，依季节而行，有节度可循，并非一蹴而就。以喻君子建功立业，要行事有序，渐进而为君王。教化民心，也要以渐进的方式，感人深刻，方可移风易俗。

渐卦之领导启示：老子"天下难事，必作于易；天下大事，必作于细"，又有"千里之行始于足下"。任它风云流转，环境突变，领导者潜下心来，韬光养晦，积蓄力量，才是亘古不变之道。随着力量渐强，羽翼渐丰，飞黄腾达，自是水到渠成。

初六，阴爻阳位，在全卦之初，最为弱小。前临互坎，坎为水，因此是鸿雁到了岸边（鸿渐于干）。在下卦艮中，艮为少男，少男遇到坎险，幼小无力，惊惧难渡（小子厉），不免受到大人的指责（有言），受到批评并非什么坏事，可以有助于孩子成长（无咎）。

鸿渐于干之领导启示：老子有言"自知者明"，领导者在创业初期，要有自知之明。事业草创，诸事未备，此时鼠辈庸人冷嘲热讽，竞争对手议论抨击，然领导者自要岿然不动，不受其所激，不贸然行事。

六二，阴爻阴位。六二在下卦艮中，艮为石，在互卦坎中，坎为水，引申为酒食。鸿雁渐渐长大，可以飞到磐石上（鸿渐于磐），并且可以自己觅食（饮食衎衎）。

磐食衎衎之领导启示：领导者在这个阶段，力量还很弱小，要专注于积累经验，积蓄能量，韬光养晦，以待厚积薄发。同时也要适当走出原来的圈子，以不断的小进步换取质的变化。

九三，阳爻阳位。在下艮与互坎中，艮为山，为高，坎为水，为平。高平之象为"陆"。随着自身力量的不断壮大，鸿雁渐进到高平的陆地（鸿渐于陆）。坎又为险，此时的环境依然恶劣，好比丈夫出征不回来（夫征不复），妇女怀孕不生育一样（妇孕不育），行动无果。此时应抵御外界侵扰（利御寇），安心壮大自己。

陆凶御寇之领导启示：领导者在弱小之时，困难重重，要懂得躲避危险，为事业的发展创造良好空间。马云讲"蚂蚁躲得好，大象是踩不死的"，力量弱小，领导者更要随机应变，以智取胜，保存实力，渐谋壮大。

六四，阴爻阴位。在下卦巽中，巽为木。下卦艮为门阙，六四在其上，为门上之椽，鸿雁羽翼渐丰，已可以高飞于树上（鸿渐于木），也可以在屋椽上栖息（或得其桷），已有跃跃欲试，即将高飞之象。

木桷无咎之领导启示：随着实力渐强，领导者要应时而动，以寻求事业突破。基础已巩固，后方已无忧，乘长风破万里浪，涛头迎立，正在此时。

九五，阳爻阳位。与六二正应，六二在下卦艮中，艮为山，九五在其上，是鸿雁飞到了山陵之上（鸿渐于陵）。上卦巽为妇，为不果，相当于不能怀孕（妇三岁不孕）。以此来喻事业发展过程中曲折重重。但因积蓄已久，下有所应，终会战胜困难（终莫之胜），取得吉祥。

陵妇不孕之领导启示：前路坎坷，荆棘丛生，成功路上的陷阱无处不有。然"世上无难事，只要肯登攀"，坚持就是胜利，领导者无畏的勇气和坚韧的毅力终将引事业入坦途。

上九，阳爻阴位。在巽的上爻，巽为进退不果。鸿飞至此，已知进退之道，处高而返于下，因而又回到陆地之上（鸿渐于陆）。因鸿雁迁徙准时有信，且忠于爱情，古人把它的羽毛用在礼仪当中（其羽可用为仪），以崇尚其德。

岸羽为仪之领导启示：领导者以稳扎稳打获得的成功，有坚实的基础，事业之牢固，自不待言。俗言"有备则制人，无备则制于人"，实力强大，有备无患，方可潇洒进退，收放自如。

在马拉松比赛中，曾有一位叫山本田一的传奇选手，两次夺得世界冠军。记者多次采访，向他询问冠军秘诀，性情木讷的他只是淡然道："用智慧战胜对手。"这样玄奥的答案与常人所言迥异，令人迷惑不解。

十年后，这个谜团终于在其自传中被揭开。原来每次比赛，山本田一都要乘车把比赛的线路勘察一遍，并标出沿途醒目的标志，如起点一百米后为银行；银行二百米后为大树；大树一百米后为红房子……直到终点。比赛开始后，他便首先冲刺到第一个标志，接着是第二个标志，40多千米的赛程，被分解为一个个小目标，逐次完成。一如鸿雁成长高飞那般，依次飞越"干、磐、陆、木、陵"，终至通衢达道。而如果只是一味地着眼于最后的终点，那么跑几十公里便会被前方遥不可及的路途吓倒，再没有前进的斗志了。

山本田一的做法，确实也有些心理学的依据。心理学家的许多实验都证明了这一点：当人们有了清晰的目标，并能不断使行动与之参照，进而能明确地知道自己每一次的进步、每一次的努力，那么人们的动力就会不断得到维系加强，人便自觉地调动潜能，克服困难，最终迈向目标。

这也与领导学的法则如出一辙：当企业面临变革，领导者应以循序渐进，积小为大的方式来化解改革中的风险。一方面，小胜可以积累为大胜；另一方面，小胜可以带来信心，赢得众人的认同，保持前进的动力（张兵，2009：6-7；林军、华夏，2011）。

从"鸿渐于干"到"鸿渐于陵"，是渐进式的发展。我们做事之所以会半途而废，这其中的原因，往往不是因为难度较大，而是觉得成功离我们较远。确切地说，我们不是因为失败而放弃，而是因为放弃而失败。在人生的旅途中，我们稍微具有一点山田本一的智慧，一生中也许会少许多懊悔和惋惜。

山田本一的故事中也蕴含着心理学上的"皮格马利翁效应"。皮格马利翁效应也称为自我实现预言（selffulfilling prophecy），旨在通过积极的心理暗示，激发自我潜能。1968年，美国心理学家罗森塔尔（Rosenthal）和贾克布森（Jacobson）曾进行过一次期望实验，实验表明，被随机选取的学生在"我是最有潜力的学生"这一暗示下，会更加努力学习，实现飞速进步（雷敏，2005）。每天给自己一点暗示，便会每天进步一分，积少成多，积小才华而为大领袖。

第十一节　盛中防衰之丰卦

我有一帘幽梦

不知与谁能共

多少秘密在其中

欲诉无人能懂

窗外更深露重

今夜落花成种

春来春去俱无踪

——《一帘幽梦》

词：琼瑶　曲：刘家昌　演唱：萧丽珠

　　一帘幽梦，遮蔽繁华如许，梦里不知身是客，贪欢不见风雨。往往事情极其顺利的时候，就是最需要警惕的时候。事缓则圆，然而人性却是宁愿躲在屋里，贪享这片刻的温馨繁盛，哪管外面早已狂风暴雨。

（赵洁绘）

第五十五卦 丰 震上离下 雷火（日中盛大） **配斗沫，夷章幔**

丰：亨，王假（gé）之，勿忧，宜日中。

丰卦。通达。君王带来了丰盛，不用忧虑，适宜太阳在中午的时候。

上六：丰其屋，蔀其家，窥其户，闃（qù）其无人，三岁不觌（dí），凶。

幔屋蔀家：密草幔幕，盖蔽住房屋家门。窥视他的门户，寂静无人，三年不见人。凶险。

六五：来章，有庆誉，吉。

来章庆誉：招来贤才，得到福庆美誉。吉。

九四：丰其蔀，日中见斗，遇其夷主，吉。

遇夷主吉：草棚蔽日，中午出现星斗，遇到他的伙伴。吉祥。

九三：丰其沛，日中见沫，折其右肱，无咎。

见沫折肱：慢幕蔽日，日中正午可见小星，折断右臂。无灾。

六二：丰其蔀（bù），日中见斗，往得疑疾，有孚发若，吉。

日中见斗：草棚蔽日，中午出现星斗，前往必遭猜疑，心怀诚信前往。吉。

初九：遇其配主，虽旬无咎，往有尚。

配主虽旬：遇到匹配的主人，虽十日也不怕，有礼貌而前行。

丰，大也，德业盛大之意。上卦震为行，下卦离为光明。在光明中前进，可以亨通，可以发展盛大。假，至也。君王亲自祭享（王假之），是崇尚丰大的意思。互卦兑（九三、九四、六五）为悦，不必忧虑（勿忧）。因行事光明磊落（宜日中），没有什么不义之得。

丰卦最忌私心。故《象》曰："宜照天下也。"虽然道德遍洒，但盛大到一定程度，必有许多阴暗的灰色地带，好比人心不可能一味的光明，世道也不可能一味的正义。丰卦有鉴于此，六爻皆展示了盛大之中不同层面的问题。不懈地解决问题，方可长保安泰。

丰卦之领导启示：盛极而衰，天道循环，屡试不爽。然总有一些领导者，能够参悟其中奥秘，长盛不衰。所谓的衰，有两个方面，一是制度的惰性，实施越久，漏洞越多，牵涉利益盘根错节，往往不能应时而变；二是人心的腐坏，利益越大，人越骄纵，更生出贪图享乐的心理，或者为了权力地位，患得患失。若要长久，便要在这两个方面防微杜渐，缺一不可。

初九，阳爻阳位。上与九四不应，但与六二相比，六二在中位，中位为主，可以遇到与自己匹配的主子（遇其配主）。因丰卦为"明以动"，初九在下遇主，是基层关系融洽，与上心意相通之意，因此可以免于灾害（虽旬无咎）。基础稳固之后，才能更进一步发展（往有尚）。

配主虽旬之领导启示：即使事业有成，领导者也要注意与基层保持密切的联系。《尚书》"天视自我民视，天听自我民听"，成功而不脱离群众，放下身段，虚心聆听，才能顺天应人，长盛不衰。

六二，阴爻阴位。"蔀"是草席遮蔽之物。在下卦离的中位，离为日，是在太阳中间，向上是震卦，震仰盂如斗，盖住了在下的光明。虽有太阳，却被遮覆（丰其蔀），黑暗之甚，在中午也能看见星斗（日中见斗）。上无所应，前往会受到猜忌（往得疑疾），但上下相邻的为阳爻，阴阳有信，可以互相信任而得吉（有孚发若）。

日中见斗之领导启示：领导者要有一双慧眼，以辨别贤愚。若领导者昏庸无能，弃贤者如敝屣，视小人如金玉，则君昏民匮，事业将遭到极大的挫折。但此时正道未衰，实力尚在，经时间的考验，组织会自行调节，恢复组织内部的正常运转。

九三，阳爻阳位，类于六二，但九三距上卦之斗更近，遮蔽愈甚，更加黑暗。《九家易》说："大暗谓之沛。"天下一片黑暗（丰其沛），正午可以看到很小的星星（日中见沫）。九三在互卦巽（六二、九三、九四）中，巽为股，上身为肱，又在互卦兑（九三、九四、六五）中，兑为西，为毁折。商纣时期，周文王在西边，西方为右，是商王的股肱之臣，却被抓了起来（折其右肱）。然因位正，文王最终可免于灾祸（无咎）。

见沫折肱之领导启示：若领导者仅凭一己之好恶选任人才，稍有不慎，罢黜忠良，便如宋文帝"乃自坏汝万里长城"（《南史·檀道济传》），事业倾颓，将不日而至。领导者要建立相应的监督对冲机制，避免因一己过失，断送组织的前途。

273

九四，阳爻阴位。在上卦最下爻，位不正，仍为遮蔽之象，上与六五邻比，六五为主位，阴阳相得，虽天地黑暗依旧，但有明主可以跟随（遇其夷主），前往有吉。

遇夷主吉之领导启示：领导者及时反省，真诚悔过，自然会有同道者前来帮助。"邦无道则隐"，组织黑暗，贤人遇到这样的环境往往都隐而不出，一旦领导者有涤清组织的愿望，他们自会群起而效力，以恢复组织的正常秩序。

六五，阴爻阳位。九四与六五亲比，阳爻为含章之君子，贤德之人前来相助（来章）。在互卦兑（九三、九四、六五）中，兑为口，为誉，可以得到赞誉（有庆誉）。

来章庆誉之领导启示：剥除组织内部的腐败与黑暗，最重要的还是要恢复建立公开透明的管理制度与用人制度。领导者受命于危难，"挽狂澜于既倒，扶大厦于将倾"，仅仅依靠人力是不够的，体制的彻底改革，要比单纯的打击腐败有力得多。

上六，阴爻阴位。位处穷极，虽与九三相应，却因黑暗而不得见，九三为贤人君子。好比家中被遮蔽了起来（丰其屋，蔀其家）。亲友皆离去，从门中窥视（窥其户），不见一人（阒其无人），多年不得相见（三岁不觌）。家中环境恶劣，以致众叛亲离，只剩下自己孤家寡人，祸不免矣。

蔀屋蔀家之领导启示：领导者不施仁义，对忠臣贤士妄加迫害，难免众叛亲离。盛极而衰，说的是人心，而不仅仅是事业。事业有成，领导者往往变得丧失斗志，贪图安逸，甚至妄自尊大，刚愎自用。年轻时的警戒，抛在了脑后，患难之交的忠言，也认为是对权威的亵渎。人性之脆弱，于此可见一斑。

深圳万科创建于"中国企业元年"——1984 年。其 A 股股票在深交所的代码为000002 号，可见资历之深。至 2016 年，万科凭借 1 843.18 亿元的营收首次跻身《财富》"世界 500 强"，位列榜单第 356 位。万科能有如此成就，应当更多归功于其极强的反思精神，在很长一段时期内，万科掌门人王石正是这精神的倡导者和实行者。

万科曾是暴利年代最典型的受益者和受害者。80 年代，王石搞贸易起家，时人称之为"倒爷"，刚开始贸易的利润在 80% 以上，但因眼红者日多，利润不断下滑，甚至到了 2%。王石称，把 1984 年之后做贸易的盈亏相加，利润是负数。这次苦涩的教训对万科以后的发展影响很大。

进入暴利的房地产行业之初，万科更尝过无限的甜蜜。1992 年，万科已经可以做到买一块地，拆迁转手，便可大赚 100% 的利润。这样的暴利在公司创业之初，需要尽快地生存壮大，"虽旬无咎"，是无可厚非的。但王石很快意识到，市场终究是要归于平均利润的，暴利和高风险相随，如果一着不慎，将会是灭顶之灾；而且一味追求暴利，将使得企业心态浮躁，不顾小利，从而丧失许多发展的契机。即是"丰其沛"而"折其右肱"，因业绩繁盛，不知反省致败。

到了 90 年代中期，深圳地产业被"利润率低于 40% 不做"的心态左右，由于尝过了暴利的百般滋味，王石决定为万科寻找一条更加稳健的发展策略，提出了"高于 25% 不做"的口号。正是由于王石的努力，及时使万科回到了理性的轨道，保证了此后长期发展的后劲。

显然，万科虽然强大，但其发展并非一帆风顺的，并且在当今的新的经济环境中面临更多的挑战和风险。企业越大越容易失败，这是历史教训。而种种经验表明，从制度上遏制暴利的关键就在于"遇其夷主"，企业家的个人素质和反思精神至关重要。创业者如果能遏制住自己疯狂扩张的冲动，以长远的考虑代替短期的暴利，使企业形成稳定良性的运作模式，便可以为企业的制度化发展打下基础，从而实现从创业者到经营者的转变。事实上，王石便认识到了这一点，他 1999 年辞去万科总经理之职，仅任董事长，成为"职业经理阶层"最积极的倡导者和推动者（吴晓波，2015：108-110）。

无论王石近年来存在怎样的争议，但是他在房地产狂热的时代却坚持利润"高于 25% 不做"，这正是眼光长远的抉择。"天将使其灭亡，必先使其疯狂"，若在高速发展的时候傲慢自大，便会"丰其蔀"、"丰其沛"。历史无数次证明，疯狂是遮蔽人、使人走向灭亡的最好武器，无声无息，杀人无形。

如何盛中防衰，需要领导者的智慧，但更重要的是要形成一个足以抗衡"疯狂"的项目管理制度，在管理学中，叫作"三角原则"。三角原则认为，一般项目都有三个主要限制条件，形成了一个三角，即"项目管理三角"。改变这个三角的其中一边，就必然会影响到另外两边。这三个约束条分别是：其一，时间，这是最难控制的一边；其二，成本，当时间变得很重要时，成本会激增；其三，范围，即项目预定要完成的工作。

项目的质量是受这三个因素的平衡关系所决定的。形象地看，项目范围、时间和成本就是三角形的三条边，而项目质量就是这个三角形的面积。为了缩短项目时间，就需要增加项目成本或减少项目范围；为了节约项目成本，可以减少项目范围或延长项目时间；如果需求变化导致增加项目范围，就需要增加项目成本或延长项目时间。

因此，项目计划的制定过程是一个多次反复的过程，根据各方面的不同要求，不断调整计划来协调它们之间的关系。在项目执行过程中，当项目的某一因素发生变更时，往往会直接影响到其他因素，需要同时考虑一项变更给其他因素造成的影响，项目的控制过程就是要保证项目各方面的因素从整体上能够相互协调。按照三角原则来进行每一个项目，可以保证项目不偏不倚，稳定发展，不至于偏离正常的企业轨道。如此，自然也就达到了盛中防衰的目的。

第十二节　柔性领导之巽卦

在那遥远的地方

有位好姑娘

……

她那美丽动人的眼睛

好像晚上明媚的月亮

我愿抛弃了财产

跟她去放羊

——《在那遥远的地方》

词曲：王洛宾改编　演唱：阿鲁阿卓

佳人温柔可爱，可以使得英雄放下江山，与之偕老。英雄侠骨柔情，更可以团结志士仁人，共创宏图伟业。亲和力是柔性领导的关键，尊重是柔性领导的内涵。柔弱胜刚强，没有强权，胜似强权。

（赵洁绘）

第五十七卦　巽　巽上巽下　风（柔顺于刚）　**进巫频，三庚丧**

巽：小亨，利有攸往，利见大人。

巽卦。稍有通达。适宜有所前往，适宜见到大人。

上九：巽在床下，丧其资斧，贞凶。

丧斧贞凶：伏在床下，钱财被劫，占凶。

九五：贞吉，悔亡，无不利。无初有终，先庚三日，后庚三日，吉。

先庚后庚：贞吉，恨消了，所无不利，开头不好后来好，在庚日的前后三日，吉利。

六四：悔亡，田获三品。

田获三品：悔消除，田猎有功获三种祭品。

九三：频巽，吝。

频巽之吝：忧郁顺从，有难。

九二：巽在床下，用史巫纷若，吉无咎。

床下史巫：顺从如在床下，能效法史官、像占人或巫祝般虔诚，则吉无灾。

初六：进退，利武人之贞。

进退利武：犹豫进退。利于武人之占。

《说卦》："巽为入。"风入以柔不以刚。卦中两个柔爻都在刚爻之下，符合以柔顺刚之理，柔为小，小有亨通（小亨）。刚爻占据上下卦的中位，为君子，为大人（利见大人），位尊德正，可以大行其志（利有攸往）。

《象》曰："重巽以申命。"巽为风，风是上天的号令，号令反复下达，可以深入人心，取得民众的理解和支持。在上位者"巽乎中正"，推行政令"柔顺乎刚"，风吹物随，令出众顺，进而"申命行事"，何愁大业不成。

巽卦之领导启示：柔顺是重要的领导技巧。庄子"形莫若就，心莫若和"，领导方法得当，顺以从人，则润物无声，功业自化，有事半功倍之效。柔顺之道有三：一个是柔以和团队，二柔以取信于民，三柔以渐成事业。领导者若参悟柔顺之法，如古人言"百炼钢化作绕指柔"（《重赠卢谌》），成功可翘首而待。

初六，阴爻阳位。在两个巽卦之下，巽为进退不果。意志不坚，游移不定（进退）。

此时要有如军人般坚毅果决的心态，才可以稳定局面，有所成就（利武人之贞）。

进退利武之领导启示：领导者要明白，用柔不过是手段，坚定的意志才是根本。曲线救国，为的是使人心悦诚服，使成功之后的事业更加稳定和谐。如果颠倒了本末，那样的柔，只会受制于人。

九二，阳爻阴位。"史"为祝史，负责卜筮，"巫"为拔禳消灾之职，皆与神明往来，测知天命。巽为木，为床，九二虔诚地匍匐在床下（巽在床下），聆听巫史的教诲（用史巫纷若）。如此柔顺真诚，自然可得吉而无咎。但柔顺自卑不可过度。蒙卦有言："初筮告，再三渎。"柔过则媚，不可不察。

床下史巫之领导启示：白居易有诗"周公恐惧流言日，王莽谦恭未篡时，向使当初身便死，一生真伪复谁知"，下属以柔媚上，以致危亡，历史屡见不鲜。领导者要有明辨真伪的智慧，看到事物本质，才能不被表面的柔顺迷惑。

九三，阳爻阳位。在上下卦之间，上下不定，巽为号令。九三易受人影响，稍有变化便即顺从，频繁地更改政令（频巽），会有危吝。

频巽之吝之领导启示：俗言"君无戏言"。领导者要能够柔而有度。如果过于柔弱，容易被人言影响，政令稍有困难，便连更不迭，会导致组织混乱，动摇领导者的权威。一言九鼎的领导者，才能有强大的执行力，带领组织进步。

六四，阴爻阴位。邻比皆为阳爻，承上启下，有"柔顺刚"之象，可以消除悔恨（悔亡）。巽为鸡，互兑（九二、九三、六四）为羊，互离（九三、六四、九五）为牛，在田猎中获得了三种猎物（田获三品）。

田获三品之领导启示：组织内的中层领导者，是承上启下、保证组织和谐稳定的关键。柔顺之法，是为了获得融洽的关系，取得组织的认同。保持正道，才能有所成就，无愧于心。

九五，阳爻阳位。位中且正，为尊位，可以正固有吉（贞吉），消除悔恨（悔亡）。古人用"甲乙丙丁戊己庚辛壬癸"十天干纪日，甲为首，癸为终，庚前三日无甲，后三日有癸，没有善始，却有善终（无初有终）。九五位尊而劳心百姓，不因时间的变化而更改政令（先庚三日，后庚三日），开始或许成效较小，最终会大利于百姓。

先庚后庚之领导启示：领导者不仅要能游刃于民意之中，又要能独立其外。《易传》"百姓日用而不知，故君子之道鲜矣"，领导者之所以为领导者，是因为掌握了百姓所"不知"之道，因而能够指引组织，开拓事业，但同时也要广采民意，调和两者，以获得更广泛的认同和支持。

上九，阳爻阴位，在终位，可谓柔顺到了极点。穷上返下，变成了在床下般顺从（巽在床下）。下临互卦离（九三、六四、九五），离为斧，斧为大将的礼器，象征权力。过于柔顺，被小人窃走了军权（丧其资斧）。

丧斧贞凶之领导启示：对于柔顺之道，领导者要有清晰的认识。柔顺是以仁待民，而非以弱待民，过于柔顺，流言便诘其无能，甚至把领导者的善意当作软弱可欺。因此，领导者在以柔顺之态取信于人的同时，也要以刚毅之志立威于民。如此，威信愈高，则命令下达，如春风化雨，无处不行。

马云与史玉柱的成功有着共同的时代背景：同在 IT 业；同是行业创新先锋；同样执着于理想和信念；同样将顾客的需要置于至高的地位；同样缔造了自己的企业神话。他们无疑位列我们这个时代最有人格魅力的领导者群体，二人的魅力一方面源于他们传奇色彩的经历，另一方面则来自二人截然不同但特色鲜明的领导风格。

从柔性领导理论角度看，马云与史玉柱代表着两个不同时代。如果说史玉柱代表传统领导的暮年，那么马云则宣告柔性领导时代的开始。史玉柱从传统领导那里得到了谋略与铁腕，马云从时代中获得了愿景与信念。在"史玉柱们"的时代，"马云们"是一群值得尊敬的幻想家；在"马云们"的时代，"史玉柱们"是一群充满力量的堂吉诃德。马云坦言："研究对手就是往后看，只有研究明天、研究自己才是往前看。"因为在柔性领导的组织中，下属不再是对手，竞争对手不再是死敌，每个人都是柔性领导影响力网络上的节点。

对于柔性领导来说，没有敌我之分，只有网络内外之别，柔性领导不懈追求的是将所有资源纳入网络（当然也包括竞争对手在内），对他们来说，分享资源比占有资源更有吸引力。马云和史玉柱都会为团队成员建立愿景，史玉柱为下属许下"苟富贵勿相忘"的承诺，并身体力行；马云给团队承诺的则是美好的理想和无比坚定的信念，"用史巫纷若"，他以愿景团结人，而不是具体可见的物质前景。

"史玉柱们"牢牢把握以财力为基础的组织权力，"马云们"则尝试使用非权力影响他人。马云的团队中，无论是来自华尔街的精英还是对他充满崇拜的大学生，都被其理想与领导魅力所吸引，故有"田获三品"之吉，以至于有些人才加盟阿里巴巴时马云本人都感到吃惊。非权力影响力能够轻而易举地跨越组织边界，马云在全社会范围内建立了阿里巴巴的影响力网络，并使用这张网络调配全社会的资源。

在新的经济环境下，企业的网络成长不单凭财力弱肉强食，而是在新的理念平台上重新整合资源，具备先进的理念、开放的平台、潜力巨大的虚拟空间的企业才可能"消化"网络。如果从企业成长方式来看，马云成为柔性领导既是他本人的选择，也是阿里巴巴成长的客观需要。马云的实践向人们证明，在知识经济时代，以理念和愿景凝聚的强大团队不仅利于创建一个企业，更利于以此为平台实现企业扩张。在阿里巴巴的扩张中，理念的"虚"与企业资本运作的"实"、企业实体的"形"和企业文化的"神"在马云的柔性领导艺术中相得益彰，不断造就奇迹。

《基业长青》的作者吉姆·柯林斯说："未来的一批长久成功的大企业将不再是由技术或产品的设计师建立的，而是由社会的设计师建立的。"马云就是这样一位设计师，柔性领导的力量在马云身上得到了很好的体现，故而"利有攸往"。难怪比尔·盖茨说："下一个比尔·盖茨是中国的马云！"（许一，2009）

如果说史玉柱是一头嗅觉敏锐的狼，那马云就是一只羽翼光鲜的孔雀，史玉柱许人以食物，马云许人以美好。巽卦是风，风顺物而不违，马云就是以风的姿态，把自己的理想吹拂到每个员工的心里。马云这样的领导者，也叫作亲和型领导者。

亲和型领导的显著风格是在员工之间以及领导者与员工之间建立情感纽带，创造一种和谐的气氛。如果说专家型领导要求"照我说的做"，而权威型领导鼓励大家说"跟我来"，那么亲和型领导则会说"员工优先"。这一领导风格以员工为中心，其倡导者们认为个人和情感比任务和目标更重要。亲和型领导想方设法让员工感到开心，并在他们中创造一种和谐的关系。他通过建立牢固的情感纽带而进行管理，得到的是员工的耿耿忠心。

在领导学中，亲和力与领导之间的关系总是因现实的原因模棱两可。利他、柔性和敏感都是亲和力性格的特征，但现实中的领导者往往并不是特别谦逊，也正因此，亲和力才对领导者显得更加珍贵，也更能够在特定情境中获得人们的向心力和凝聚力。

第七章　逆势领导策略

第一节　反对封闭之否卦

我站在烈烈风中

恨不能荡尽绵绵心痛

望苍天

四方云动

剑在手

问天下谁是英雄

——《霸王别姬》

词：陈涛　曲：冯晓泉　演唱：屠洪刚

　　项王意气尽，虞姬奈若何。古来英雄可歌可泣，可悲可叹者多矣。昔日的辉煌易使人生出骄矜之心，自以为天下无敌，便是与天下为敌。身为领导而不能俯首聆听，封闭自固，繁华必成哀怜。

（马婧奕绘）

第十二卦　否　乾上坤下　天地（大往小来）　　**茹承羞，命休安**

否（pǐ）：否之匪人，不利君子贞，大往小来。

否卦。违背人的需求。不适宜君子正固，大的前往，小的来到。

上九：倾否，先否后喜。

倾否则安：倾覆闭塞，先阻隔后欣喜。

九五：休否，大人吉。其亡其亡，系于苞桑。

休否其亡：停止闭塞，大人吉利。将亡将亡，系结在桑木上。

九四：有命无咎，畴离祉。

有命无咎：有天命，无灾，同类依附得福祉。

六三：包羞。

包羞不当：包容羞辱。

六二：包承。小人吉，大人否亨。

包承小人：包容承受，小人有吉，大人先受阻，后亨通。

初六：拔茅茹以其汇，贞吉，亨。

拔茅茹汇：拔除茅草而连其同类，贞占吉祥，亨通。

否卦上乾下坤，乾为天，阳气上行，坤为地，阴气下降，天地相隔而不交，阴阳不通，为否塞之意。且阴爻有逐渐侵蚀取代阳爻之象，《象》曰："小人道长，君子道消也。"君子遭受困厄（不利君子贞）。君子为大，君子离去而小人渐渐得势（大往小来）。

否卦之否塞不通，是常有之事，祸兮福兮，全在人们如何对待。《象》曰："君子以俭德辟难，不可荣以禄。"小人盛行，君子要有不乱群之志，不去随从附和，甚至谋取利禄。要静待时机"动心忍性，增益其所不能"（《孟子·告子下》），在苦难中坚守，静待天道循环，否极泰来。

否卦之领导启示：在事业遭遇困难时，领导者要有视危机为契机的魄力，要有转困境为顺境的毅力与信念。物极必反，天道循环，危亡中总蕴含着希望。领导者一方面要蓄积力量，等待时机，然扭转局势，非刚健勇猛之士不能行之；另一方面要坚守正道，切不可因处逆境而放弃底线，无所不为，古语有"君子固穷，小人穷斯滥矣"（《论语·卫灵公》），当深诚之。

初六，阴爻阳位。否塞的情况刚刚开始。上应九四，君子虽身处底层却心系高位，希望得到支持，但否卦为上下不通之卦，民情难达于上。底下的阴爻只好团结起来，自立求生。初位为根，就像茅草的根系牵连一般（茹以其汇），互相扶持，共渡难关。

拔茅茹汇之领导启示：困境之中，最忌轻言妄动，领导者应知时能退，积蓄能量，静待转折点的到来。应看到此时组织内依然人心不散，守望相助，领导者应利用这点优势，广开言路，上下相交，力辟闭塞之势，切不可自乱阵脚，刚愎自用。

六二，阴爻阴位。在下卦坤中，坤有载物之厚德，可以包容民众，得到百姓的支持（包承）。由于阴长阳退，小人会渐多（小人吉），君子则渐入否塞之境（大人否）。这是时势所然，君子退隐于民众之间，是不愿同流合污。

包承小人之领导启示：领导者应于逆境中守持正道，坚持原则，亲贤远小，与组织中的贤淑之士密切联系，积极沟通，以期走出困境，开辟新的局面。若听信小人诌媚逢迎之辞，则是走了歧路。

六三，阴爻阳位。位置不好，处天地之交，有所积蓄，想要走入上卦。但上比邻九四也是位不正，遭到羞辱。杜牧有诗："包羞忍辱是男儿。"前进之中，要有忍辱负重的心理准备。

包羞不当之领导启示：转变时机到来之时，领导者仍需韬光养晦，小心谨慎，不可自以为已经集聚相当的力量而急于冒进，放松警惕，功亏一篑。转折之点虽有"大好风光就在眼前"的美好前景，但也是风险最大的时候，所以不可不备。"靡不有初，鲜克有终"（《诗经·大雅》），坚持到最后的才是胜利者。

九四，阳爻阴位。在互卦巽（六三、九四、九五）中，巽为风，为命令。受到九五君王之命而没有咎害（有命无咎）。"畴"为同类，九四挡住了阴爻上行之势，同类的九五和上九因此而得到福祉（畴离祉）。

有命无咎之领导启示：转危为安的时机到来之时，领导者应当机立断，雷厉风行。因为有之前的隐忍和坚持，以及锲而不舍地蓄积力量，此时坚定自己所行，众人自当归附。

九五，阳爻阳位。下邻互卦艮（六二、六三、九四），艮为止。否塞不通的情况到此消失了（休否）。九五君王有德，看到阳气上长，有危机意识，心存"我将亡"的忧患之思（其亡其亡），居安思危，可使国家如系在大桑树上一样稳固（系于苞桑）。

系于苞桑之领导启示：领导者应居安思危，戒惧危亡。危机虽已度过，然需总结经验教训，警钟长鸣，不可放松戒备，耽于享乐。孔子有言"是故君子安而不忘危，存而不忘亡，治而不忘乱，是以身安而国家可保也"（《周易·系辞下》），即是此理。

上九，阳爻阴位。物极则反，否极泰来。否塞不通的状况至此而彻底倾覆（倾否），有拨云见日的满腔喜悦（先否后喜）。

倾否则安之领导启示：领导者必有刚阳之才，方可力挽狂澜，扭转局面。"极而必反，理之常也"（《程氏易传》），然而这也需人力的积极参与，所以领导者应砥砺自我，不断提升自身综合素质，修乾健之德，这样面对逆境之时，才能有不惧危难，转"否"成"泰"的从容与自信。于挫折之中坚持信念，坚守希望，力行不怠，终能守得云开见月明。

在改革开放后的中国企业发展史上，赵新先是无论如何也绕不过的名字。1985年的仲夏，带着从粤北老乡那里搞来的中药配方，43岁的赵新先受命在深圳城郊的笔架山上建一座小药厂。19年间，他从无到有创造了中国最赚钱的中药企业，并扩张为一个巨大的企业集团，涉足药业、农业、房地产、食品、汽车、旅游等八大产业，总资产超过200亿元。其中，最广为称道的标志性事件是1995年的时候，他在美国纽约曼哈顿最繁华的时代广场，竖起了第一个中国公司的广告牌——999三九药业。但是，虽有如此耀眼的成就，最终也免不了在2004年黯然下台，身陷囹圄，真可谓"其兴也勃焉，其亡也忽焉"，何以至此呢？

答案便在于赵新先的企业管理模式。在三九集团内，赵新先是总经理兼党委书记，下面没有副总经理，集团总部只设党务部、财务部和人事部三个机构，赵新先下有五个秘书，分管相关具体事务，类似明清时的依凭内阁治国的独裁皇帝，毫无"拔茅茹汇"，亲近基层的姿态。辉煌之时，赵新先曾得意地称之为"一人模式"。1992年9月25日，时任国务院副总理的朱镕基到三九集团视察后提出要跟药厂领导合影，让赵新先把副厂长也都叫来，赵新先说："副总理，我这儿没有副厂长，领导就我一个人，我是厂长、书记、总工程师一身兼。"经记者报道，一时传为美谈。然而吴晓波对他的评价却是："成也一人，败也一人。"

在资本市场的跑马圈地，使三九迅速成长为"巨无霸"。有媒体报道，鼎盛之时的三九拥有 500 多家企业，但随着企业规模的扩大，管理的问题也日益暴露出来。三九从总公司到分支公司共有五级管理，底层信息想要上达几乎是不可能的。赵新先也无力应对诸多领域的管理事务，只好放任自流，贴上三九的牌子，听其自生自灭，全无"其亡其亡"的忧患警惕。赵新先像一个身披金甲的将军，站在军前为大家描绘着一幅幅美好的蓝图，却看不到军队的最后面早已混乱不堪，毫无战斗之力。美国《财富》中文版曾评论三九是"美国安然式的牛皮泡泡"。赵新先跑得越远，距离底层也就越远，企业管理的弊病也就越深。

到 2002 年底，三九集团的经营利润降到了 2 271.3 万元，债务 191 亿元，资产负债率高达 92%，资产回报率仅为可怜的 0.1%。大厦倾塌之势已经无可避免。即使如此，赵新先仍在中高层干部会议上叫嚣："没有我赵新先，就没有三九。"三九传奇终在 2005 年结束，赵新先因涉嫌经济犯罪被刑拘。可怜可叹，令人扼腕（吴晓波，2015：211–212）。

狂妄和自傲一向是天才们的定时炸弹，历史一次次地向我们证明，不知与底层沟通的领导者，终究是要失败的。在领导学中有独裁式领导的概念，独裁式领导者倾向于将所有的权力集中于自己身上，在组织内部通过职位、对薪酬的控制，有时甚至采取高压手段来获取权力。如此领导者在创业初期往往会有极高的效率，使企业取得惊人的成就，但在壮大之后，这样的管理模式却会亲手埋葬企业。

荷兰著名心理学家吉尔特·霍夫斯泰德（Geert Hofstede）在五维度文化模型理论中以权力距离（power distance）来分析这种组织的上下交流状况。他认为，组织中的官僚制度与家长式的领导风格都会在不同程度上造成上下级之间日益隔阂的局面，组织成员对此的认同与接受程度可以用权力距离来表示（Hofstede，1984）。权力距离大，意味着组织的领导者自我封闭，难以认识到基层的状况，此时企业的行动会上下不应，基层的腐败渐渐滋生，终会导致组织崩溃，覆水难收。

第二节　规避风险之坎卦

桂花儿生在桂石崖哎

桂花要等贵人来哎

……

桂花开放幸福来

幸福和毛主席分不开哎

分不开哎　分不开哎

——《桂花开放幸福来》

词：崔永昌　曲：罗宗贤　演唱：喻宜萱

20 世纪前半叶，中国共产党把中国从战乱流离的险难之中拯救了出来，开辟了新的发展时期。但新中国的建设也历经曲折，事实表明，一劳永逸的故事只存在于童话里。领导者掌舵组织的巨轮，务必要谨慎小心，探测出风险，控制好方向。

（马婧奕绘）

第二十九卦 习坎 坎上坎下 水（行险有信） **窅得来，牖祗拴**

习坎：有孚，维心亨，行有尚。

习坎卦。有诚信。因为内心真诚而通达。行动表现了上进。

上六：係用徽纆（mó），寘（zhì）于丛棘，三岁不得，凶。

▆▆ ▆▆ **纆拴丛棘**：被绳索捆缚，置于丛棘，三年不得解脱，凶。

九五：坎不盈，祗既平，无咎。

▆▆▆▆▆ **祗平无咎**：险陷未满，安定则险平，无灾。

六四：樽酒，簋（guǐ）贰，用缶，纳约自牖（yǒu），终无咎。

▆▆ ▆▆ **纳约自牖**：樽里有酒，竹器有食物，用瓦缶装简单的祭品，从窗户处送进，终无灾。

六三：来之坎坎，险且枕，入于坎窞，勿用。

▆▆ ▆▆ **来之坎坎**：来去于凶险之中，险陷以深，跌入陷穴之中，不可用。

九二：坎有险，求小得。

▆▆▆▆▆ **坎险小得**：坎中有险，仅求小得。

初六：习坎，入于坎窞（dàn），凶。

▆▆ ▆▆ **入于坎窞**：重坎，入于坎陷深穴，凶险。

《说卦》："坎为险。"《正义》曰："习有二义：一者习重也，谓上下俱坎，是重叠有险，险之重叠，乃成险之用也。二者人之行险，先须便习其事，乃可得通，故云习也。"故两坎重叠为习，熟谙坎险为习。坎又为心，中为刚爻有实，内心诚实有信（有孚），在坎险中尚且诚信守诺，其德义之高，自可行事亨通（维心亨）。《吕氏春秋》言："流水不腐，户枢不蠹，动也。"坎水有流动的特性，利于行有所进（往有尚）。

习坎卦并非单纯是危险之卦，更是行险用险之卦。有孚行险，可以无害，甚至结交患难之友，增益君子的才德。古人取法天地，设险筑城墙、挖城濠以守卫国家。以积极的态度面对坎险，可以转危为安，甚至有利于事业的进步。故《象》曰："险之时用大矣哉。"

坎卦之领导启示：领导者应谨慎履险。危险无处不在，要习惯危险，时刻警惕，如水之长流不息，经历的多了，自然通于应对之法，有"泰山崩于前而色不变"（《权书·心术》）的淡定从容。遇到危险时吸取教训，"前事不忘后事之师"（《战国策·赵策一》），有前车之鉴，就能见微知著，防患于未然。领导者作为群龙之首，面对险境尤其要有积极乐观的心态，坚定信念，谨慎守恒，方能履险，方可除难。

初六，阴爻阳位。自身柔弱，在两个坎卦之下（习坎），上无所应，堕入险境之中而不知所措（入于坎窞）。一开始便迷失正道，不可慌乱失措，指望侥幸渡险。

入于坎窞之领导启示：领导者应深察险境背后的原因，不可寄希望于侥幸脱险。任何危险的来临都不是偶然的，事出必有因，只有了解了陷入险境的原因，才可作为以后的借鉴，面对同样的问题时才可避免重蹈覆辙。

九二，阳爻阴位。仍处在坎中，未脱离危险（坎有险）。但与初六相比，九二上下皆有柔爻相比邻，可以得到支持。且在中位，行为适宜，有险而不凶，甚至会小有收获（求小得）。

坎险小得之领导启示：领导者应在困境中不失中正之德，取信于人，并于小处着眼，逐步改善处境，不可急功近利。领导者应该对险阻有自觉的认识，对脱险要有长远的心理准备。"九层之台，起于累土；千里之行，始于足下"，凡为学做事，必自求小得始。

六三，阴爻阳位。在上下卦之交，上下都是坎险（来之坎坎），六三想要脱离下面坎险，却发现前面也是坎险（险且枕），挣扎前进，却逃脱不出。这时不必做徒劳的努力了，不妄动，进而认真观察环境，寻找时机才是最好的选择（入于坎窞，勿用）。

来之坎坎之领导启示：领导者于险境之中当沉着冷静，不可轻举妄动。虽有急于脱险之心，但也要耐心观察形势，慎思明辨，若前路愈险，不妨暂作休息，虽未脱险，但也避免落入更深的危险之中。保全自身，才可待时而动，化险为夷。

六四，阴爻阴位。在上卦坎中，坎为酒。在互卦震（九二、六三、六四）中，震为仰盂，为祭器。又在互卦艮（六三、六四、九五）中，艮为门阙，在门内祭祀，很简约。此时已稍脱于险情，可以用一樽酒和食物祭器（樽酒，簋贰，用缶），在屋内进行简单的祭祀（纳约自牖）。因向神灵表达诚意可免于咎害（终无咎）。

纳约自牖之领导启示：领导者应以真诚待人，这样终将对自己有所助益。"诚者，天之道"（《孟子·离娄上》），面临重重险阻，仍能不失诚信，与人坦诚相交，必有同道者相助，减轻险情，排险济难。

九五，阳爻阳位。处尊位，位中，行事中正，而不满盈（坎不盈）。在互卦艮（六三、六四、九五）里，艮为止，九五君王带领民众脱离灾难，使民众得到了较为安定的环境（祗既平），免于咎害（无咎）。

祗平无咎之领导启示：领导者应发扬阳刚中正的美德，身先士卒，披荆斩棘，不辞辛苦，带领手下摆脱重重险阻，起到表率作用。居于尊位而履险有方，虽然深穴还未完全填满，未完脱离险境，但只要坚持下去，必能开通前路，脱离险境。

上六，阴爻阴位。《九家易》说："坎为丛棘，又为法律。"上六地位虽高，却畏首畏尾，不能带领人们走出困境，甚至乘刚逃脱，寻求自保。对于这样不称职的领导者，只好交于法律，问责处罪。用绳子把他绑起来（係用徽纆），投入到监狱里（寘于丛棘），让他坐三年大牢（三岁不得），以儆效尤。

纆拴丛棘之领导启示：领导者应有壮士断腕的魄力和挺身而出的勇气，在关键时刻能够当机立断，有所作为。险境之中，形势常常一发千钧，此时断不可优柔寡断，畏首畏尾，妇人之仁，否则将身处险境而无法解脱。

沃伦·巴菲特（Warren Buffett）是伯克希尔哈撒韦公司董事长，被誉为"美国股神"，曾长期占据福布斯富豪排行榜第二位。

巴菲特曾说："我的成功是在别人恐惧时我贪婪，别人贪婪时我恐惧。"当市场欣欣向荣的时候，投资大众就变得贪婪，如此而造成经济泡沫的不断膨胀，这便是"习坎，入于坎窞"，危险一步步临近而人不自知；而当经济萧条时，市场普遍处于下滑状态，人皆惊惧无措，反而是到了"祗既平"的时候，危险渐渐消除。巴菲特便是在这两种市场极端错误的时候，反其道而行，从而规避风险，获得巨利。

而支持他这种投资判断的基础，便是"价值投资"。价值投资是其老师本杰明·格雷厄姆（Benjamin Graham）所创造的投资理论，巴菲特是这理论的忠实践行者之一。作为一代宗师，格雷厄姆坚持认为，投资股票、债券，应当是一种商业行为，而不是投机。投机建立在消息之上，追求短期的利益，风险非常高，而基于事实的商业投资与其迥异，是建立在对公司的充分了解之上的投资，即"买股票就是买公司"。

格雷厄姆认为，有股市，就有风险，任何想在股市中生存的人，均需行之有效的策略来规避风险。他在《聪明的投资者》中从四个方面阐释了以"价值投资"为基础的风险规避之法：第一，要了解股票的价值。即对股票所代表的企业进行深入了解，以确定其实际价值几何，如此才能在高估时及时退出，在低估时果断买进。第二，认清所投资企业管理者的人格。企业管理者的素质和品格往往决定了公司的前途，一个正直可靠的管理者，不至于胡作非为，挥霍投资。第三，远离高杠杆融资。高杠杆融资所产生的数倍利润令人向往，却也容易把人引入"寘于丛棘，三岁不得"的境地，一次失败，便是满盘皆输，如此高的风险，应当规避。第四，要有勇气。人往往易被周围的言语所蒙蔽，正如《韩非子》所言：众人多而圣人寡，寡之不胜众，数也。如果对公司进行了扎实的分析，那么就不可再犹豫，不可受周围投机者的影响，要大胆行动。即使市场出现波动，那么自己也能因"樽酒，簋贰"的投资之诚免于损失。

"坎有险，求小得"，坎陷之中，最忌贪婪。风险是由社会的不确定性和混沌导致的，而规避风险的要诀，就是如格雷厄姆的"价值投资"一般，审慎于行为之初，明确自己行为的实质所在，不为外界的"投机"所动。

领导者的决策行为大致可以分为三种：确定型决策、风险型决策、非确定型决策。确定型决策是指决策的影响因素和结果都是明确、肯定情况下的决策。决策者明确知道需要解决的问题、环境条件、决策过程及未来的结果，在决策过程中只要根据已知条件，直接比较各种备择方案，就能做出正确的决策。风险型决策又称随机决策，是指决策所面临的自然状态是一种随机事件，可以计算或估算出概率。非确定型决策是指决策者在完全不确定的自然状态和不确定的结果下所做的决策。其条件与风险型决策基本相同，只是无法测算各种状态出现的概率。领导者要对这三种行为方式有清晰的判断，才能更好地规避风险。

第三节　借势行事之离卦

花儿为什么这样红

为什么这样红

哎红得好像

红得好像燃烧的火

它象征着纯洁的友谊和爱情

——《花儿为什么这样红》

词曲：雷振邦改编　演唱：李世荣

花儿红如火，火虽然明丽耀人，却是无根，必须要依附他物才能存在。人在某种程度上也是一样，或者依附于思想，或者依附于志向。对于领导事业来说，要能借势行事，就像草船借箭那样，依靠他人的力量来壮大自己。

（马婧奕绘）

第三十卦　离　离上离下　火（继明四方）　**错黄昃，突涕砍**

离：利贞，亨。畜牝（pìn）牛，吉。

离卦。适宜正固，通达。蓄养母牛，吉祥。

上九：王用出征，有嘉折首，获匪其丑，无咎。

有嘉砍首：君王用兵出征，嘉奖斩获敌首的人，捕捉异己，无灾。

六五：出涕沱若，戚嗟若，吉。

出涕沱若：泪如雨下，忧戚嗟伤，吉利。

九四：突如其来如，焚如，死如，弃如。

突如焚如：突然来到的事情，房屋焚烧，人死，财弃。

九三：日昃（zè）之离，不鼓缶而歌，则大耋（dié）之嗟，凶。

日昃之离：西斜太阳附于天际，若不击缶唱歌，老了就会嗟叹，凶险。

六二：黄离，元吉。

黄离元吉：金黄明丽，大吉祥。

初九：履错然，敬之，无咎。

履错敬之：处事虽复杂却有条理，恭敬无灾。

《说卦》曰："离为火。"火不可以独存，必须依附于一定的燃料之上，因此离有附丽之意。如《象》中所言"日月丽乎天"，"百谷草木丽乎土"，因离的这种特性，需要正固不变（利贞）。坤为牛，离得坤中爻，主阴柔，故为母牛，上下皆离，畜养母牛有吉（畜牝牛，吉）。

离为兵革，故爻中多有征伐之象，战争之凶祸，残忍可怖，兵者不详，于此可知。离又有光明之意，柔内而刚外，光明大昭而天下化成。君子鉴于此，要以不绝的正义道德，光耀四方。

离卦之领导启示：人总要依附于一定的社会关系而存在，领导者亦然。依附别人并不意味着趋炎附势、放弃原则，也不意味着把被依附者当作利用工具，而是借助这种依附关系形成的合力达到共赢的结果。依附当以"柔中"为宜，老子说"以柔克刚"，孤介刚直者总易弯折，和光同尘、八面玲珑也不失为一种不错的借势合作之道。

初九，阳爻阳位。履，礼也；错，花纹交错。与六二相互依附，刚来到离卦，循礼做事，虽繁杂却可以有条理（履错然）。对人恭敬有礼（敬之），可免于灾祸（无咎）。

履错敬之之领导启示：领导者应于事业之初居下谦柔，纵有阳刚之质、麒麟之才，也不可倨傲孤清。待人谦和，恭敬谨慎，不苛求别人，自能为今后自己的领导打下良好的基础。心怀警惧，"朝乾夕惕"，当无所害。

六二，阴爻阴位。《文言》说："黄中通理，正位居体，美在其中。"离为文明，六二又在中位，文明而美（黄离），不凌人骄物，大吉大利。

黄离元吉之领导启示：领导者要有自知之明，居其位谋其政，做好本职，适中不偏，不越权而行，不贪在上者功，不骄矜自满。这便是老子所说"方而不割，廉而不刿，直而不肆，光而不耀"（《老子》）的处世态度。

九三，阳爻阳位。在下卦末爻，离为日，是一日之末，光明将尽，日薄西山（日昃之离）。夕阳亦有无限美好，然垂暮之人，心中悲哀惆怅，不能乐知天命（不鼓缶而歌），只是嗟叹连连（大耋之嗟）。往往不是灾祸引起悲观，而是悲观导致灾祸。

日昃之离之领导启示：领导者面对事业的大起大落，应有乐天知命的洒脱，相时而动的睿智。盛极必衰，势不可久，本乃天道，所以日暮途穷之时，应且歌且行，切不可冗进不已，"遁天倍情"。

九四，阳爻阴位。接连两个刚爻，上有六五柔弱之君，刚爻前进之势，似不可挡（突如其来如）。如此冒犯君王，势所不容，将被天下所弃（死如，弃如）。

突如焚如之领导启示：领导者应该以谦顺之态依附上级。若锋芒过露，终不免为上位者所忌，为众所嫉，势难容于天下。自古功高震主而能全身退却者鲜矣，明智的做法还是守持中庸之道。

六五，阴爻阳位。在下卦离中，离为目，又在互卦兑（九三、九四、六五）中，兑为泽水。目中有水，泪眼滂沱（出涕沱若），在困境之中哀叹不已（戚嗟若）。因居中且有忧患之心，姿态柔弱，可以得吉。

出涕沱若之领导启示：以柔处尊位的领导常是深得人心，虽然有时会面临强势的下属的威胁，但是终会有众人的相助而无虞。于强权之间保持柔弱的姿态，可免于倾灭。"人之生也柔弱，其死也坚强"，低调做人从来不是一件坏事。

上九，阳爻阴位。离为戈兵，九三势强与上九不应，要以下犯上，只好出兵征伐（王用出征），斩杀了首领（有嘉折首），擒获了主犯（获其匪丑），正义之战可保卫国家免于咎害。

有嘉砍首之领导启示：在人心大多归附于己，只有少数不安定因素时，领导者应该整肃风气，采取强硬手段以维系组织团结。但要有规制节度，不可打击报复。"柔顺以安民"，宽宥过错，改其前非，才是正道，如此才能使组织保持张力和韧性。

当今化妆品行业的竞争无疑是激烈而残酷的，在进入高档次商场的路途中，可谓是尸横遍野，惨不忍睹。新产品若想进入市场，更是要付出巨大的代价，甚至"焚如，死如"，遭到市场的淘汰。

然而，法国薇姿化妆品在1998年进入中国时，却独辟蹊径，采取了与众不同的营销策略。具体而言，当诸多化妆品纷纷要挤进商场之时，它却顺应大众追求健康生活的趋势，打入了各地药房，并以此为载体，进行销售。

当时的中国市场几近饱和，国产、合资、进口的化妆品呈三足鼎立之势，竞争达到白热化。薇姿此时若想分一杯羹，必须展现其独具特色之处。经过详细调查，薇姿公司发现，在中国社会解决了温饱问题之后，追求健康的生活理念正逐渐风行全国。薇姿便顺势确立了主打健康化妆品的销售理念，然而这种理念要如何进行具体销售呢？薇姿调查发现，药店是一个未被化妆品占领的地方，而且药店的定位与商场不同，去药店的人多关注健康，药店也常给人以专业可靠的印象，这一点刚好与薇姿的市场定位吻合，其主打的中高档市场，就是以肌肤健康为主要特色。若薇姿能借助药店的市场信誉，将化妆品放在药店销售，便会自然在消费者心目中树立起健康、专业、可靠的形象，如此则"黄离，元吉"，这是任何广告都难以达到的效果。

于是，薇姿便以肌肤健康为销售理念，以药房为主要销售渠道，巧妙避开了与其他品牌的正面竞争，开创了"健康营销"的新局面。这使得薇姿在短短两年时间，成功打入北京、上海、深圳等大城市，并占据重要份额（张兵，2009：18-19）。

薇姿化妆品的营销策略正是"黄离，元吉"，避开敌人锋芒，顺应社会观念的潮流，为己所用。如果不借势行事，强要与其他品牌硬碰硬，那么很可能导致"焚如，死如，弃如"的结局。这种借势而行，即是以市场为导向的产品销售策略。

阿贾伊·科利（Ajay K. Kohli）和伯纳德·贾沃斯基（Bernard J. Jaworsky）把市场导向定义为组织产生现有和潜在顾客需求的信息、跨部门传播信息和组织对此信息做出的恰当反应（Kohli & Jaworsky，1990）。以市场为导向，要求企业能够紧跟市场的潮流，把握市场方向，进而制定出相应的企业发展战略。这样的企业能够很好地借助市场的力量，为组织利益服务，进而在残酷竞争中立于不败之地。

第四节　韬光养晦之明夷卦

思念是一种很玄的东西　如影随形

无声又无息出没在心底

······

愿意为你　我愿意为你

我愿意为你　忘记我姓名

就算多一秒　停留在你怀里

失去世界也不可惜

——《我愿意》

词：姚谦　曲：黄国伦　演唱：王菲

对爱人的执着，可以热烈到忘记姓名，抛却世界。对理想的执着，也可以隐忍到破屋敝屣，甘为人奴。有时候，韬光养晦是比舍生取义更为勇敢的行为。能够如勾践般卧薪尝胆，在逆境中坚持者，往往能取得最终的胜利。

（马婧奕绘）

第三十六卦　明夷　坤上离下　地火（晦明莅众）　**翼股狩，心箕天**

明夷：利艰贞。

明夷卦。适合在艰难中正固。

上六：不明晦，初登于天，后入于地。

██ ██ ██ 初天后地： 不明，有麻烦，起初登临于天，之后坠入于地。

六五：箕子之明夷，利贞。

██ ██ ██ 箕子利贞： 箕子遇难退隐，利于守正。

六四：入于左腹，获明夷之心，于出门庭。

██ ██ ██ 获心出庭： 伤了左腹，深知退隐之心，离开门庭。

九三：明夷于南狩，得其大首，不可疾贞。

██ ██ ██ 南狩勿疾： 退隐人在南边狩猎，得到大头野兽，不可急复正道。

六二：明夷，夷于左股，用拯马壮，吉。

██ ██ ██ 股伤马拯： 退隐人伤左股，用作壮马救援，吉利。

初九：明夷于飞，垂其翼。君子于行，三日不食，有攸往，主人有言。

██ ██ ██ 于飞垂翼： 光明殒伤像鸟飞翔，翼下垂，君子行事，三日不食，有所往，却受主人责难。

明夷卦上坤下离，日入于地，天下昏暗无光，是乱世之兆。君子生于乱世，则屈位而无功，应当在艰苦的环境中守住正道（利艰贞）。《象》中以两则故事来讲乱世君子守正之法：一是"内文明而外柔顺，以蒙大难，文王以之"，周文王因劝谏被囚禁于羑里之后，表现得恭敬顺从，臣下广搜珍宝美女，献于纣王，躲过了杀身之祸；二是"内难而能正其志，箕子以之"，箕子是纣王叔父，君王悖乱，箕子无奈，只好装疯卖傻，被纣王当作奴隶囚禁，商朝覆灭，才被放出来。文王柔顺避祸，箕子自晦终明，皆是明哲之举。

对于当政者而言，明夷所劝，是要"用晦而明"。老子言："其政察，其民缺。"君王若处处显示自己的精明，必会阻遏言路。凡一己之所见，总逃不脱狭隘蔽漏，君王以"天听"为重，是要多听少说，集众人所想，似糊涂而实聪明。如此"用晦"，更可以显示尊贤容士的雅量，使意见调和于下，易于决策实施。

明夷卦之领导启示：在境遇艰难之时，领导者应收敛锋芒，韬光养晦。"用之则行，舍之则藏"（《论语·述而》），等待时机，牢记艰难，不可轻易用事。一旦时机到来，就要有所行动，东山再起。一时的委曲求全并非怯懦，而是心怀长久之志。能屈能伸，才是英雄。

初九，阳爻阳位。下卦离为日，为中虚之空腹。光明受蔽，世道昏暗，鸟在这样的环境之中，垂翅而不敢高飞（明夷于飞，垂其翼）。君子前行的环境恶劣（君子于行），三天吃不上东西（三日不食）。想要摆脱这黑暗之境，又要受主人的责骂（主人有言），忍辱负重之惨淡若此。

于飞垂翼之领导启示：领导者虽有远见，但识时过早，常不被人理解，甚至会被误解和排斥，此时应保全自身，行韬晦之策，低调做人，潜隐避难。君子不与时争胜，既然时机还不成熟，条件还不完善，又何必与人争辩，徒增烦恼。伟大的哲人常因其思想超越了所处的时代而蒙受苦楚，正是这个道理。

六二，阴爻阴位。在互卦坎（六二、九三、六四）中，坎为险难，为美脊马。在黑暗之中左腿受伤（夷于左股），但有健壮的马来拯救，使君子摆脱困境（用拯马壮）。六二柔而中正，可以获得帮助而吉。

股伤马拯之领导启示：领导者应于韬光养晦的同时，利用一切条件，发挥主观能动性，摆脱残害，脱离险境。所谓"外柔顺而内文明"，外表谦柔卑下以躲避迫害，而内在还是不甘如此，依然坚持自己的原则，等待着实现自己的抱负。

九三，阳爻阳位，在下卦离中，离为南。从六二到上六是一个小的师卦（舍去初九，是地水师卦☷☵，第七卦），有作战之象，狩即作战演习。九三正应上六为首，即大的猎物。到南方狩猎（明夷于南狩），可获得大的猎物（得其大首），但不可操之过急（不可疾）。

南狩勿疾之领导启示：领导者立志施展才能，扭转局面，但需谨慎，从长计议。此时虽牛刀小试，颇有成就，但这种昏暗局势不是一朝一夕了，有道是"冰冻三尺，非一日之寒"（《论衡·状留篇》），清除这些沉疴烂垢宜缓不宜急，反对势力依然强大，仍需等待时机。

六四，阴爻阴位。在互卦震（九三、六四、六五）中，震为左，正应初九在离中，离为大腹。受到迫害，而伤及左腹（入于左腹）。在互卦坎（六二、九三、六四）中，坎为心,微子由此而看出了商纣王的昏庸恶毒(获明夷之心),因此及时地逃了出来(于出门庭)。

获心出庭之领导启示:领导者隐藏才能,还需明察对方的策略,这样才能想出应对之法,"知己知彼,百战不殆"(《孙子兵法·谋攻篇》)。此时领导者已身处污秽之中,应在危险到来前及时脱身。

六五,阴爻阳位。此为一则史实,据《史记·宋微子世家》载:"纣为淫佚,箕子谏,不听。人或曰'可以去矣'。箕子曰'为人臣,谏不听而去,是彰君之恶,而自说于民,吾不忍为也'。乃披发佯狂为奴。"纣王暴虐,箕子苦谏不听,因而自晦其德,装疯避祸(箕子之明夷),之所以如此,是因为能够固守中道(利贞)。

箕子利贞之领导启示:领导者即使身处最黑暗的局势之中心,也要坚守正固,矢志不渝,以待全身而退,重放光芒的那天。内心有"众人皆浊我独清"的坚持,"仰不愧於天,俯不怍于人"(《孟子·尽心上》),便是豪杰。

上六,阴爻阴位,在全卦终位,晦暗至极(不明,晦)。上六在天位,位尊,本来是天子(初登于天),但品行恶劣,倒行逆施,而成黑暗之源。物极必反,如商纣王一般,终难免身败名裂,遗臭万年(后入于地)。

初天后地之领导启示:领导者应该洁身自好,于乱局之中也要立身纯正。身居高位,权势在手,更应该以身作则,为下属做表率。若贪恋高位,甚至不惜与恶势力同流合污,最终难免身败名裂。时有可居与不可居,若时不可居,弃之而已,不应放弃原则。

中国在当今的国际格局中能获得日益上升的地位,不得不提及邓小平提出的"韬光养晦"这一重要国策。

此言出自邓小平在1989年的多次讲话,其中包括了"冷静观察"、"站稳脚跟"、"沉着应付"、"决不当头"、"善于守拙"、"做好自己的事情"等一系列为应对那个特殊时期而提出的对策,日后被归纳为"韬光养晦,有所作为"八字战略方针。

若仅着眼于中国在1989年前后的国内外形势,正是"明夷于飞,垂其翼"之时,国际环境突变,国人自乱阵脚,这些对策自然是权宜之计。但随后形势发生了巨大变化,中国遵循韬光养晦的方针埋头苦干,不仅在动荡中稳住了阵脚,而且大步赶超。

邓公逝世后的十年内，中国的 GDP 接连超过英法德日，成为世界第二大经济体，让中国成为了名副其实的大国。

回头来看，自近代以来，中国推翻帝制建立共和，后又历经数次革命而建立了中华人民共和国，但是在相当长时间内，也不过是解除了亡国之危，并没有跻身强国之列。尤其是在经营均势战略、参与利益拼抢的这个典型的帝国主义游戏中，中国从来不是主角，像腓特烈那种一盘棋式的外交谋划，中国从来没有过。

毛泽东时代曾有短暂的"输出革命"，扛过"世界革命"的大旗，但随着文革的结束，"不可疾贞"，也随即放弃了。所以，从西方的角度看来，中国既没有在均势的棋局中积极地纵横捭阖，也没有在道义的高地上摇旗呐喊，与现实主义和理想主义两种外交方式都若即若离，若以中国本身来论，这种消极姿态大概就是韬光养晦了。西方将中国这种战略叫作实用主义，既不是欧洲式的现实主义，亦非美国式的理想主义。

客观而言，实用主义也专注于本国的利益计算，但不大会像欧洲那样执迷于干涉外政以制造有利于本国的均势。实用主义也会坚持原则、怀抱理想，但不大会像美国那样热衷于将自己的价值观强加于人。

近年来中国提出的"新型大国关系"，通过推行基于"仁义"传统的相互尊重、互惠互利的原则，在世界外交格局中加入了中国方式。正是"箕子之明夷，利贞"，这可算是从韬光养晦向"有所作为"的一个合乎逻辑的跨越。

"明夷于飞，垂其翼"，在百废待兴的历史条件下，邓小平选择了韬光养晦。邓小平的韬光养晦，不是为了最终称霸全球，而是为了百姓的安乐。古时卫灵公问战阵之事，孔子不对而去，是因为他明白征战对人民百害而无一利。邓小平的韬光养晦更似于"箕子之明夷"，目的是为了保持自我的原则，明夷而不去参加尔虞我诈，不去随波逐流。国民的幸福，才是真正的胜利。

西方的管理学中有"权变理论"。权变理论是 20 世纪 60 年代末 70 年代初在经验主义学派基础上进一步发展起来的管理理论，是西方组织管理学中以具体情况及具体对策的应变思想为基础而形成的一种管理理论。权变理论认为，每个组织的内在要素和外在环境条件都各不相同，因而在管理活动中不存在适用于任何情景的原则和方法，即：在管理实践中要根据组织所处的环境和内部条件的发展变化随机应变，没有什么一成不变的、普适的管理方法。成功管理的关键在于对组织内外状况的充分了解和有效的应变策略（David Otley，1980）。

　　在很大程度上，权变理论也是韬光养晦的深刻总结，领导者随时势而改变领导策略，才能更好地为组织的发展做出贡献。尤其是在形势剧烈变动之时，领导者更需要及时调整发展策略，通过权变和韬晦的必要措施，来保持自身发展的稳定和质量，从而走出逆境而实现新的发展。

第五节　反身修德之蹇卦

悲欢离合都曾经有过

这样执着究竟为什么

漫漫人生路　上下求索

心中渴望真诚的生活

谁能告诉我是对还是错

问询南来北往的客

——《渴望》

词：易茗　曲：雷蕾　演唱：毛阿敏

漫漫人生路，上下求索，经历过悲欢离合，才能彻悟人生的因果。前方并不总是坦途，人心也不总能坚持如故，出现偏差，走向歧路，都是正常的事。重要的是能够在困难中反省，及时悬崖勒马，回归自我。

（马婧奕绘）

第三十九卦 蹇 坎上艮下 水山（反身修德） **誉臣反，连来往**

蹇（jiǎn）：利西南，不利东北；利见大人，贞吉。

蹇卦。西南方有利，东北方不利。适宜见到大人，正固吉祥。

上六：往蹇，来硕，吉，利见大人。

往蹇来硕：前往有艰难，回来有大吉祥，利于大人物出现。

九五：大蹇，朋来。

大蹇朋来：遇到大困难，朋友纷纷来帮助。

六四：往蹇，来连。

往蹇来连：前往有艰难，回来联系人。

九三：往蹇，来反。

往蹇来反：前往有艰难，归来的情况则相反。

六二：王臣蹇蹇，匪躬之故。

王臣蹇蹇：王臣困难重重，非为我之故。

初六：往蹇，来誉。

往蹇来誉：前往有艰，归来有誉。

蹇卦上坎下艮，坎为险阻，艮为止，故蹇是前行遇到困难。在八卦方位中，西南为坤，坤至柔，东北为艮，艮至刚，君子遇险，用柔不用刚，是西南方有利，东北方不利（利西南，不利东北）。九五为天子之位，与六二正应，是贤君明主，有利于见到大人（利见大人）。全卦居位多正，可以固守其德（利贞）。

《象》曰："见险而能止，知矣哉！"险难虽然不好，但也不必惊慌失措。孟子曰："行有不得者，皆反求诸己。"（《孟子·离娄上》）遇险而止，刚好可以反省自察，检视之前的行为得失，自润其德。故《象》曰："君子以反身修德。"前进的最大阻碍，乃是自己。

蹇卦之领导启示：领导者面对管理中的困境，要善于反身自省。现代组织管理的核心是"人"，领导者个人的优秀德行往往对于塑造一个好的组织氛围，形成积极的价值取向至关重要。所以，管理中出现的问题也大多可以通过领导者行为的改善来解决。返身修德不仅可以提升领导的领袖气质，也可增强凝聚力。

初六，阴爻阳位，上无所应。且上临互卦坎（六二、九三、六四），坎为险难，蹇卦初始，力量最弱，往前遇难（往蹇），不如知险而止，以待时变，如此会有知时的美誉（来誉）。

往蹇来誉之领导启示：领导者应遇险而止，静以待时。这不是因害怕困难而畏缩不前，而是在力不能胜时，停下来反省自我，朝乾夕惕地提升自我，等待时机，厚积薄发。逞匹夫之勇，躁进而不知退，只会陷入更深的危机之中。有诗曰"手执青秧插满田，低头便见水中天。六根清净方为道，退步原来是向前。"停下，只是为了更好地前进。

六二，阴爻阴位。与六五正应，居臣位，是一个忠心耿耿，勤于职事的大臣。上临互坎与上卦坎，两坎相叠，困难重重。六二能够勇担重任，要去克服蹇难（王臣蹇蹇），不是为了自己，而是为君王分忧，为国家尽瘁（匪躬之故）。

王臣蹇蹇之领导启示：领导者行动应出于公心，替上层领导分忧，以一片赤诚之心对待自己的工作。只要在面对困难时全力以赴，那么便俯仰无愧，这种真诚也会打动所有人。至于成败利钝，非吾所能控制，又岂能苛责于人。

九三，阳爻阳位，与上六正应。但中间隔着坎卦，前进会遭遇坎险（往蹇），不如审时度势，返回下卦艮中，可以得安（来反）。

往蹇来反之领导启示：领导者在带领公司渡难关时，虽有阳刚之才，上进之心，也要见险能止。适时而退对于人来说是很不容易的，多少人拿鸡蛋和石头硬碰，只为一时意气，而弃大局于不顾，未免眼光狭隘。因时而动，因势而止，当暂时不能克服困难时，可以退居安全之地，"攘外不可得，安内却是良方"，整顿自身，提升精力，伺机再战。

六四，阴爻阴位。在上坎卦中，前往有险（往蹇）。六四处在连接九五之君与九三贤臣的关键位置，前路不通，可以回来联系刚健君子，以取得支持，携手并进（来连）。

往蹇来连之领导启示：领导者应深谙进退合宜之道，能进则进，不能进则退，不可强求。世间之事，多是"山重水复疑无路，柳暗花明又一村"（《游山西村》），此路不通，不必执着。

九五，阳爻阳位。尊位天子，是全卦主爻。所受之蹇，乃是天下兴亡。阳爻为大，是全卦最大的困难（大蹇）。因九五位中且正，下有所应，是有德之君，民众支持，九三贤人亦因六四得以辅佐君王。虽有困难，众皆响应助之（朋来），何愁大难不济？

大蹇朋来之领导启示：危难之际，领导者需礼贤下士，以谦恭的态度团结志同道合者，共谋脱险良策。领导者自身有阳刚中正之德，危难虽严重，也不必担心，自有友朋来归，鼎力相助。此即"得道多助，失道寡助"（《孟子·公孙丑下》）。

上六，阴爻阴位。全卦之终，前进无路（往蹇），下有九三正应，九三在下卦艮里，艮为果蓏，回来可有丰硕之功（来硕）。下有九五邻比，阴阳相吸，九五为德高位尊的大人，上六可以回头跟随九五（利见大人），听其指挥调度，共渡难关。

往蹇来硕之领导启示：一个好的领导者，不仅有收服人心的魅力，还要有指挥众人的能力，缺一不可。匡济困难是一个漫长而艰苦的过程，领导者任重而道远。"路漫漫其修远兮，吾将上下而求索"（《楚辞·离骚》），反身修德是一条长路。

百事可乐虽是全球第二大饮料制造商，却远远无法与可口可乐相抗衡：1993年，可口可乐普通股流通市值和税前盈利率约为百事的两倍。

百事可乐的总裁韦恩·卡洛威（Wayne Calloway）认为，饮料市场已相当成熟，难以夺取市场，而快餐业的前景却十分诱人，若进入快餐业，不仅可改善业务结构，也可借此争取百事可乐的潜在消费者。故1977年起，百事接连收购必胜客、塔克—贝尔、肯德基三家快餐店，迅速成为全球第一快餐商。到1993年，虽然可口可乐汽水销量以4∶1压倒百事，但百事总收入却高出75%，百事可乐的多元战略似乎卓有成效。

但事实却是，随着快餐业务的膨胀，百事集团的业务结构发生了根本性变化，原来的核心业务——可乐制造已经降至总业务量的35%，公司饮品在1996年美国市场占有率落后可口可乐11个百分点，是二十年来差距最大的一次，除中东以外全球各市场均遭惨败，"往蹇"之弊，暴露无遗。

百事可乐失败的主要原因，即在于多元经营战略的失控。因快餐店需要占用大量的固定投资和广告宣传，极大分散了集团的资金和精力，由此而产生的成本远高于互补共生的收益。并且，在饮料市场上，百事遭受可口可乐的打击，在快餐业又有麦当劳与之竞争。强敌环伺，管理层可谓是两头受击，救火不暇。公司高层明白，若不及时"来反"，劣势将愈显。故而百事可乐在 1996 年宣布把快餐业务分离出去，成立新的公司，以避免快餐业与饮料制造争夺资源，同时保留快餐网络支持可乐销售的功能。

为了彻底地"反身修德"，新的首席执行官罗杰·恩里克（Roger Enrico）在 1999 年又将旗下的罐装饮料集团拆分上市，集中精力进行品牌建设和品牌营销。在专业化经营理念的引导下，百事在 2001 年把运动饮料品牌"佳得乐"纳入帐下，如愿成为全球非碳酸饮料业的龙头，市场份额达到可口可乐同期的 1.5 倍，可谓是"往蹇，来硕"，反身而收获累累。在 2005 年 12 月 12 日，百事市值首次超越可口可乐，成为新的"可乐之王"（吴齐华，1999）。

百事可乐虽然因多元发展而陷入困境，但能认识到"往蹇"的后果，及时回归自己的主业，返身修德，最终"来誉"，"来硕"，战胜可口可乐而成为新的"可乐之王"。

哈佛大学的迈克尔·桑德尔（Michael J. Sandel）教授一直大力倡导人们进行道德反思，以各种观点和信念作为基础，进行对话和争论，来辨明正义的内涵以及什么是最佳的生活方式（Sandel，2009）。同样，对于领导者而言，对组织也需要进行"道德反思"，检讨组织的行为得失，寻出核心竞争力，并努力地加强完善。

第六节　疏解问题之解卦

万里长城永不倒

千里黄河水滔滔

江山秀丽叠彩峰岭

问我国家哪像染病

冲开血路 挥手上吧

要致力国家中兴

岂让国土再遭践踏

这睡狮渐已醒

——《万里长城永不到》

词：卢国沾　曲：黎小田　演唱：罗文

近代中国，问题重重，沉疴痼疾之积弊，甚至到了要亡国的地步，以致国人被称作东亚病夫。虽然有无数热血青年想要奋起，但疏解问题千头万绪，热血是无济于事的，此时更需要领导者理智应对，斟酌取舍。

（马婧奕绘）

第四十卦　解　震上坎下　雷水（赦过宥罪）　　**无狐乘，朋维墙**

解：利西南，无所往，其来复吉。有攸往，夙吉。

解卦。西南方有利。无所不往，那么返回来就吉祥。有所前往，早些行动吉祥。

上六：公用射隼（sǔn）于高墉之上，获之，无不利。

公墙射隼：王公在高墙上射击飞鹰，射中了没有不利。

六五：君子维有解，吉，有孚于小人。

君子维解：君子的束缚解除了，吉祥，对小人用诚信感化。

九四：解其拇，朋至斯孚。

解拇朋至：解开被缚的足大趾，朋友到来，方可信任。

六三：负且乘，致寇至，贞吝。

负乘致寇：负物乘车，招盗寇来，有麻烦。

九二：田获三狐，得黄矢，贞吉。

田狐黄矢：猎得三只狐，得到黄色箭，吉。

初六：无咎。

刚柔无咎：无灾祸。

解卦与蹇卦同由小过卦变来，皆有西南得利之说。同有坎险，返回得吉（其来复吉）。与蹇卦不同的是非止而动，解卦上震下坎，坎为险，震为动，在险难中行动，是要缓解险难。但要提前行动（夙吉），消解困难于萌芽之中。

解卦为雷雨大作。雷有威烈震慑之用，雨有润物生长之功。《象》曰："雷雨作而百果草木皆甲坼。"新芽破壳而出，是要君子看到新生而不拘泥于已往的过错。解决问题，走出困境，要有宽厚之心，允许先前罪人改过自新，如此才可以长葆生机活力。故《象》曰："君子以赦过宥罪。"

解卦之领导启示：领导者在管理工作中应该恩威并施，刚柔并济，对基层人员的错误，既要以雷霆之威震慑，以示无私，树立威严；又要以宽容之心让其改过，彰显仁爱，树立恩信。所谓"鼓之以雷霆，润之以风雨"（《周易·系辞上》），这才是舒缓群情，解决问题之法。管理工作的要旨不在于问题出现之后的补救，而在于创造一种防患未然、安定和谐的发展环境。

初六，阴爻阳位。在下卦坎中，坎为险，但因上应九四，又承九二，初犯险难，可以得到阳爻君子的宽宥与帮助，终会免于灾祸（无咎）。

刚柔无咎之领导启示：员工初次犯禁，领导者当以柔性之姿宽宥其过错，不可一味用强。现代社会提倡柔性治理，但是一味的宽容会使制度失去约束力，领导者需要在人本理念和制度效力之间保持一种平衡。

九二，阳爻阴位。在下卦坎中，坎为狐，狐狸狡猾诡秘。又在互卦离（九二、六三、九四）中，离为矢，为猎狐之象。在田猎时捕获三只狐狸（田获三狐），得到黄色的箭矢（得黄矢）。猎狐需精准高超的箭术，如检视坎险的原因，要能直取其蔽，中正无私。

田狐黄矢之领导启示：领导者对组织的问题要有敏锐的洞察，要有公正无私的态度。这样老辣而迅猛的手腕才能让隐患无所遁逃，也能警醒下属，不敢再犯。

六三，阴爻阳位。下乘九二刚爻，又在坎中，坎为多眚舆，又为寇盗。背负着东西，坐在马车之上（负且乘），使人怀疑为贵重之物，非由正道而得，容易引起贼人争夺（致寇至）。小人坐君子之车，往往不合道理，使人有可乘之机。

负乘致寇之领导启示：领导者任人应谨慎，不可让品行有亏的小人窃居高位。识人不明，上慢下暴，最易招致管理上的漏洞。"世有伯乐，然后有千里马"，领导者应在理论和实践中提升自己识人的眼光，把员工放在最能发挥其长处的岗位上，各当其位，各尽其才，才能消除组织内部的隐患。

九四，阳爻阴位。与初六相应，初六为足，却在坎险之中。九四是要先解决基础的障碍，先缓解脚拇指之困（解其拇）。有了向好的趋向，渐渐会有仁人志士前来帮助（朋至斯孚）。

解拇朋至之领导启示：领导者坚守中正刚直之德，才能远离小人阿附。排除了这些前进过程中的障碍，局面才能打开。一旦领导者表现出向好的愿望，自然会有仁人志士前来相助。

六五，阴爻阳位。与九四君子阴阳相吸，君子前来帮助九五，以缓解困境的束缚（君子维有解），对待小人用诚信感化（有孚于小人），以彰显宽容之德。

君子维解之领导启示：高位的领导者当以诚信之德感化小人，使之心悦诚服，无所怨恨，化恶为善，这是化解忧患的最好方法。

上六，阴爻阴位。上卦震为公侯，位正之公侯在高墙上射杀盘旋的鹰鹯（公用射隼于高墉之上），擒获它们，没什么不利（获之无不利）。《周易·系辞下》有关于这一段的解说：子曰："隼者，禽也；弓矢者，器也；射之者，人也。君子藏器于身，待时而动，何不利之有？动而不括，是以出而有获，语成器而动者也。"君子藏器于身，是要随时准备好打击消灭混乱之事。

公墙射隼之领导启示：解决了此次的问题之后，领导者应居安思危，不可掉以轻心。解决问题是领导者永恒的使命，领导者要能从每一次的问题中汲取经验，提升能力，以应对未来的问题与挑战。

在中国改革开放的历史中，招商局可谓是个灿烂夺目的名字。

1979 年，招商局在深圳蛇口创办了中国第一个对外开放的工业园区——蛇口工业区。历经二十多年的开发，昔日的荒滩野岭已变成了一座美丽的海滨之城，享誉海内外，吸引着世界的关注。在创办蛇口工业区之后，招商局还接连创办了新中国第一家股份制银行——招商银行和中国第一家企业合股的保险公司——中国平安保险公司。1992 年招商局国际在香港上市，首日涨幅超过 200%，创造了香港股市的最高纪录。

然而在遭受了 1997 年金融风暴的冲击之后，公司陷入了前所未有的困境之中：招商局集团 2000 年总债务高达 235.6 亿港元，净利润却只有 0.44 亿港元，不良资产近 50 亿港元，经常性出现现金流量尚不足以支付债务利息的状况。

2001 年，秦晓被寄予厚望，执掌招商局。面容清癯的秦晓面对如此的烂摊子，首先说服了马明哲，将招商局持有的平安保险 10% 的股份以 6 亿美元卖给汇丰银行，以缓解眼前的财务危机。紧接着，秦晓召开漳州工作会议，"田获三狐，得黄矢"，深入分析招商局所面临的困境，最终确定了集团的发展战略，进行产业整合，确立了以港口物流、金融、地产为核心的产业布局，将原来的十七个经营领域整合为三大核心产业，多元扩张变为集中发展，并清理了近 100 家下属企业。此即是"解其拇"，为解决问题打开一个良好开端。

2004 年，招商局又主动出击，控股南油集团。南油集团是与招商局发展迥异的一家企业。招商局依据蛇口工业区，从一无所有的"三来一补"渐渐蜕变为高科技产业区，资产成倍地增长。而南油虽掌握更多的资源，但开发凌乱，区内到处是黑烟浓浓的高污染企业，且债台高筑，几于膏肓之地。

招商局接管南油之后，西部蛇口、赤湾、妈湾、东角头四大港区全数呗揽入招商局旗下。四大港区的集装箱吞吐量占整个深圳港的50%以上。此前，由于历史形成的港口建设和经营管理模式，深圳西部港区逐步出现了功能重叠、重复建设、分散经营、恶性竞争等弊端，集装箱和散杂货未能形成规模化、集约化、专业化经营公司，严重影响了港口的竞争实力和发展后劲。招商局随即对其进行改组，使其走上正常的轨道，"君子维有解，吉"，成功改变了困顿的局面。

到2007年，招商局交出了一份高分答卷，实现年营收359.85亿元，增长62.35%；利润总额196.2亿元，增长114.66%；净利润109.51亿元，增长85.77%。集团总资产达到2 171亿元，年增长89.97%（徐天明，2009：219–221）。

秦晓接手招商局时问题十分繁杂，而疏解问题，则需要一点点地做起。"解其拇，朋至斯孚"，一旦开始解决这些问题，就会招引来许多志同道合的人，壮大自身的力量。随着力量的此消彼长，最终"君子维有解，吉"。组织问题的疏解，本质上是人的疏解，是要对组织内部各方面的人员有清晰的认识，并进行合理的安排。

美国行为科学家艾德佳·沙因（Edgar Schein）把有关人性的假设进行了归纳，提出了"复杂人"假设理论。他认为经济人假设、社会人假设和自我实现人假设虽然有其合理的一面，但并不适用于一切人。因为人是复杂的，不仅因人而异，而且同一人在不同的年龄和情境中会有不同的需要。主要内容有：第一，每个人都有许多不同的需求，具有不同的能力，人的工作动机不但是复杂的，而且是变化的；第二，人在组织中可以产生新的需要和动机；第三，人在不同的组织和不同的部门中可能有不同的动机模式；第四，一个人是否感到心满意足，是否肯为组织尽力，决定于他本身的动机构造及其同组织之间的相互关系；第五，由于人的需求各不相同，能力有差别，工作性质也不相同，因此对不同的管理方式，各个人的反应是不一样的（Schein，2004）。领导者对组织内的人情有清楚的把握之后，才能更好地实现疏解问题的目标。

第七节　决断夬孽之夬卦

拥抱着你 Oh My Baby

你看到我在流泪

是否爱你让我伤悲　让我心碎

拥抱着你 Oh My Baby

可你知道我无法后退

纵然使我苍白憔悴　伤痕累累

——《执着》

词：许巍　曲：许巍　演唱：田震

有一些执着，使人苍白憔悴，伤痕累累，却难以割舍。这种人和事，一般都会与领导层有千丝万缕的联系，是组织中的蛀虫。决断夬孽，便如铲除权臣，需要领导者能够抛弃私情，采取策略，在清除夬孽的同时，保持组织的稳定。

（马婧奕绘）

第四十三卦　夬　兑上乾下　泽天（柔乘五刚）　**趾戎颀，肤苋唤**

夬（guài）：扬于王庭，孚号，有厉，告自邑，不利即戎，利有攸往。

夬卦。在君王的朝廷上显扬出来。有诚信而呼号有危险。从封邑前来告知，不适宜出兵作战，适宜有所前往。

上六：无号，终有凶。

■■　■■　**无号唤凶**：不必痛哭叫喊，终究有凶。

九五：苋（huán）陆夬夬，中行，无咎。

■■■■■■　**苋陆中行**：山羊果敢有断，中道而行，无灾。

九四：臀无肤，其行次（zī）且（jū）；牵羊悔亡，闻言不信。

■■■■■■　**无肤牵羊**：臀部皮肤伤损，行走颠滞，牵着羊，则悔恨消除，不听信别人的话。

九三：壮于頄（kuí），有凶。君子夬夬，独行遇雨，若濡有愠，无咎。

■■■■■■　**壮頄有凶**：颧骨强壮，有凶险，君子决裂，独行遇雨，被淋湿有怨气，无灾。

九二：惕号，莫（mù）夜有戎，勿恤。

■■■■■■　**有戎勿恤**：警惕呼叫，暮夜有战事，不用忧虑。

初九：壮于前趾，往不胜为咎。

■■■■■■　**壮于前趾**：前脚趾健壮，前往难以取胜，会有灾。

夬本为拉弓射箭时戴在拇指的护套，延伸为"决断"之意。《杂卦》说："刚决柔也。君子道长，小人道忧也。"夬卦五刚一柔，刚爻上长，要除去柔爻。刚爻为君子，柔爻为小人，上六小人乘于九五君王之上，地位显赫，在朝廷上宣扬奸佞的恶劣行径（扬于王庭），号召大家团结一致，对抗上六（孚号），斗争即将开始，会有危厉（有厉）。上六位高权重，不可硬碰硬，战争只会两败俱伤（不利即戎），要明白消息盈虚的规律，从容发展，长君子之道，逼退小人（利有攸往）。

夬卦上兑下乾，兑为悦，乾为健，故《象》曰："健而说，决而和。"与小人决裂，同时要和和气气，不伤感情。因对国家而言，稳定重于一切，既要有与奸佞决裂的果决，又要有怀柔安抚的手段。一味地逞正义之热血，受伤的只会是人民。对君子而言，消除奸佞，天下安然之后，不可如开国皇帝般居德自荣，以免使人民形成非理性的个人崇拜，"捧杀"君子，故《象》曰："施禄及下，居德则忌。"

夬卦之领导启示：领导者要能果断地对组织中出现的小人进行制裁，不能姑息养奸，置小恶于不顾。领导者相时而动，明正典刑，除恶务尽，同时也要采取灵活措施，以应对高层夬孳。

初九，阳爻阳位。初爻为趾，在下卦乾中，很是健壮。初九虽然如前趾般强壮有力（壮于前趾），但与上六相距甚远，不能胜任消灭小人之事（往不胜为咎），此时是筹备之时，上下配合，以期消灭上六。

壮于前趾之领导启示：领导者在肃清组织中的不和谐因素时，应当审慎决策，周密筹划。果决有余，而谨慎不足，也未能成事。没有好的布局和同道者的相助，却躁进而往，结果往往是惹祸上身，不仅不能扳倒对方，说不定自己还会被打垮。"圣人之用刚，常深戒于其初"（《欧阳修集·卷四十四》），在行动的开始，不可不谨慎。

九二，阳爻阴位，居中而内柔。"莫"同暮。警惕地呼号（惕号），即便夜晚有兵戎战事（莫夜有戎），也能处乱不惊，理智应对，不必担心失利（勿恤）。

有戎勿恤之领导启示：领导者应时时警惕，做好准备，充满危机意识。平时如战时，战时当如平时，时刻防患于未然，那便成竹在胸，即使有危险也能安之若素，化险为夷。

九三，阳爻阳位。"頄"为面颧骨。与上六相应，与奸佞有着一定的利益关系，若强行与上六决裂（壮于頄），会遭报复，甚至牵连到自己（有凶）。九三心中惆怅难决（君子夬夬），徘徊不定，独自前行遇到下雨（独行遇雨），被打湿衣服心中懊恼（若濡，有愠），虽会被上六牵连，但终会被同道理解而免于灾祸（无咎）。

壮頄有凶之领导启示：领导者或因与高层小人有所牵连而受到怀疑，亲友为奸佞，心中不免惊惧落寞，若与其划清界限，则是忘恩负义，若包庇徇私，则是同流合污。此时领导者应守中持正，终会被组织理解。

九四，阳爻阴位。九四距上六小人愈近，与奸佞产生冲突而受到打击，遭到笞刑，臀部被打脱皮（臀无肤），进退不定（其行次且）。上卦兑为羊，牵羊是得到同道者的支持，后悔可以消除（牵羊悔亡），但因前伤犹在，对与上六决断之事，仍是将信将疑（闻言不信）。

无肤牵羊之领导启示：对得失有一颗平常心，才能果敢行事，才能对局势洞若观火。领导者因力量不足而与高层决裂，虽正义凛然，却不免遭到打击，此时当及时退却，吸引同道，坚定信念，伺机而发。

九五，阳爻阳位。与奸佞比邻，牵连难决。在上卦兑中，兑为羊，"莧陆"为细角山羊，古代司法官皋陶在诉讼难决时，抓一只羊出来，羊撞到哪一个人，那个人就有错，代表羊敢断是非。喻指九五之君要能像山羊一样果决（莧陆夬夬），只要行中正之道，处理奸佞不会有灾（中行无咎）。

莧陆中行之领导启示：清除高层奸佞，领导者需要有决绝之心。斩草必要除根，否则只是"野火烧不尽，春风吹又生"，所以这需要领导者以铁腕政策行之，永绝后患。还需有中正无私的精神，大义灭亲，才可不出差错。

上六，阴爻阴位，在上卦兑之上，兑为口，为呼号。全卦五阳爻齐心要决去上六，奸佞走投无路，号叫也没有用（无号），难改被消灭的命运（终有凶）。

无号唤凶之领导启示：领导者心中应坚持正道，对自己所奉行的原则有坚定的信仰。自古邪不胜正，小人虽然有凌驾于君子之上的可能性，然而小人得志，势终不长。时间会给我们答案，不忘初心，方得始终。

通用汽车公司成立于 1908 年 9 月，曾是世界上最大的汽车制造企业。在 2008 年以前，通用连续 77 年蝉联全球汽车销量之冠。历经百年风霜，随着美国经济和全球局势的潮起潮落，通用汽车渡过了无数次机遇与危难的轮回，从未倒下。但是，自 2005 年以来，通用汽车持续亏损，累计亏损超过 800 亿美元。夕阳西下，帝国没落，似乎是通用不可避免的命运。

虽然美国政府重视汽车产业，并投入巨资以挽救通用之危亡，但"君子夬夬"，政府既不情愿担任通用汽车的股东，也无意对通用汽车的日常运营过度插手。在严重的内忧外患之下，修修补补已无济于事，唯一的退路便是破产重组。最终，在 2009 年 6 月 1 日，通用汽车公司正式递交了破产保护申请。

通过破产重组，通用保留旗下有较大利润空间的别克、凯迪拉克、雪佛兰等品牌，而悍马、萨博、土星和庞蒂亚克等品牌则面临出售或者停产的命运。

经由此次破产保护，通用的员工和供应商也遭到了严重冲击：至2010年，通用要裁减经销商的40%，还要更改医疗保险和养老金计划，以降低成本，此外还需在2010年以前，关闭十多个厂家，削减2万个工作岗位。工厂和零件配送中心关闭或停产完成后，通用在美国的工厂数量将由47家减至33家。这些措施可谓是"臀无肤，其行次且"，为重组而牺牲甚大。

然而，美国的破产保护并非是真正的"破产"。在美国，申请破产保护的企业将会有一段时间来进行资产的重新整合，通过剥离不良资产，使公司重新走上正轨，甚至变得比以前更加强大，"中行"而"无咎"，终免于破产的地步。

2010年11月18日，美国通用汽车公司重返华尔街。经过一年半的改革精简，公司新上市，股票便大幅上涨，这对于曾经濒临崩溃边缘的通用公司来说，是一个巨大的转机。

经历破产重组后的通用汽车重焕生机。2012年，通用汽车公司全球汽车销量达到9 285 991辆，仅次于丰田汽车集团，排名第二。2012年，通用汽车公司营业收入达到1 523亿美元，净利润达到49亿美元，这已经是通用汽车经历破产重组之后连续第三年保持盈利状态了（程超、顾建华、安国祥，2010）。

由此观之，当组织中存在重大的腐坏，或者病入膏肓的时候，领导者要有"筧陆夬夬"的决心。通用汽车面对破产的困境，果断进行重组，为组织重构新的肌体，从而走向了重生。

重组在市场经济中也叫破产保护。破产保护（bankruptcy protection）是指不管债务人是否有偿付能力，当债务人自愿向法院提出或债权人强制向法院提出破产重组申请后，债务人要提出一个破产重组方案，就债务偿还的期限、方式以及可能减损某些债权人和股东的利益做出安排。这个方案要给予其一定的时间提出，然后经过债权人通过，经过法院确认，债务人可以继续营业。因此，当组织不可避免地陷入没落的时候，需要果断决策以疏解问题，如同通用那样，及时进行重组，割除不良资产，方能浴火重生。

第八节　走出困境之困卦

遥远的东方

辽阔的边疆

还有远古的破墙

……

围着老去的国度

围着事实的真相

围着浩瀚的岁月

围着欲望与理想

——《长城》

词：刘卓辉　曲：黄家驹　演唱：Beyond

无论一个人，还是一个国家，都会有受困的时候。但事实上，真正困住他们的，是他们自己。走出困境，首先是走出自己思想上的困境，然后周遭看似坚不可摧的障碍，就会迎刃而解了。

（马婧奕绘）

319

第四十七卦　困　兑上坎下　泽水（困亨正固）　臀酒石，徐绂蔓

困：亨，贞，大人吉，无咎。有言不信。

困卦。通达，正固，大人吉祥，没有灾难。说了话没有人相信。

上六：困于葛藟（lěi），于臲（niè）卼（wù）。曰动悔，有悔，征吉。

困于藤蔓：困在藤蔓杂草中，动摇不安有悔，前行获吉。

九五：劓（yì）刖（yuè），困于赤绂，乃徐有说（tuō），利用祭祀。

困于赤绂：截鼻砍膝，受困于高位，但渐渐有好事，利举行祭祀。

九四：来徐徐，困于金车，吝，有终。

徐徐困车：迟迟而来，受阻于豪华马车，虽有麻烦，但终有好的结果。

六三：困于石，据于蒺（jí）藜（lí），入于其宫，不见其妻，凶。

困石蒺藜：困在石头下，据于荆棘，回到家中，不见了妻子，凶。

九二：困于酒食，朱绂（fú）方来，利用亨祀。征凶，无咎。

困酒亨祀：因酒食而困，富贵刚来，要用于祭祀，行动有险，但无灾祸。

初六：臀困于株木，入于幽谷，三岁不觌（dí）。

臀困木凶：困在枯树下，走进幽暗深谷，三年不见天日。

困卦中，阳爻皆被阴爻掩蔽，九二被初六、六三包围，九四、九五被六三、上六包围，是君子受困于小人之象。二位与五位是大人之位，为阳爻，君子在围困中而立志惟坚，不变操守，皆得中位，有吉（贞，大人吉）。上卦兑为口，《象》曰："尚口乃穷。"崇尚口舌，是"巧言令色"（《论语·学而》）之辈，必遭穷困（有言不信）。

孔子曰："君子固穷，小人穷斯滥矣。"人皆有时运不济、以致于穷困之时。君子之困，"困而不失其所"，可以安于德行，锤炼自己的意志品格。在困境中也可以看清人的本来面目，"板荡识诚臣"，团结诸贤，共渡难关。

困卦之领导启示：领导者在职业生涯中遇到困难，抱负不得施展，应以合乎正道的方法助自己脱险。困苦穷厄，最能检验一个人的品格，"有杀身以成仁，未有求生以害仁"（《论语·卫灵公》），坚守自我，才能转危为安。不能见信于人，退而修美其德，也不失为一件乐事。

初六，阴爻阳位。上应九四，初入困境，想要去依靠九四，四爻为臀，九四在互卦巽（六三、九四、九五）里，巽为木。九四臀部困在枯树之中（臀困于株木），不能前来帮助。在下卦坎中，坎为川，为幽谷，此时应养精蓄锐，遁于幽谷之中（入于幽谷），耐心等待时机，走出困境（三岁不觌）。

臀困木凶之领导启示：领导者于困境之中孤立无援，不妨韬光养晦，等待时机。等待的过程无疑漫长而痛苦，但若能自修其德，不改其乐，终会有益。君子虽身在事中，然心要超然事外。

九二，阳爻阴位。在下坎中，坎为水，有酒食之意。与九五虽不应，但同为阳爻君子，在困卦里可以互相配合，得到九五给他华丽的官服（朱绂方来）。因要应酬世故，困在酒食宴饮之中（困于酒食），才华不得施展，只好去祭祀神灵（利用亨祀），不敢有所作为。

困酒亨祀之领导启示：领导者舍身遂志，内修其德，有含章之美，终会被上级所赏识。但此时嫉妒打压自己的，依然大有人在，仍需安贫乐道，低调处世。

六三，阴爻阳位。乘九二刚爻，位不正，陷入了更加深重的困厄之中。困中以不动为佳，六三却明知不可为而为之，结果被困于乱石（困于石），缠在带刺的蒺藜草中不能自脱（据于蒺藜）。回到了家中（入于其宫），见不到妻子（不见其妻），可谓流离失所，家破亲亡。

困石蒺藜之领导启示：领导者应不断完善自己的人格，审时度势，不可固执己见，一意孤行。面对困难，明知实力不济还要以卵击石，这是匹夫之勇，真正的勇敢必是深思熟虑之后的行为。子曰"暴虎冯河，死而无悔者，吾不与也。必也临事而惧，好谋而成之者也"（《论语·述而》），便是此理。

九四，阳爻阴位。处高位而在困境之中（困于金车），与初六相应，想去帮助初六。在互卦巽（六三、九四、九五）中，巽为进退不果，九四审时度势，对初六只能进行小的援助（来徐徐），最终能团结下位者一同脱困（有终）。

徐徐困车之领导启示：领导者急公好义，这是好事，但也需量力而行。在自顾不暇时，要救他人出困实属不易，但不救又于义不合，此时当审慎为之，不可操之过急。

九五，阳爻阳位。上位者被官服地位所困（困于赤绂），周围群小束缚，使九五之君有志也难以施展，如遭削鼻砍脚之刑（劓刖），但九五位中且正，心中有诚，祭祀神灵可得福佑（利用祭祀），慢慢脱离困境（乃徐有说）。

困于赤绂之领导启示：困境由来已久，脱困亦不是一朝一夕，若此时刚猛过甚，用严酷措施来纠正局面，不免被下属所怨，滋生新的问题，非摆脱困境的好方法。应是以至诚之心待人，取信于人，宽容群小，为其留有退路，更利于组织的长久和谐。

上六，阴爻阴位。"葛藟"为藤蔓之类；"臲卼"为高而危。下临互卦巽（六三、九四、九五），巽为木，为葛藟，又在全卦最高，身居高位，被葛藟所困，危险已极（困于葛藟，于臲卼）。想摆脱困境，不能再依靠别人，要从自身反省（有悔）。高位者受困，往往是自身失德所致。

困于藤蔓之领导启示：身居高位的领导者常处危险状态，"高处不胜寒"，地位越高，觊觎窥伺之人越多，穷困之境终不可免，然只要能吸取教训，谨慎思谋，也能脱困。穷则思变，困极必通，这是物之常理。

改革开放之初，虽有新政策带来无限希望，但现实却依然是百废待兴，诸多产业都处于停滞困境之中。也正是由于这种情势，出现了一批带领企业走出"文革"困境的领导者，褚时健无疑是其中的佼佼者。

1979年，褚时健出任玉溪卷烟厂厂长，凭借其对时势敏锐的嗅觉，第一项重大举措就是进行硬件更新，引进国外的生产设备。其时国门尚未大开，此计划一出，舆论哗然，褚时健有"困于酒食"之虞，但他不为所动，凭借超人的魄力，仅仅两年时间，就完成了全部设备的更新和技术人员的培训，使玉溪卷烟厂在硬件上达到了全国领先水平。

此后，褚时健又成功地实现了将第一车间建到烟田里去的重大创举。他发现，云南通海县气候土壤皆适合优质烟叶生长，却因培育技术和资源投入的低下而无用武之地，实乃焚琴煮鹤，糟蹋良田。在很大程度上，这是当时烟厂与烟田两分的体制使然。于是褚时健提出了由烟厂投资，"将第一车间建到烟田里"的设想。

然而，这一设想却严重冲击了当时的体制，执掌烟田的烟草公司首先出来反对。万般无奈中，褚时健只好寻求通海县委的支持，并成功建立第一块"优质烟叶生产基地"。随着这块烟田效益的凸显，大批烟田前来投奔，同时，褚时健也拿出一部分利润，安抚烟草公司，稳定烟农的心。"第一车间"的创立可谓是"来徐徐"，不懈的努力终于使其走钢丝一般地建立起来，这一举措使得玉溪卷烟厂拥有的优质卷烟居全国之冠，带来了大量财富。

褚时健的第三大举措是建立三合一体制。在计划经济体制下，烟草公司只负责烟叶生产，烟厂只生产卷烟，烟草专卖局只负责销售，供、产、销这三个环节相互割裂，每出现问题便互相扯皮，效率极其低下。而褚时健提出的三合一体制，便是把三者合而为一，便于统一指挥，以提高效率。

三合一体制比"第一车间"更具冲击力，是对旧有硬性环节的大胆变革。此论一出，全国噤声，烟草企业皆出言谨慎，不敢表示支持。只有云南省委在考察之后，表示了"试试看"的态度。红塔集团副总裁马曙勋后来说道："一句试试看成就了今天的金娃娃，红塔正是在三合一体制的基础上开始腾飞的。"

褚时健一系列的大胆改革，终于"乃徐有说"，带领玉溪卷烟厂走出困境，并取得了瞩目的成就：1979 年，玉溪卷烟厂固定资产 1 065.65 万元，生产设备全部是三四十年代的水平，寂寂无闻，为了生存而苦苦挣扎；到了 20 世纪 90 年代初，玉溪卷烟厂年创利税已相当于 400 多个农业县的财政收入总和，达到 200 亿元以上，稳坐中国烟草业的第一把交椅，并跃升为世界第五大烟草企业。"红塔山"的无形资产在 1997 便年达到了 353 亿元，位居中国榜首（韩保江，2004：286–292）。

褚时健刚接手的红塔集团面临着无数的困境，可谓是"困于株木，困于石，困于葛藟"，困到了极致。但同时，在这困境的背后，是无数的机遇。关键是领导者如何转变思维，进行改变。

哈佛大学教育与组织行为学教授克里斯·阿吉里斯（Chris Argyris）著有《组织困境》一书，他认为，人们常常陷入困境，但他们不是由于某种强加的专制或组织机构而陷入困境，他们并非受害者。事实上，现状变得如此难以改变，人们往往是咎由自取。我们由于自身的消极行为而陷入困境（Argyris，2010）。而领导者所要做的，就是要从认识自身开始，转消极为积极，转困境为机遇。

第九节　变革陈规之革卦

他总是忽热忽冷忽近忽远

他可以　一成不变

也可以　瞬息万变

但是他不会为你做任何改变

波斯猫眯着他的双眼

波斯猫踮着他的脚尖

波斯猫守着他的爱恋

一转眼却又　看不见

——《波斯猫》

词：武雄　曲：王治平　演唱：S.H.E

"他可以一成不变，也可以瞬息万变"，猫犹如此，人何以堪。川剧以变脸来表达人物情感的变化，组织则用变革来展示事业发展的历程。变革是为了创新，是为了开拓新的路途，寻觅新的方向。

（马婧奕绘）

第四十九卦　革　兑上离下　泽火（己日乃孚）　**黄己三，改虎变**

革：己日乃孚，元亨，利贞，悔亡。

革卦。到了己日才有诚信。开始通达，适宜正固。懊悔消失。

上六：君子豹变，小人革面，征凶，居贞吉。

君子豹变： 君子变革如豹换皮毛，小人变革表面顺从，前进有凶，安居占之则吉。

九五：大人虎变，未占有孚。

大人虎变： 大人像虎变革皮纹，不占也显诚信。

九四：悔亡，有孚改命，吉。

有孚改命： 悔消除，有诚信，改革吉利。

九三：征凶，贞厉，革言三就，有孚。

革言三就： 前往有凶，占有险，改革再三顺从民意，有信誉。

六二：己日乃革之，征吉，无咎。

己日征吉： 天命已到之日就改革它，前往获吉，无灾。

初九：巩用黄牛之革。

黄牛之革： 用黄牛皮绳巩固。

　　革是兽皮铲去兽毛留下的干净皮子，是为了使兽皮为人所用。相对于蛊卦而言，蛊为社会措施的改革，而革卦则是更加深刻的革命。下卦离为火，为光明，按纳甲原理，离纳己，变革并非一蹴而就，需要时间来取得人们的信任（己日乃孚）。离又为文明，上卦兑为悦，使人们得到文明而喜悦，可以使变革亨通无阻（元亨）。六二与九五正应，君臣相应在中位，可以正固无悔（利贞，悔亡）。

　　上泽为水，下离为火，有水火不容之势。出现了问题，就要及时变革。《象》曰："汤武革命，顺乎天而应乎人。"变革的关键，在于顺天命而得民心。君子既要能察天变之几微，又要能控民心之毫末，如此则大业可成，功德可保。

　　革卦之领导启示：领导者应时而变，若要取得成功有两个要素：一是"顺天"，即把握时机，等待变革的时机到来，便断然推行；二是"应人"，即改革应存诚守正，以身作则，取信于民。"兵无常势，水无常形"（《孙子兵法·虚实篇》），合于时宜的改革往往会使组织迈进一个全新的发展阶段。

初九，阳爻阳位。刚入革卦，力量弱小，此时变革的思想尚未深入人心。上与九四不应，还不能得到充分的支持。此时要有强力的约束，来限制变革力量的上升（巩用黄牛之革），积蓄力量，静待星火燎原的时机到来。

黄牛之革之领导启示：领导者需静待时机，在改革的初期需固守旧制，不可轻举大事。"凡事预则立，不预则废"，在自身力量还很薄弱，并且没有同道者相助的情况下，虽有变革之志，也需积蓄力量，做好充分的准备。

六二，阴爻阴位，上应九五。此时已走出初爻的准备阶段，位中且正，上有大人相助，可谓"顺天应人"，可以有所行动。在下卦离中，离纳己，因而在己日进行大的变革（己日乃革之），可以无往而不利（往吉），免于咎害（无咎）。

己日征吉之领导启示：自古得人心者得天下，改革顺应民意，获得在上位者的认可，又有下属的支持，这就是改革的最佳时机，此时采取行动，当势如破竹。

九三，阳爻阳位。在上下卦之交，水火不容之际，前进有被水浇灭的危险（征凶）。但改革已经开始，前进的大势又不可违，正固不动会有灾难（贞厉）。上卦为兑，兑为口，要想变革更进一步，就要努力说服民众（革言三就），以期待得到民众的理解和信任（有孚）。

革言三就之领导启示：改革初见成效之时，领导者应抚慰人心，安定大局，巩固改革的成果，不可急于求成，改革需要稳步推行，急躁不得。新政刚刚开始，任何的变革都会引起人心的不安，需要慢慢使大家适应新的政策，看到新政的成效，以取信于民。

九四，阳爻阴位。在互卦乾（九三、九四、九五）中，乾为天，又在互卦巽（六二、九三、九四）中，巽为命令。九四得到天命，要废旧革新，又有孚信于民众（有孚改命），可以大展拳脚，贯彻变革的宗旨，使百姓得到变革带来的实惠。

有孚改命之领导启示：改革进入后半阶段，民众普遍信赖，可以大有作为，畅行改革之志。

九五，阳爻阳位。刚爻当位为大人，上卦兑为虎，老虎威风凛凛，君王来支持变革，雷厉风行，如虎一般有威信（大人虎变）。下应六二在离中，离为龟，不必用龟占卜，也可以得到民众信任（未占有孚）。

大人虎变之领导启示：领导者以阳刚中正的美德推行改革，并且身居高位，大权在握，可全面推行改革，既有德行，又有威势，名正而言顺。改革自当成功，天下无不信从。

上六，阴爻阴位。同九五一样在兑中，虎豹同科，上六不在尊位，故为君子贤臣，为豹。到了上六，变革已成，君子变如豹般文采斐然，光明有德（君子豹变），小人也改头换面，以适应新的变化（小人革面）。改革已然成功，就要警惕物极则反，及时止步，由改革者而变为统治者（居贞吉）。

君子豹变之领导启示：领导者应明白物极必反的道理，改革之事适可而止。变革既已完成，就应该休养生息，静居持正，安守已经取得的改革成果。若是再求变革，则过犹不及，不利于组织的安定发展。

柳传志说："如果没有创新，联想可能早就沦为一个平庸的企业了。"

进入 21 世纪，联想经历过数次危机，但最终都依凭创新而成功度过。2001 年，联想在中国电脑市场上占 27.5% 的份额，位居第一，但自 2002 年起开始下降，2003年更甚。其主要原因便是具有强大创新能力的戴尔入驻中国，联想连续两年跟它的竞争都落了下风。经过研究之后，针对戴尔的直销模式，联想发明了一种双模式：既做大客户，也做商业客户。双模式的销售方式取得了成功，并沿用至今，现在，联想又把双模式推向全球。

2004 年，并购 IBM 的个人电脑业务，则是联想的又一大创新举动。从今天看，此举可谓成功，不仅提高了其个人电脑的制造技术，也使其成功打入了国际市场。并购时联想营业额是 29 亿美元，到 2011 年，"大人虎变"，营业额涨至 296 亿美元，十倍于前。

然而，联想在并购之后的发展却并非一帆风顺，2008 年全球金融危机曾使联想一个季度亏损 2.26 亿美元，一度到了悬崖边缘。这就暴露出了并购后文化磨合的问题，东西方人有着不同的思维模式，如何协调众人，理顺企业文化，成了联想的头号任务。为应对此次危机，联想积极进行管理层的改革创新，"有孚改命"，进行了一系列改组，从那之后，营业额、利润、市场份额都实现了大幅增长。而且，联想也不需要派中国人到并购方当领导，这就可使得战略和价值观和谐统一，命令畅通无阻。

不仅仅是联想，亚洲最大零售集团 SEVEN & i 控股公司（柒和伊控股公司）董事长兼首席执行官铃木敏文也把"变化应对"奉为企业箴言。铃木敏文在其自传性新书《朝令夕改》中说："过去'朝令夕改'被认为是负面的言词，但因为目前已经进入一个变化剧烈的时代，能不犹豫地朝令夕改，已经是一个领导人必备的条件。"

身处相对于相对保守的日本社会，铃木敏文一直以勇于改革，挑战新事物著称。一发现变化，"己日乃革之"，应时调整做法，甚至不惜改变整个组织面貌来适应市场。正是对陈规陋习的不断变革，使得柒和伊集团在 2005 年成为日本最大，全球第四大上市零售集团（商业周刊，2011：128—130）。

创新和变革使联想和柒和伊在激烈变幻的市场中立于不败之地。在变革的过程中，一方面要"己日乃革之"，把握改革时机，另一方面要"革言三就"，积极争取员工的理解支持，少了任何一方面，变革都难以成功。这两个公司的领导者深谙此道，可称作是"变革型领导"。

一般认为，领导者的权力是由领导者的职位赋予的。但是有些领导者的权力并非工作职权所赋予的，有些领导者的权力通过自己的影响力而产生领导的权力，变革型领导就是其中一种。这种领导者通过自己卓越的能力实现组织的重大变化，他们有能力在组织愿景、战略和文化等方面进行变革，同时实现产品的更新和技术的革新。

对于组织的变革过程，哈佛商学院终身教授约翰·科特（John Kotter）将其细分为 8 个阶段：第一阶段，领导者要建立一种急需变革的强迫感，危险或威胁可以降低人们对变革的抵制。第二阶段，建立强大的指导联盟，授予该联盟足够的权力，以引导变革过程，并在群体中培养合作精神；为了保证变革的成功，组织必须在内部达成共识，让员工意识到变革的必要性和可能性。第三个阶段需要建立一种具有吸引力的愿景和战略；领导者有责任建立并清楚地表达一种令人向往的愿景以引导变革过程，并制定能帮助实现该愿望的战略。第四阶段，领导者使用各种可能的方法广泛地传播愿景和战略。第五阶段，授予员工根据愿景行动的权力。第六阶段，领导者需要创造短期的胜利，激发员工继续努力的信心。第七阶段，在短期的胜利所带来的信誉和发展势头的基础上，保持紧迫感，以应对更大的挑战。第八阶段则是依凭之前阶段的成就，来巩固变革所带来的成功（Kotter，1979）。

　　这些变革阶段虽然显得程式化，但却直观说明了企业变革应当遵循的步骤和措施。结合上述案例可以看到，在未来的发展中，组织的变革将愈发成为一种常态，而只有积极变革的领导者，才能真正掌握发展的方向和动力。

第十节　危机管理之震卦

风在吼　马在叫

黄河在咆哮

黄河在咆哮

河西山冈万丈高

河东河北高粱熟了

万山丛中　抗日英雄真不少

青纱帐里　游击健儿逞英豪

——《黄河大合唱》

词：冼星海　曲：光未然　演唱：瞿弦和

风在吼，马在叫，危机四伏，惊心怵目。苏轼有言：天下有大勇者，卒然临之而不惊。面对危机，首先应当做到不惧。不惧然后徐图前进，"挽狂澜于既倒，扶大厦于将倾"并非朝夕间就可奏效，越是危乱，越要求稳。领导者稳，则人心稳，人心稳，则大事可济。

（马婧奕绘）

第五十一卦　震　震上震下（震惊百里）　**虩贝苏，泥往言**

震：亨。震来虩（xì）虩，笑言哑（è）哑，震惊百里，不丧匕（bǐ）鬯（chàng）。

震卦。通达。震动起来惊惶不安，谈话笑声稳定合宜。震动惊传百里之远，祭器、祭酒却不失手。

上六：震索索，视矍（jué）矍，征凶。震不于其躬，于其邻，无咎。婚媾有言。

震索有言：震动发颤，目光沮丧，前往有凶。震不在己，在邻人，无灾。求婚会遇闲言。

六五：震往来，厉，亿无丧，有事。

震往有事：震动往来猛烈，没什么丧失，但有事困扰。

九四：震遂泥。

震遂于泥：惊雷坠入泥淖。

六三：震苏苏，震行无眚（shěng）。

震苏无眚：震动不已，震惧而能前行，无灾。

六二：震来厉，亿丧贝，跻（jī）于九陵，勿逐，七日得。

震贝后得：骤然雷动有危险，使人丢弃家财，跑到高山上，不必追寻，七日后得回。

初九：震来虩虩，后笑言哑哑，吉。

震来虩虩：震动，使人惊恐，过后笑语声声，吉祥。

《杂卦》说："震，起也。"震有万物复生，重新振起的意义，因而可以亨通。震为雷，天雷滚滚，声势浩大，不免使人惊惶不安（震来虩虩），震而知戒惧，可以谈笑自若，合乎礼节（笑言哑哑）。震为长男，为祭器，即使雷声震惊百里之远（震惊百里），长子在祭祀中也能镇定从容，手中的祭器不会失手掉在地上（不丧匕鬯）。

闻震雷而心有所警，《象》曰："惊远而惧迩也。"近有所惧，则远无所忧，实是生于忧患之意。震卦便是要人改过迁善，时刻警惕危机困境。危机既然来了，要有从容镇定的心态"不丧匕鬯"。临危不惧，才可以掌控大局，"出可以守宗庙社稷"。统治者面对震卦，一要能反躬自省，谨防危困，二要能处乱不惊，稳定群情。

震卦之领导启示：领导者应有危机意识，时时有警惧。"战战兢兢，如临深渊，如履薄冰"，恐惧并非怯懦，而是大智大勇。"持盈履满，君子尤兢兢焉"（《菜根谭》），境遇顺逆，皆恭敬谨慎如初，方可有备无患。但恐惧也需有度，过度的恐惧只会让人心迷智乱，踌躇不前。

初九，阳爻阳位。初遇惊雷，使人不安（震来虩虩），然后能反省自身，言谈不敢放纵，合乎礼仪（后言笑哑哑），可以有吉。

震来虩虩之领导启示：危机初现，领导者便及时反省，团结人心。如此即使危机渐盛，领导者也可从容面对，处乱不惊。

六二，阴爻阴位。下乘刚爻，震动不稳而有危厉（震来厉），在震动中丢失了大量钱财（亿丧贝）。在互卦艮（六二、六三、九四）中，艮为山，跑到高山之上寻觅失物（跻于九陵）。因下卦震为一个小的复卦，复卦有"七日来复"之说，因此不必追逐寻找（勿逐），是自己的慌乱失措导致钱财不见，七天之后自然可在家中复得（七日得）。

震贝后得之领导启示："君子戒慎乎其所不睹，恐惧乎其所不闻。莫见乎隐，莫显乎微，故君子慎其独也。"（《中庸》）领导者以"慎独"的态度修养自己，不乱阵脚，危机中或有所失，然终必复得。

六三，阴爻阳位，在上下震之间，震动得更加厉害了（震苏苏）。在互卦坎（六三、九四、六五）中，坎为险难有灾，又在震中，震为行。六三因位不正而有灾，若能改变态度，及时前行则可免于灾祸（震行无眚）。

震苏无眚之领导启示：危机日甚，领导者或会柔弱无措，放任不管。子曰："君子有三畏：畏天命，畏大人，畏圣人之言。"（《论语·季氏》）领导者心有敬畏，更应勇敢前行，树立强人之姿，稳定群情。

九四，阳爻阴位，在互卦坎中，阳刚本可以有所前往，但在震中过度恐惧，以致坠入了泥沼之中（震遂泥）。

震遂于泥之领导启示：领导者恐惧危机需把握好尺度。适度的危机意识会促使组织慎重行事，追求完美，但过度的恐惧则会趋向于畏首畏尾，裹足不前，在危机中越陷越深。

六五，阴爻阳位。乘六四刚爻，受到威胁，再向前则为穷极之位，因此往来都有危厉（震往来凶）。但因六五位中且尊，行事中正，虽小有困扰（有事），却不会有大的损失（亿无丧）。

震往有事之领导启示：领导者已深陷危机之中，进退不得，苦困难忍，此际最重。虽有超人才智，却无计可施，不如守正行事，以尽量减少损失。

上六，阴爻阴位。在两震之上，震动最为剧烈（震索索），如鸟飞高而危，惊恐四顾（视矍矍）。进无所进，故有凶祸（征凶）。但因不在尊位，没太大威胁。真正震动的是六五（震不于其躬），是上六的邻居（于其邻）。上六虽受影响，却可以惊畏而免灾（无咎）。

震索有言之领导启示：领导者需放宽眼界，看到同类组织的危机，不要以为事不关己，应同样引起警惕，反省自己。慎重处事，则无败事。

IBM 曾经盛极一时，年销售额曾达到 500 多亿美元，利润则达 70 多亿美元，这样的销售额一度居计算机行业之首，令人艳羡不已。由此，IBM 也被誉为世界经营最好的、管理最成功的公司之一。

然而，在辉煌的同时，危机也悄然临近。20 世纪 90 年代初的经济萧条加上内部管理不善，公司股票连年下跌，而对手微软和英特尔却不断壮大，IBM 摇摇欲坠，濒于倒闭。

在此昔日蓝色巨人危机日甚之时，众人皆以为无药可治，只有路易斯·郭士纳（Louis V. Gerstner）"笑言哑哑"不以为然，反而挺身而出，开始了其挽救 IBM 的艰难历程。郭士纳认为，IBM 胜在其大，产品、服务之丰富，令其他公司望尘莫及，因此无论如何也不能解散。同时，IBM 必须走向世界，"震行无眚"，以进步来摆脱危机，只有积极进行全球化运作，才能反败为胜。

郭士纳把客户分按照行业进行区分，并配备全球经理，专业专人负责，以提高专业化程度。同时，IBM 还与其他公司进行了广泛而深入的业务重组，在这次重组中，郭士纳以内部信息为基础，建造了覆盖全球统一的信息库、营销系统、财务系统、合同执行系统、制造系统和客户服务系统、集中的数据中心，从而防止过度和重复开支。郭士纳虽是技术外行，却深谙客户销售之道。他认为，只有跟客户建立良好的伙伴关系，才能听到客户的真实声音并对症下药，不断改善服务质量。

郭士纳的危机处理很快取得了成效，在他执掌 IBM 的第二年，公司便从亏损 81 亿美元，变为盈利 40 亿美元。在担任 CEO 的十年中，郭士纳为摆脱危机做出了两大决策：一是使 IBM 的触角向全球扩展；二是改变经营方式，从硬件转向服务。在郭士纳的领导下，IBM 的全球服务已成了效益增长最快的部门，如今的 IBM 已成了一个不制造计算机的计算机公司。相比之下，美国的许多计算机厂家却直到今天才做出类似的战略决策（史岚，2005：150-156）。

面对 IBM 的危机，郭士纳"不丧匕鬯"，虽震而不惊慌失措。通过一系列整治管理措施，使 IBM 起死回生。危机是每一个企业发展过程中无可避免的，危机管理因此显得至关重要。普林斯顿大学的诺曼·R·奥古斯丁教授认为，每一次危机既包含失败的根源，也孕育着成功的种子。发现、培育，以便收获这个潜在的成功机会，就是危机管理的精髓。如果能够准确估计形势，并且处理得当，危机完全可以演变为"契机"（奥古斯丁，2004）。

然而相比于危机后的管理而言，事先的预防其实更加重要。结合现代企业的发展历程可以看到，对于防治危机来说，事先建立起良好的公司治理架构，则是非常必要的前提和基础。

公司治理又称公司管治、企业管治，其具体内容主要涉及领导者如何带领、管理及控制公司，实现公司的良性发展。一般而言，公司治理的方法主要是处理公司内部利益相关人士与公司治理的众多目标之间的关系。主要利益相关人士包括股东、管理人员和理事。其他利益相关人士包括雇员、供应商、顾客、银行和其他贷款人、政府政策管理者、环境和整个社区等。

经济合作与发展组织（Organization for Economic Cooperation and Development，OECD）的 30 位成员国认为，企业和市场的整体性对于经济的活力和稳定性是至关重要的，好的公司治理有利于经济增长和金融稳定。为了防止企业的危机，该组织于 1999 年公布了针对政府而非公司的《OECD 公司治理准则》，并在 2004 年进行了修订，主要包含以下要点：

确保有效的公司治理结构。

股东的权利和关键所有权的功能。保护和促进股东权利的实施。

平等对待股东。

利益相关者的角色。认可法律和互相协商赋予利益相关者的权利，并且鼓励企业和利益相关者在创造财富、工作机会和持续推动企业财务健康等方面积极合作。

信息披露和透明度。保证公司所有重大事件及时地、准确地得到披露，包括财务状况、业绩、所有权和公司治理的情况。

董事会的责任。确保董事会对公司的战略指导和对经营管理层的有效监督，同时确保董事会对公司和股东的责任和忠诚。

第十一节　适可而止之艮卦

看着我没停下的脚步

已经忘了身在何处

……

只是没有人愿意认输

我们都在不断赶路忘记了出路

在失望中追求偶尔的满足

我们都在梦中解脱清醒的苦

流浪在灯火阑珊处

——《无间道》

词：林夕　曲：伍乐城　演唱：刘德华、梁朝伟

我们都在不断赶路忘记了出路，这是对人生的喟叹。老子说：知足不辱，知止不殆，可以长久。奋斗不难，难的是反思；追逐不难，难的是停止。领导者行事就应如华山论剑，点到为止。知止，是对世事的洞察，更是对命运的潇洒。

（马婧奕绘）

第五十二卦　艮　艮上艮下　山（止背不息）　**趾腓限，身辅祥**

艮：艮其背，不获其身；行其庭，不见其人，无咎。

艮卦。止住背部，没有获得身体。走在庭院中，没有见到人。没有灾难。

上九：敦艮，吉。

敦艮吉祥：敦厚抑止邪欲，吉祥。

六五：艮其辅，言有序，悔亡。

艮辅言序：停止口部运动，言辞有条理，无悔恨。

六四：艮其身，无咎。

艮身无咎：抑制其身体，无灾。

九三：艮其限，列其夤（yín），厉熏心。

艮限列夤：停止腰部运动，却令背脊裂开，危险如烈火烧心。

六二：艮其腓（féi），不拯其随，其心不快。

艮腓不随：抑制小腿，不能快步跟随，心中不畅快。

初六：艮其趾，无咎，利永贞。

艮趾无咎：停止行动，无灾，利于长久守正。

《说卦》曰："艮为山，为止。"艮又为背，艮卦中有互坎（六二、九三、六四）为隐伏，因此是止住背部，不能获得其身（艮其背，不获其身），以喻行动困难。互卦震（九三、六四、六五）为行人，两个艮为门，人走在门庭之中（行其庭），行人在坎中，见不到他的人（不见其人）。

隋朝文中子有谋略之书《止学》曰："大智知止，小智惟谋。"人皆知进不知退，知动不知止，但《周易》讲究的却是"时止则止，时行则行，动静不失其时"，在普遍追求前行的环境中，知止便难能可贵。进易止难，如股市一般，所谓股神者，不过是懂得何时撤出之人。欲望使人前行，理智使人停止。何时停止，止于何处，便是艮卦所要讲的大智慧。

艮卦之领导启示：领导者之止有二，一为止其欲，放其权，不可贪得无厌；二为止其智，守其心，动静有常，使事业有重心，组织有方向。领导的职责是对组织统筹布局，而非事无巨细，如此方可利于组织秩序的建立。老子讲：无为无不为。无为无欲，不淫于外是止；无不为，心系愿景是动。动静如一，便能游刃有余，收"四两拨千斤"之效。

初六，阴爻阳位。初爻对应人身体的部位为脚趾，因此最先控制的是脚趾（艮其趾）。力量不足，时机不当，从小处开始停止，整理情绪，避免失足悔恨（无咎），可保长久正固（利永贞）。

艮趾无咎之领导启示：领导者应有玉韫珠藏，抱朴守拙的智慧。当自己的力量还不足以撑起野心的时候，与其怨天尤人，愤懑不平，不如及时停止，退入幽谷，等待时机。

六二，阴爻阴位。"腓"为小腿，六二在初六脚趾之上为小腿。上承九三阳爻，九三在互卦震中，震为行，六二想要停止（艮其腓），却被九三拖着走，无奈却又不得不快步跟随（不拯其随）。在互卦坎（六二、九三、六四）中，坎为心，心中抑郁不畅（其心不快）。

艮腓不随之领导启示：人在江湖，身不由己。纵使已经有了一定的力量，仍是不能完全自主，终要受制于人。"屈贾谊于长沙，非无圣主；窜梁鸿于海曲，岂乏明时？"（《滕王阁序》）时也，命也。恬然俯仰，知止为智。

九三，阳爻阳位。又在互卦震中，动心强烈。三位为腰部，在上下艮之间，心中想动，却又遇到阻力，非止不可（艮其限），无奈之痛，便如脊背被人撕裂一般（列其夤）。在互坎中，有危厉，面对这样的情况，真是忧心如焚（厉熏心）。

艮限列夤之领导启示：领导者已蓄积力量，跃跃欲试，却被上级横加干预而被迫停止。这种不甘可想而知，纵是勉强安慰，到底意难平。但凡事总是福祸相依，时机未到，贸然行事或会有灭顶之灾，心虽不快，却可保无虞。

六四，阴爻阴位。腰之上为上身，因位正，可以止住身子（艮其身），顺从艮止之道，虽没有什么作为，却可免于灾祸（无咎）。

艮身无咎之领导启示：思绪外泄，总易荒废本职工作，故领导者要学会自我抑制，使邪欲不生。《大学》讲"止定静安虑得"，于心于物皆然。面对外欲，要及时止步，"羁锁于物欲，觉吾生之可哀；夷犹于性真，觉吾生之可乐"（《菜根谭》）。

六五，阴爻阳位。六五既在上卦艮中，又在互卦震中，有止有动，符合艮卦"时止则止，时行则行"的道理。辅是上牙床，止住上牙床（艮其辅），动的主要是下牙床，这样是为了讲话有条不紊（言有序），该说不该说要合乎时宜。如此行为合乎中道，方可消除悔恨（悔亡）。

艮辅言序之领导启示：领导者应谨言慎行，适可而止，对要表达的事情要条理清楚，言简意赅。领导者代表着公司的形象，若口无遮拦，不懂讲话的艺术，不仅会影响组织的声誉，而且很可能因言获罪，招致祸患。言语有序于组织而言，即是要理顺组织章程，维护秩序。

上九，阳爻阴位。在两艮之上，两山相叠，稳固厚重，不可动摇，充分发挥了止的要义。艮卦于全卦之终，仍是要坚持敦厚而止（敦艮），不动摇心智，可以有吉。

敦艮吉祥之领导启示：领导者应当把审慎、知止作为自己永远奉行的宗旨，提升自己的领袖气质。上知止则下不乱，领导者的稳重常可达到《系辞》"不疾而速，不行而至"的效果。

《三国演义》中的杨修，才华横溢，博学多识，在早期深得曹操的喜爱，深具领导者的潜质。然而，最终他却因不知止而横死在领导之路上。

曹操外宽而内妒，杨修却依恃自己的才华屡犯曹操大忌。一次塞北进贡给曹操一盒酥，曹操书"一盒酥"三字于其上，杨修见到，便和大家分吃。曹操问其原因，杨修却以"一人一口酥"回答。曹操虽笑而内厌之。

曹操疑心重，怕人暗算自己，常跟侍卫说自己梦中好杀人，不要靠近他。一次曹操睡觉，被子掉了，近侍慌忙去捡，曹操便起床杀了他。第二天假装吃惊，痛哭厚葬。人们都信以为真，只有杨修仍不知"艮其限"，在下葬时叹道："不是丞相在梦中，是你在梦中啊！"曹操听说后更加记恨。

而导致杨修死亡的根本原因，是他自作聪明，参与立嗣之事。曹操为辨贤否，经常会考察曹丕和曹植的才华。一次，命令他们各出城门，却私下令守门士兵，不让放行。曹丕看到士兵阻拦，便退走。杨修告诉曹植说："奉王命出城，有人拦就斩首。"曹植依杨修所说行事，果然得到了曹操赏识。后来有人揭发是杨修所教，曹操心中更怒。此外，杨修还经常教曹植如何应对曹操的问题，于是，在曹操面前，曹植于军国大事无不对答如流。后曹丕买通曹植府中下人，偷偷告诉曹操其中缘由。曹操遂大怒道："匹夫胆敢骗我！"于是起了杀心。

最后，在曹操与刘备在汉中对峙之时，杨修不能"艮其辅"，又逞其才能，将曹操所传"鸡肋"的军中口号，解释成进兵不得，不如早退之意，使得军心扰乱。曹操由此得到了口实，遂以借迷惑军心的罪名，将杨修处死。这位三国时期的著名才子，横死之时年仅四十四岁（《三国演义》第七十二回）。

自古英雄有为之士，皆明白止的重要性，如晚清名臣曾国藩深爱《止学》一书，他一生成就，处处都有"止"的烙印；今人李嘉诚更是身体力行，至将"知止"二字高悬于办公室，终成商界至尊。《止学》有言，"才高非智，智者弗显也"，杨修之死，就是因炫其才而不知适可而止。真正的领导者，是"敦艮，吉"，敦厚而有分寸，该止时就止，该行时就行，绝不偏颇行事。

知止绝非是说不要进取，而是说要进取有度。一般而言，领导者大多都怀有热烈进取的野心，但是，不知止的领导者却容易产生偏执的"自欺型自恋"的心理。自欺型自恋由美国芝加哥大学精神分析学院教授海因茨·科胡特（Heinz Kohut）和欧内斯特·沃尔夫（Ernest S. Wolf）在1978年提出，他们认为自欺型心理因为内化了父母臆想的自我价值，并期望能够实现这种价值，可能会苦于过强的进取心和过重的压力，进而导致思维错乱，效率低下（Kohut & Wolf, 1978）。

与之相对的则是"建设型自恋"的心理。建设型自恋的行为方式通常是大胆行动、反省自察、深思熟虑，他们愿意表达自己的愿望，坚持自己的行为而不顾别人的反对，但在失望的时候也不会怀恨在心，而是积极采取补救措施。

第十二节　反客为主之旅卦

不要问我从哪里来

我的故乡在远方

为什么流浪

流浪远方　流浪

为了天空飞翔的小鸟

为了山间轻流的小溪

为了宽阔的草原

——《橄榄树》

词：三毛　曲：李泰祥　演唱：齐豫

　　浪漫的人喜欢流浪，总以为身在漂泊，心便也可漂泊，其实不然。旅途是自由的，象征无限的可能，却也会带有无限的落寞。事实上，背井离乡的漂泊，往往是为生活所迫，而马致远的《秋思》，则把这羁旅之愁演绎得淋漓尽致。

（马婧奕绘）

第五十六卦　旅　离上艮下　火山（人如过客）　**琐资焚，心雉险**

旅：小亨，旅贞吉。

旅卦。稍有通达。旅行守正就吉祥。

上九：鸟焚其巢，旅人先笑后号咷。丧牛于易，凶。

先笑后险：鸟焚烧了巢，旅人先笑后大哭，郊外又丢了牛，凶。

六五：射雉，一矢亡，终以誉命。

射雉终誉：射了野鸡一箭，野鸡丢了。最终得到荣誉爵命。

九四：旅于处，得其资斧，我心不快。

我心不快：旅途到住地，得到资财，心里仍不痛快。

九三：旅焚其次，丧其童仆，贞厉。

焚次丧童：旅店失火，丧失仆人忠心，危险。

六二：旅即次，怀其资，得童仆，贞。

怀资得童：旅途住客舍，携资财，得到仆人忠心。

初六：旅琐琐，斯其所取灾。

旅琐取灾：旅人小气卑微，因此，招来灾祸。

离家客旅，诚非得已，《鹖冠子》说："离为五脏刀斧。"其苦难堪，可谓断绝人肠却又无可奈何。孔颖达说："失其本居而寄他方，谓之为旅。既为羁旅，苟求仅存；虽得自通，非甚光大。"（《周易正义》）客居异乡，生存已是极难，岂敢奢求通达。惨淡如此，不禁使人生出天地人生之叹，李白说："天地者，万物之逆旅"（《春夜宴从弟桃李园序》），苏轼说："人生如逆旅，我亦是行人。"（《临江仙·送钱穆父》）君子存身于世，便如寄旅于此历史长河之中，只好修养德行，谨慎处世，柔以顺命保身而已。范仲淹总结此卦说："夫旅人之志，卑则自辱，高则见嫉；能执其中，可谓智矣。是故初'琐琐'而四'不快'者，以其据二体之下，卑以自辱者也；三'焚次'而上'焚巢'者，以其据二体之上，高而见嫉者也；二'怀资'而五'誉命'，柔而不失其中者也。"（《范文正集·卷五》）

旅卦之领导启示：领导者初来乍到，面对完全不熟悉的下属，面对陌生的领域，应谦卑处世，藏巧于拙，以屈为伸，免遭人嫉，进而团结新组织，共赴使命。稳定群心之后，便当积极进取，应知旅于陌生，即是旅于新生。

初六，阴爻阳位。上有九四正应，但在下卦艮中，艮为止，受到阻止。想去旅行，但地位卑微，行事猥琐吝啬（旅琐琐），实乃"卑则自辱"，是自取灾祸（斯其所取灾）。

旅琐取灾之领导启示：领导者欲向外发展，要量力而为，举止光明磊落，虽力不足，却能取信于人。若是行为猥琐，意志穷迫，"饱食终日无所用心"，就会被人鄙视而受到侮辱，威信难树，事业受阻。

六二，阴爻阴位。古人旅行于外，住一夜为舍，两夜为信，三夜以上为次。六二位中且正，有安定长久的住处（旅即次）。在互卦巽（六二、九三、九四）里，巽为近利市三倍，带的盘缠很足（怀其资）。又在下卦艮中，艮为童仆，在旅行中有童仆相随（得童仆），旅行准备充分。

怀资得童之领导启示：向陌生的领域发展，需要有一定的实力基础，准备充足。若所虑不周，便贸然外求，最终将损害事业发展

九三，阳爻阳位。在互卦巽中，巽为木，木向上遇到离为火，是木焚于火之象，旅行的住处被火烧了（旅焚其次）。在下卦艮中，艮为童仆，又在互卦兑（九三、九四、六五）中，兑为毁折。路上相伴的童仆也偷偷走掉了（丧其童仆），旅行至此，生存堪忧。

焚次丧童之领导启示：旅新之路，危险重重。领导者于外，要能不失人心，与人交好，于内，又不失自己的原则，以维持组织的光正和谐。"君子懿德，中庸之道"（《菜根谭》），过于刚烈就容易断折，在动荡的环境中不能保全自身，更何谈匡济事业。

九四，阳爻阴位。在互卦巽中，巽为近利市三倍，又在上卦离中，离为戈兵。可以得到资财利器（得其资斧）。九四仍在羁旅之中（旅于处），虽事业有了成就，但总归是寄人篱下，不如身在家中更加安心畅快（我心不快）。

我心不快之领导启示：领导者为了利益而远离本身所处之地，虽可能会获得许多财富，终究是违了"吾道自足，何事旁求"的理念，不能在自己的地域大展拳脚，心中自然愤懑不平。

六五，阴爻阳位。在上卦离中，离为雉，又为矢。在互卦兑中，为毁折。虽然

射中了一只野鸡，却丢失了一支箭（射雉，一矢亡）。兑又为口，有誉，在互卦巽（六二、九三、九四）中，巽为命，六五位尊居中，最终会得到美誉封赏（终以誉命）。

射雉终誉之领导启示：领导者内心光明，又守中道，恰到好处，自然能够得到赏识提拔。虽然向外发展会有暂时的困顿和损失，但最终会有好的结果。

上九，阳爻阴位。地位最高，与初六相反，可谓"高则见嫉"。旅人在外得到高位，如鸟筑巢于高枝之上。在上卦离中，离为火，地位不稳，为人所嫉，巢被烧掉（鸟焚其巢）。挨着互卦兑，下有互卦巽，兑为悦，巽为哭号，先得位而笑，后失位而哭（先笑后号咷）。先喜后悲，像丢了牛找不回一般（丧牛于易），"赔了夫人又折兵"，旅人的命运悲哀若此。

先笑后号之领导启示：向外发展，是为了组织的壮大。在全球化的今天，水土不服之事仍有发生。文化是组织生存之水，"水则载舟，水则覆舟"（《荀子·王制》），不同文化间的磨合要慎之又慎，保持尊重和谦虚才能生存下去。

小米手机于 2011 年正式开辟市场，随后势如破竹，引起了一次次的销售热潮。小米公司在成立仅仅五年之后，就成了世界上最有价值的创业公司。截至 2015 年 6 月，公司的估值已达 460 亿美元，超过了许多诸如 Uber、Snapchat 的外国创业公司。

随着公司的不断成长，小米的战略也不断升级，其中最为显著的举措，便是开辟印度市场，以实现其全球化的愿景。小米在印度的销售取得了极大的成功。2014 年 7 月 22 日，小米在印度第一次网络销售，一周内收到 10 万次预约，小米 3 智能手机在开卖 39 分钟内便脱销；8 月 6 日，小米印度宣布 2 秒售罄 15 000 部小米 3；8 月 12 日，20 000 部小米 3 于 2.4 秒内售罄。四个月之内，小米的印度销量已突破了 50 万部，可谓是"得其资斧"，收获颇丰。

2015 年，小米公司 CEO 雷军又推出了针对印度设计的 4I 智能手机，这是小米第一次在中国境外推出新产品，为了更好地适应印度市场，"终以誉命"，雷军又拉拢印度资本巨鳄塔塔集团为母公司的投资者。至 2016 年，小米正式与富士康达成协议，要在印度建立两个手机工厂。

小米之所以如此大力发展印度市场，原因有四。第一，印度智能机市场潜力巨大，中国却接近饱和；由于印度人均收入更低，他们更有可能被性价比高的小米产品吸引，印度的成功将使小米继续保持高速增长。第二，印度为小米的海外发展提供了很好的经验，为其创建了新的商业模式，也为进军其他新兴市场奠定了基础。第三，由于国内竞争压力加剧，在印度保持领先，可维持其全球优势。第四，印度有大量的技术人才，小米可依托印度销售的成功，在印度建立高水平的研发中心，这对小米的国际化战略至关重要。

为支持小米在印度发展，雷军规划了5—10年的本地化长期战略，使团队成员全部为印度员工。小米还将在印度铺开体验店，完善生产链条，建立生态系统和品牌影响力，避免陷入水土不服，"鸟焚其巢"的境地。因此，小米进军印度不仅仅是为了经济效益，更是为了实现其全球化的梦想。积极发展在国外的业务，甚至反客为主，才能在世界范围内的手机竞争中获取一席之地。

全球化是20世纪80年代以来在世界范围日益凸现的新现象，是当今时代的基本特征之一。1983年，哈佛经济学家西奥多·莱维特（Theodore Levitt）认识到，技术驱使世界朝着"同一化"的方向发展，而且提供标准化消费品的全球化市场在前所未有的大规模基础上诞生了，世界不断整合，互相依赖，他把这种现象称为"全球化"。在1770—1992年，世界贸易总额增长了10倍，同时不同民族间的需求和文化正日趋同化（Levitt，1983）。从20世纪中期以来，企业全球化就开始逐步形成规模，越来越多的企业在世界各地以相同的方式销售相同的产品，比如在20世纪80年代开始崛起的日本企业就是这种策略的典型代表。而中国企业想要在世界市场中分一杯羹，也必须顺应全球化的潮流，积极走出去，反客为主，占领市场。

第十三节　治理涣散之涣卦

东方红　太阳升

中国出了个毛泽东

他为人民谋幸福

呼儿嗨哟　他是人民大救星

毛主席　爱人民

他是我们的带路人

为了建设新中国　呼儿嗨哟

领导我们向前进

——《东方红》

词：李有源、公木　曲：李涣之　演唱：陕北民歌

国家涣散，就像一盘散沙，虽老大无比，却不堪一击。而外来的危机，遂迅速激起民族自救的热情。国家、企业和组织的自救，首先是要有一个指导思想凝聚人心，其次要一个强有力的领导者进行组织建设，一阴一阳，缺一不可。

（马婧奕绘）

第五十九卦　涣　巽上坎下　风水（涣散不利）　**拯机躬，群汗完**

涣：亨。王假（gé）有庙，利涉大川，利贞。

涣卦。通达。君王来到宗庙。适宜渡过大河，适宜正固。

上九：涣其血，去逖（tì）出，无咎。

涣血逖完：洪水退去，解除远忧，无灾。

九五：涣汗其大号，涣王居，无咎。

涣汗大号：洪水横滥，淹没国都，无灾。

六四：涣其群，元吉。涣有丘，匪夷所思。

涣群元吉：洪水冲向人群，所幸人们聚集于山丘上，否则后果难以想象。

六三：涣其躬，无悔。

涣躬悔亡：洪水冲到身上，有惊无险。

九二：涣奔其机，悔亡。

奔机悔亡：涣散时，奔向安定的地方，倚阶而安，悔消失。

初六：用拯马壮，吉。

拯马壮吉：乘强壮的马避难，吉祥。

涣本为水涣漫无际，但在涣卦之中引申为整治涣散，化解壅滞之意。世事之蔽多由人心涣散而起，故君王要到宗庙之中，聚祖考精神（王假有庙），表达诚意，团结人心。上卦巽为木舟，为风，下卦坎为水，是风吹木舟行于水上之象，适宜渡涉大河（利涉大川）。

《象》曰："先王以享于帝，立庙。"古人早已明白，整治人心的关键在于立庙祭神，这样是为了加强人们对政权的认同感。共同的信仰，便是他们建立国家的"法理基础"。国需自由，然过于自由而无中心所向则易涣散。既自由且免于涣散，是君子治国理政所需把握的重要度量。

涣卦之领导启示：领导者应以积极的眼光看待组织中的涣散状态。首先，凡物之聚，必始于散。此时的涣散也为接下来的凝聚创造了契机，并且可以淘出组织中的"渣滓"，形成一个新的更有向心力的集体。其次，涣散本身也不见得是坏事。涣散意味着内部人员保持着各自的独立性，各行其分，和而不同，组织内部秩序井然，避免了结党营私的不正之风。形散而神聚，分中又见合，这样的组织设计才最为高妙。

初六，阴爻阳位。上承九二阳爻，能够得到刚健九二的支持。在下卦坎中，坎为美脊马，又为险难。初六力量弱小，却可以乘强壮的马来避难（用拯马壮），可见初六想要摆脱涣散的急切心情。

拯马壮吉之领导启示：领导者当于涣散之始及早拯救，果断采取措施。领导者本身力量不济，不足以转变局面，此时可以顺承上级，借其力量来整顿局面。

九二，阳爻阴位。在坎险之中，初临涣散的危险局面，上无所应，只好先行自救，找寻涣散最轻的地方，安定下来（涣奔其机），免受动荡时局的冲击，凝聚尚未涣散的人心，图谋整治。

奔机悔亡之领导启示：当离散局面已然形成时，领导者应与同道的员工同舟共济，保存实力，强根固本。当此危难之际，不可恋战，自救以求保全，是为了日后卷土重来。

六三，阴爻阳位。与上九相应，外有所应，可以寻求向外发展。树立向外的目标，先要能够清除内在的私欲（涣其躬），如此以拯救涣散的危局，一致向外。

涣躬悔亡之领导启示：领导者拯救涣散需从自身着手，应以大局为重，切莫耽于一己之私。领导者拯救患难的措施得到上位者的支持，此时把主事之权交予上级也无所谓，只要可以拯救危机，不可为了贪功争权而斤斤计较。"圣人无常心，以百姓心为心"（《老子》），不自私，方可成其大。

六四，阴爻阴位。与九五阴阳相吸，先解散了小团体（涣其群）。在互卦艮（六三、六四、九五）中，艮为丘。又聚集成山丘一般的大团体（涣有丘），这样的整合效果之好，不是常人所能想到的（匪夷所思）。

涣群元吉之领导启示：组织涣散源于小团体的相互攻讦，领导者当以其光明无私之心，涣散组织内的朋党利益集团，使之再成为一个混一的更大的集体。"涣小人之私群，成天下之公道。"（《朱子语类》）

九五，阳爻阳位。全卦为风行水上，涣汗即水浩瀚无际的盛大场面。在上卦巽中，巽为号令，整治涣散，要能够颁布权威的法令，传布天下（涣汗其大号）。同时要广散聚敛之财，收拢王城人心（涣王居），如此可免于灾祸（无咎）。

涣汗大号之领导启示：领导者应该以一以贯之的政令来拯救涣散局面，并且及时分享财富利益。有一贯的政策，下属行事才有可以依据的标准，政令才能远播；分享利益，群情才会安定，改革也才有成效。

上九，阳爻阴位。涣散已极，动荡不安，下应六三在坎卦中，坎为险，为血。上九位高，应远离底层的流血冲突（涣其血），以免惹祸上身（去逖出）。凡大乱之时，地位越高越危险，抽身远离，是为了保存实力，东山再起。

涣血逖完之领导启示：面对涣散难改的局势，领导者应知难而退，以免惹祸上身。待其散极反聚，人心思安之时，再来收拾旧山河，重塑组织。

1990 年左右，因国内经济危机的影响以及国外势力的经济制裁，中国的经济形势到了涣散不堪的地步，甚至有衰退之忧。

为了整治经济的涣散局面，1991 年底，年过 60 岁的朱镕基被从上海抽调入京，出任主管经济的副总理。朱镕基大学毕业不久即进入国家计委，其后在石油部门、国家经委、中国社科院工业经济研究所、上海市工作历练，熟悉宏观、产业、学术及地方经济各个环节，是一位罕见的实务及理论大家。他为人不苟言笑，以严厉、高效、清廉著称，此时受命进京，正是"用拯马壮"。中国经济也从此开始了长达十二年之久、带有鲜明个性的朱氏治理的时代。在这十几年内，朱镕基主导的几大政策，构成了他治理涣散的主力措施。

在朱镕基当政之前，国有企业改革一直以放权让利和推行承包制为改革的主要手段，至 1992 年 6 月，国务院还颁布了《全民所有制工业企业转换经营机制条例》，赋予企业十四项经营自主权。然而，这些试图绕开明确产权而展开的种种放权性措施，都被证明是极其失败的。进入 1995 年之后，国有企业的经营状况持续恶化，几乎到了难以为继的地步，国务院发展研究中心的一份报告显示，国营企业的亏损面超过 40%，企业负债率平均高达 78.9%，与 10 年前相比，资产增长了 4.1 倍，债务则增长 8.6 倍。

朱镕基很快放弃了沿袭了十多年的思路。他认定国家已经无力照顾数以十万计的"亲生儿子"们，必须"涣其群"有所放弃。1995 年，国家提出了国企改革新思路，宣布实行"抓大放小"的改革战略。所谓放小，就是将那些经营业绩不好、非关支柱的地方中小型国有企业以"关停并转"为名，向民间出售，若无人要，则予以破产。所谓抓大，就是模仿日韩的大公司模式，选择一些有市场竞争力的企业，"涣有丘"，在金融信贷政策上予以扶持，通过"实业—金融"混业经营模式使之迅速壮大。

1998 年 3 月，朱镕基当选新一届的国务院总理。在全国"两会"的记者招待会上，他即席慷慨发言，宣称："不管前面是地雷阵还是万丈深渊，我都将一往无前，义无反顾，鞠躬尽瘁，死而后已。"也正是在这一年，朱镕基"涣汗其大号"，延续改革新政，为日后的中国经济打造出了"三驾马车"：启动城市化建设、开放外贸的进出口自主权、开放房地产市场。这三大政策分别着力于投资、出口和内需，由此构成拉动经济复苏的"三驾马车"。在国际范围内哀鸿遍地的 1998 年，中国经济率先触底反弹，"否极泰来"，一举取代日本而成为亚洲经济的火车头。

朱镕基的这两次精彩表现，让他成为 20 世纪末最后几年里全球最引人瞩目的政治家和经济治理大师。在之后的 2001 年，他又通过艰难的谈判，率领中国加入了世界贸易组织（WTO）。在他的治理下，中国创造了连续十二年没有爆发通货膨胀、年均 GDP 增长高达 9%的经济奇迹，消费者物价指数（CPI）长期低于 3%（在 1998 年到 2001 年期间，CPI 分别为 –0.6%、–1.3%、0.8%和 0.7%）。这段时期堪称当代中国历史上经济发展最快的"黄金时间"，在这期间，中国的经济总量相继超过了法国、英国和德国，跃居世界第三（吴晓波，2013）。

由此可见，将国有企业从涣散不堪，转变为国民经济的支柱，朱镕基功不可没。从措施上看，他先是"涣其群"，放弃无关紧要的企业，然后"涣有丘"，集中发展有实力的企业。这一系列的措施看似简单，实行起来却是惊心动魄，面临社会动荡的风险。然而，历经艰辛之后，这些措施最终达到了最初的目的，使得国企改制取得了相当的成就。

整治组织是一个复杂而长期的过程，领导者要能够对局势进行全方位地把握，每前进一步，都要有所规划。而组织变革理论中的"三步骤模型"便全面地描述了组织变革中的各个阶段和可能出现的种种问题。

美国社会心理学家雷娜德·勒温（Leonard Lewin）在 1951 年提出了组织变革的三步骤模型（Lewin's organization change theory），包括解冻（unfreezing）、变革（changing）、

再冻结（refreezing）三个步骤。在勒温的模型中，现状为平衡状态，打破平衡需要克服个体阻力和群体从众压力，即解冻。解冻可以通过增加推动力，减少抑制力来实现。当两种力量势均力敌时，就达到了平衡状态。为了实现解冻，领导者需要减弱组织当前状态的力量，使推动力大于抑制力，让员工看到实际行为与期望行为间的差异，动摇原有的思想观念，激励成员参与变革。第二个步骤是变革，领导者实施变革方案，转变部门或个人的行为，通常通过组织结构变革、人力资源变革和组织技术变革来实现。变革是思想认知的改变，领导者需要给员工提供充分的信息，指明变革的方向，促使其形成新的行为和态度。因组织成员具有安于原状的思想，容易倾向于抵制组织变革，所以变革不能拖拉，必要时可以通过变革培训、心理辅导、增加工资等方式加快变革。最后是再冻结，以防止组织回到变革前的状态。领导者通过对组织规范和政策的再度确认，不断给予积极的强化，使员工接受并习惯于新的环境，巩固员工新的行为模式（Lewin，1951）。

第十四节　避免过失之小过卦

天黑路茫茫

心中的彷徨

没犹豫的方向

希望的翅膀一天终张开

飞翔天上

——《希望》

词：郑樱纶　曲：任世现　演唱：陈慧琳

有的人稍有过失，便觉心中彷徨，前路茫茫。人非圣贤孰能无过，要能看到前方的希望，终有一天会飞翔天上。小过的卦名，本源自"飞鸟遗音"，小有认识的过失，无伤大雅，可以及时改回。

（马婧奕绘）

352

第六十二卦　小过　震上艮下　雷山（小有过越）　**鸟妣戕，弗弋网**

小过：亨，利贞，可小事，不可大事。飞鸟遗之音，不宜上，宜下，大吉。

小过卦。通达，适宜正固。可以做小事，不可以做大事。有鸟飞过留下的声音。不应该往上走，而应该往下走，非常吉祥。

上六：弗遇过之；飞鸟离之，凶，是谓灾眚。

飞鸟网灾：不相遇而越过它，飞鸟被网住，凶险，这就叫灾祸。

六五：密云不雨，自我西郊，公弋取彼在穴。

公弋取彼：云密而不下雨，我从西郊而来，王公进洞取他射中的鸟。

九四：无咎，弗过遇之；往厉必戒，勿用，永贞。

弗过遇之：无灾。不越过而相遇。前往要有警戒，不要有作为，长久保持正顺。

九三：弗过防之，从或戕（qiāng）之，凶。

从或戕之：不过分以防止，若放纵就会受害，凶。

六二：过其祖，遇其妣（bǐ）。不及其君，遇其臣，无咎。

过祖遇妣：越过祖父，遇到母亲，不靠近君王，遇到他的臣仆，无灾。

初六：飞鸟以凶。

飞鸟以凶：鸟儿高飞有凶险。

全卦有飞鸟之象，中间两个阳爻为鸟身，上下阴爻为鸟张开的翅膀。音速有滞后现象，当人听到鸟的叫声时，抬头寻找，却发现鸟已经飞过去了。卦中以这"飞鸟遗音"的自然现象来告诫人们，行事要谨防过失，小的过失可能会导致人们判断失误，延宕时机，甚至导致事情生出大的变故。

卦中阴爻居尊位，阴为小，有利于做小事，不利于做大事（可小事，不可大事）。凡事宜量力而行，不可急功近利，好高骛远。做小事是为了能使小事得正，小事正，则大事可以无忧，如此免过避患，可以亨通有利。

小过卦之领导启示：领导者在为组织设置目标时应该量力而行，不可眼高于顶，好高骛远。做好每一件小事，雕琢每一个细节，大的成就便如"瓜熟蒂落，水到渠成"般自然。人追求成功，常是"独上高楼，望尽天涯路"，只要在这个过程中锲而不舍，"衣带渐宽终不悔"，成功便是"蓦然回首，那人却在灯火阑珊处"了。认真地对待每天的工作，成功便是不求而得，不期而遇。

初六，阴爻阳位。全卦为飞鸟之象，与九四相应，想要向上接近九四，但全卦"不宜上，宜下"，位不正且有下卦艮阻隔，因而有凶（飞鸟以凶）。

飞鸟以凶之领导启示：事业草创，领导者应谦恭卑柔，脚踏实地，不可自视甚高，追求华而不实的东西。若看不清时势，将有凶祸。

六二，阴爻阴位。位卑却守中正之德，遵守小过卦宜下不宜上的劝告，不找祖父，而寻祖母相助（过其祖，遇其妣），不找君王，而寻求大臣帮忙（不及其君，遇其臣）。从小处着手，"曲线救国"。

过祖遇妣之领导启示：领导者若要寻求支持，要从小处做起，先说服高层身边的人，以增加自己的信誉。妥善周旋，才是明智之举。

九三，阳爻阳位，与上六正应，想要得到上六支持，但在下卦艮中，艮为山，为止。越不过去，却又不加防范（弗过防之），在互卦兑（九三、九四、六五）中，兑为毁折，有被人杀害的危险（从或戕之）。

从或戕之之领导启示：领导者在向上求功的同时要做好防备，执着求进，则容易忽视身边的危险，英雄往往死于小人之手，当谨慎预防。

九四，阳爻阴位。上临六五之君，不可过于刚强，以免威胁到君王（弗过遇之）。全卦是一个大的坎卦，坎为加忧，为灾。若要执意向上，会有灾险，必须有所警惕（往厉必戒）。

弗过遇之之领导启示：到此种地步，领导者若还是执意寻求上进，则会威胁到高层的地位，招致祸患。时势所限，切忌冒进。

六五，阴爻阳位，在互卦兑（九三、九四、六五）中，兑为泽，又处天位，泽水上蒸于天，为云，兑又为西方。天上从西方飘来许多乌云（自我西郊），但这些乌云却因为时机不到，不能下雨（密云不雨）。在小过卦中，诸事不可强求有得，尽量避免过错便可。

公弋取彼之领导启示：大环境不好，领导者应安守本分，当知大雨终将到来，环境终会变好，不求有功，但求无过。

上六，阴爻阴位。在六五君位之上，没有相遇，却已飞过了他（弗遇过之）。离为网罟，如此不自量力，就好比飞鸟鲁莽高飞，却因力不能继，落入了别人的网罗之中（飞鸟离之）。灾为天灾，眚为人祸，如此过越的行为，怎可免于灾祸呢（是谓灾眚）？

飞鸟之灾之领导启示：领导者违背谦柔处下之道，亢进躁动，一意孤行，终会使事业受阻。老子说："上善若水。水善利万物而不争，处众人之所恶，故几于道"，柔弱处下，却心系天下，细处着手，以利天下，才是正道。

在 20 世纪 70 年代中期以前，可口可乐公司在美国饮料市场上一直遥遥领先，占据了全美 80% 的市场份额，年销量增长速度高达 10%。

然而好景不长，70 年代中后期，百事可乐的迅速崛起令可口可乐公司不得不着手应付这个饮料业"后起之秀"的挑战。到 1984 年，百事可乐的市场份额与可口可乐只差了 3 个百分点，霸主地位的逐渐丧失让可口可乐措手不及。

为了应战百事可乐的挑战，寻出失势的原因，可口可乐公司推出了一项代号为"堪萨斯工程"的市场调研活动。1982 年，可口可乐深入 10 个主要城市，通过约 2 000 次的访问，发现口味因素是其份额下降主要原因，许多顾客表示愿意尝试新口味的可乐。于是，满怀信心的可口可乐开始着手改革长达 99 年秘不示人的可乐配方。

在新可乐推向市场之初，可口可乐公司又斥资 400 万美元，邀请了近 20 万人参加口味测试活动，结果 60% 的消费者认为新可乐比原来的好，52 % 的人认为新可乐比百事好。新可乐的受欢迎程度一下打消了公司高层的顾虑，并投入巨资，帮助瓶装商重改生产线，为新品上市扫清障碍。

起初，新可乐销路不错，似乎取得了成功。然而，反对的浪潮也随之风起云涌，势不可挡。"弗过防之，从或戕之"，顾客的愤怒，并非是因为口味不好，他们认为，99 年秘不示人的可口可乐配方代表了一种传统的美国精神，而热爱传统配方的可口可乐就是美国精神的体现，放弃传统配方的可口可乐意味着背叛。

在西雅图，一群忠于传统可乐的人组成"美国老可乐饮者"组织，策划发起全国范围内的"抵制新可乐运动"。在洛杉矶，顾客威胁说："如果推出新可乐，将再也不买可口可乐。"由于人们预期老可乐会减少，甚至使得老可乐被居为奇货，价格不断上涨。

面对来自四面八方的批评，可口可乐公司不得不开通了83部热线电话，雇请大批公关人员温言安抚愤怒的顾客。压力如潮水般涌来，"往厉必戒"，公司决策者终于动摇了。可口可乐公司最终还是恢复了传统配方的可乐生产。于是，尽管花费数百万美元，进行了长达2年的调查，但最终还是"飞鸟以凶"，彻底失败！

新可口可乐之所以失败，主要是社会调查的偏差，"飞鸟遗音"，因判断失误而白白浪费许多金钱精力，最终一无所获。小过卦强调对小的过失也要谨慎预防，避免"弗过防之，从或戕之"的悲剧。而在过失发生之后，不能自怨自艾，只要及时补救，也不会影响大局。在组织的管理过程中，领导者可以通过控制"不确定性规避"的程度，来调整过失的风险程度。

荷兰著名心理学家吉尔特·霍夫斯泰德用不确定性规避（Uncertainty Avoidance）来描述一个社会对不确定性和模糊环境所感到的威胁的程度。在不确定性规避程度高的社会当中，人们普遍有一种高度的紧迫感和进取心，因而易形成一种努力工作的内心冲动。而在不确定性规避程度低的社会当中，人们则普遍有一种安全感，倾向于放松的生活态度和鼓励冒险的倾向（Hofstede，2006：882–896）。

对于组织来说，一些企业中的雇员推崇明确的指示，并非常乐意接到其主管的具体指令。这些雇员具有高度的不确定性规避，并偏好于回避工作中的模棱两可。而另一些雇员则以相反方式进行反应，因为模棱两可并未威胁到他们对稳定和安全的较低需要。这些雇员甚至可能会在不确定性的工作中如鱼得水。

不确定性规避倾向也会影响一个组织对风险的态度。在一个高不确定性规避的组织中，组织就越趋向建立更多的工作条例、流程或规范以应付不确定性，管理也相对是以工作和任务指向为主，管理者决策多为程序化决策。而在一个弱不确定性规避的组织中，领导者很少强调控制，工作条例和流程规范化和标准化程度也较低。

作为领导者，应当洞察上述两种雇员和两种组织的特点和优劣，根据具体情境利用不同的人才和采取不同的组织管理策略。由此，领导者便可以在保证发展稳定的同时，通过对"不确定性规避"的调控，来激发人们的发展意愿，开辟新的发展境界。在这个过程中，即便出现了一定的过失和挫折，也可以通过相应的措施及时予以补救，使得组织发展保持在良性发展的轨道之上。

参考文献

著 作 类

《楚辞》，林家骊译注，北京：中华书局，2010 年版。

《大戴礼记》，（清）王聘珍、王文锦校点，北京：中华书局，1983 年版。

《大学·中庸》，王国轩译注，北京：中华书局，2006 年版。

《管子》，李山译注，北京：中华书局，2009 年版。

《鹖冠子校注》，黄怀信校注，北京：中华书局，2014 年版。

《淮南子》，顾迁译注，北京：中华书局，2009 年版。

《黄帝内经》，（唐）王冰译注，北京：中医古籍出版社，2003 年版。

《孔子家语》，王国轩、王秀梅译注，北京：中华书局，2009 年版。

《老子》，饶尚宽译注，北京：中华书局，2006 年版。

《礼记正义》，（汉）孔颖达注，（唐）孔颖达正义，吕友仁整理，上海：上海古籍出版社，2008 年版。

《论语》，张燕婴译注，北京：中华书局，2006 年版。

《吕氏春秋》，张双棣译注，北京：中华书局，2007 年版。

《孟子》，万丽华、蓝旭译注，北京：中华书局，2006 年版。

《墨子》，李小龙译注，北京：中华书局，2007 年版。

《尚书》，（唐）孔颖达注解，北京：中华书局，1998 年版。

《诗经》，王秀梅译注，北京：中华书局，2006 年版。

《十三经注疏》，（清）阮元校刻，北京：中华书局，2009 年版。

《孝经译注》，胡平生译注，北京：中华书局，1996 年版。

《荀子》，孙安邦、马银华译注，太原：山西古籍出版社，2003 年版。

《战国策》，廖文远译注，北京：中华书局，2006 年版。

《周易》，马恒君注释，北京：华夏出版社，2014 年版。

《庄子》，孙通海译注，北京：中华书局，2007 年版。

白寿彝：《中国通史》，上海：上海人民出版社，2015 年版。

陈寿：《三国志》，裴松之注，北京：中华书局，2011 年版。

程颐、程颢：《二程集》王孝鱼点校，北京：中华书局，2004 年版。

窦苹：《酒谱》，北京：中华书局，2010 年版。

范晔：《后汉书》北京：中华书局，2007 年版。

冯道：《荣枯鉴》，长春：吉林摄影出版社，2005 年版。

冯友兰：《代祝词》，《周易纵横录》，武汉：湖北人民出版社，1986 年版。

傅佩荣：《乐天知命》，北京：东方出版社，2013 年版。

郭沫若：《郭沫若全集·历史编》，北京：人民出版社，1982 年版。

韩保江：《刀尖上的舞者》，北京：时事出版社，2004 年版。

韩婴：《韩诗外传集释》，许维遹注释，北京：中华书局，1980 年版。

洪应明：《菜根谭》北京：中华书局，2008 年版。

黄铁鹰：《海底捞你学不会》，北京：中信出版社，2011 年版。

黄宗羲：《明夷待访录》，段志强译注，北京：中华书局，2011 年版。

孔颖达：《周易正义》，北京：九州出版社，2009 年版。

雷敏：《当代大学生心理疾病报告》，长沙：中南大学出版社，2005。

黎靖德：《朱子语类》，王星贤译注，北京：中华书局，1986 年版。

李大千：《王传福管理日志》，北京：中信出版社，2011 年版。

李鼎祚：《周易集解》，王鹤鸣、殷子和整理，北京：中央编译出版社，2011 年版。

李光地纂：《周易折中》，刘大钧整理，成都：巴蜀书社，2008 年版。

梁启超：《李鸿章传》，北京：中华书局，2012 年版。

廖名春：《〈周易〉经传十五讲》，北京：北京大学出版社，2012 年版。

林军、华夏：《柳传志的领导智慧》，杭州：浙江大学出版社，2011 年版。

林军：《沸腾十五年》，北京：中信出版社，2009 年版。

刘大钧：《周易概论》，成都：巴蜀书社，2008 年版。

刘松博编著：《领导学》，北京：中国人民大学出版社，2013 年版。

刘子华：《八卦宇宙论与现代天文》，成都：四川科技出版，1989 年版。

罗贯中：《三国演义》，北京：中华书局，2009 年版。

毛泽东：《毛泽东选集》第 5 卷，北京：人民出版社，1977 年版。

欧阳修：《欧阳修集》，太原：山西古籍出版社，2006 年版。

邱霈恩：《领导学》，北京：中国人民大学出版社，2004 年版。

商业周刊（台北）：《给未来领袖的 9 封信》，上海：上海三联书店，2011 年版。

史岚：《世界著名 CEO 成功模式》，北京：机械工业出版社，2005 年版。

史占中：《企业战略联盟》，上海：上海财经大学出版社，2001 年版。

司马光编：《资治通鉴》，北京：中华书局，2009 年版。

司马迁：《史记》，北京：中华书局，2006 年版。

苏轼：《东坡易传》，长春：吉林文史出版社，2002 年版。

苏洵：《权书》，北京：民族出版社，2000 年版。

孙健、王东：《中国四大企业的管理模式》，北京：企业管理出版社，2007 年版。

孙武：《孙子兵法》，郭化若译注，上海：上海古籍出版社，2006 年版。

汤显祖：《牡丹亭》，徐朔方、杨笑杨校注，北京：人民文学出版社，2005 年版。

唐晋主编：《大国崛起》，北京：人民出版社，2006 年版。

王充：《论衡》，长沙：岳麓书社，2006 年版。

王定保：《唐摭言》，阳羡生校点，上海：上海古籍出版社，2012 年版。

王夫之：《张子正蒙注》，北京：中华书局，2009 年版。

王辉：《组织中的领导学》，北京：北京大学出版社，2008 年版。

文中子：《止学》，马树全译注，海口：南方出版社，2005 年版。

吴晓波：《大败局Ⅰ》，杭州：浙江大学出版社，2015 年版。

吴晓波：《大败局Ⅱ》，杭州：浙江大学出版社，2015 年版。

吴晓波：《历代经济变革得失》，杭州：浙江大学出版社，2013 年版。

徐道一：《周易科学观》，北京：地震出版社，1992 年版。

徐明天：《春天的故事：深圳创业史 1979—2009》，中信出版社，2009 年版。

许一：《柔性领导：21 世纪有效领导要诀》，北京：经济管理出版社，2009 年版。

杨万里：《诚斋易传》北京：九州出版社，2008 年版。

叶光森、刘红强编著：《世界顶级 CEO 的商道智慧》，北京：华夏出版社，2009 年版。

张潮：《幽梦影》，王峰评注，北京：中华书局，2008 年版。

张宁：《金科玉律》，太原：山西经济出版社，2009 年版。

张朋：《周易趣谈》，上海：上海辞书出版社，2007 年版。

朱伯崑：《易学哲学史》第一卷，北京：华夏出版社，1995 年版。

朱熹、吕祖谦：《近思录》，查洪德译注，郑州：中州古籍出版社，2008 年版。

朱熹：《周易本义》，廖名春译注：北京：中华书局，2009 年版。

庄汉山、张慧：《领导科学专题与案例》，广州：暨南大学出版社，2000 年版。

左丘明：《左传》，太原：山西古籍出版，2004 年版。

［美］比尔·乔治、彼得·西蒙斯：《真北》，刘祥亚译，广州：广州经济出版社，2014 年版。

［美］彼得·德鲁克：《管理任务责任和实践》，余向华译，北京：华夏出版社，2008 年版。

［美］成中英：《易学本体论》，北京：北京大学出版社，2006 年版。

［美］加里·尤克尔：《组织领导学（第五版）》，陶文昭译，北京：中国人民大学出版社，2004 年版。

［美］理查德·L·达夫特：《领导学》，杨斌等译，北京：电子工业出版社，2014 年版。

［美］罗恩·彻诺：《摩根财团》，金立群译，南京：江苏文艺出版社，2014 年版。

［美］诺曼·R·奥古斯丁等著：《危机管理》，李莉译，北京：中国人民大学出版社，2004 年版。

［美］乔恩·L·皮尔斯、约翰·W·纽斯特罗姆编，马志英等译：《领导力：阅读与练习》，北京：中国人民大学出版社，2009 年版，第 571 页。

［美］沃尔特·艾萨克森：《史蒂夫·乔布斯传》，管延圻等译，北京：中信出版社，2011 年版。

［美］约翰·C·马克斯韦尔：《领导力提升训练手册》，北京：新华出版社，2004 年版。

[美]约瑟夫·熊彼特：《增长财富论——创新发展理论》，李默译，西安：陕西师范大学出版社，2007年版。

[美]詹姆斯·柯林斯、[美]杰里·波勒斯：《基业长青》，真如译，北京：中信出版社，2006年版。

[英]迪克·威尔逊：《周恩来》，北京：中央文献出版社，2000年版。

[英]理查德·伊文思：《邓小平传》，田山译，北京：国际文化出版公司，2013年版。

论 文 类

程超、顾建华、安国祥：《通用汽车破产案例研究》，载《中国商界》，2010年第3期。

成中英、吕力：《成中英教授论管理哲学的概念、体系、结构与中国管理哲学》，载《管理学报》，2012年第8期。

冯大鸣：《分布式领导理论的教育管理意》，载《现代基础教育研究》，2012年第12期。

黎红雷：《"中庸"本义及其管理哲学价值》，载《孔子研究》，2013第3期。

李杨：《微软中国：从价值观到全员领导力》，载《中欧商业评论》，2009年第4期。

刘宏军、王缨：《麦肯锡：让知识100%立方》，载《中外管理》，2004年第1期。

吕山峰：《中外科学家与〈易经〉》，载《教育与发展》，2011年第4期。

吴齐华：《在多元与专业之间摇摆》，载《IT经理世界》，1999年第24期。

岳淼：《"经营之神"宗庆后》，载《环球企业家》，2013年第3期。

郑伯壎、周丽芳、樊景立：《家长式领导量表：三元模式的建构与测量》，载《本土心理学研究》，2000年第14期。

英 文 类

1. 英文著作类

[1]Abraham Harold Maslow, *Motivation and Personality,* New York: Harper& Row, 1954.

[2]Albert Bandura, *Social Learning Theory*, Englewood Cliffs, NJ: Prentice Hall, 1977.

[3]Charles C. Manz and Henry P. Sims, Jr., *The New Super Leadership: Leading Others to Lead Themselves*, San Francisco, CA: Berrett-Koehler Publishers, 2001.

[4]Chris Argyris, *Organizational Traps: Leadership, Culture, Organizational Design*, Oxford: Oxford University Press, 2010.

[5]David B.Audretsch and Albert N. Link, *Valuing an Entrepreneurial Enterprise*, New York: Oxford University Press, 2012.

[6]Douglas Mcgregor, *The Human Side of Enterprise*, Columbus, OH: McGraw-Hill Education, 1960.

[7]Edgar Schein, *Organizational Culture and Leadership,* Wiley: Jossey-Bass, 2004.

[8]Edwin P. Hollander, *Emergent Leadership and Social Influence,* New York: Holt, 1961.

[9]Frederick Winslow Taylor, *The Principles of Scientific Management*, New York and London: Harper & Brothers, 1911.

[10]Jay A. Conger and Rabindra N. Kanungo, *Charismatic Leadership: The Elusive Factor in Organizational Effectiveness,* Wiley: Jossey-Bass, 1988.

[11]Kurt Lewin, *Resolving Social Conflicts*, Washington D.C.: American Psychological Association, 2006.

[12]Michael J. Sandel, *Justice: What's The Right Thing To Do?*, New York: Farrar, Straus and Giroux, 2009.

[13]R. Edward Freeman, *Strategic Management: A Stakeholder Approach*, Boston MA: Pitman, 1984.

[14]Robert K. Greenleaf, Et al, *Servant Leadership : A Journey into The Nature of Legitimate Power and Greatness，* New Jersey: Paulist Press,2002.

[15]Robert Kelley, *The Power of Followership*, New York: Doubleday Business,1992.

[16]Robert R.Blake and Anne A. McCanse, *Leadership Dilemmas - Grid Solutions*, Houston: Gulf Publishing Company, 1991.

[17]Robert R. Blakeand Jane S. Mouton, *The Managerial Grid*, Houston: Gulf Publishing Company, 1964.

[18]Robert Rogers Blake and Anne Adams McCanse, *The Leadership Grid Figure from Leadership Dilemma-Grid Solutions,*Houston: Gulf Publishing Company, 1991.

[19]Sydney Finkelstein, Donald C. Hambrick and Albert A.Cannella, *Strategic Leadership: Theory and Research on Executives, Top Management Teams, and Boards*, London: Oxford University Press, 2009.

[20]Victor Harold Vroom, *Work and Motivation*, New York: Wiley, 1964.

2. 英文论文类

[1]Ajay K. Kohli and Bernard J. Jaworski,"Market Orientation: The Construct, Research Propositions and ManagerialImplications", *Journal of Marketing*, Vol.54, No.2, 1990, pp.1-18.

[2]Coimbatore Krishnarao Prahalad and Gary Hamel, "The Core Competence of The Corporation", *Harvard Business Review*, Vol.68, No.3, 1990, pp.79-91.

[3]David Otley,"The Contingency Theory of Management Accounting: Achievement and Prognosis", A*ccounting Organizations and Society*, Vol.5, No.4, 1980,pp. 413-428.

[4]Gary Yukl, "An Evaluation of Conceptual Weaknesses in Transformational and Charismatic Leadership Theories", *Leadership Quarterly*,Vol.10,No.2, 1999, pp.285-305.

[5]Geert Hofstede, "Cultural Dimensions in Management and Planning",*Asia Pacific Journal of Management*, Vol. 1, No. 2,1984, pp. 81-99.

[6]Geert Hofstede, "What did GLOBE Really Measure? Researchers' Minds Versus Respondents' Mind", *Journal of International Business Studies*, Vol.37, No.6, 2006, pp. 882-896.

[7]Heinz Kohut and Ernest S. Wolf, "The Disorders of the Self and their Treatment: An Outline", *International Journal of Psycho-Analysis*, Vol.59, No. 4, 1978, pp.413-425.

[8]Jacob Kounin and Paul V. Gump, "The Ripple Effect in Discipline", *The Elementary*

School Journal, Vol. 59, No. 3, 1958, pp. 158-162.

[9]Jeff Magee and Carrie A. Langner, "How Personalized and Socialized Power Motivation Facilitate Antisocial and Prosocial Decision-Making", *Journal of Research in Personality*, Vol. 42, No. 6,2008,pp. 1547-1559.

[10]Jeffrey Travers and Stanley Milgram, "An Experimental Study of the Small World Problem",*Sociometry*, Vol. 32, No. 4, 1969, pp.425-443

[11]John L. Holland, "A Personality Inventory Employing Occupational Titles", *Journal of Applied Psychology*, Vol. 42, No. 5, 1958, pp. 336-342.

[12]John Kotter,"Choosing Strategies for Change", *Harvard Business Review*, Vol.57, No.2, 1979.

[13]Kevin Lane Keller, "Brand Synthesis: The Multidimensionality of Brand Knowledge", *Journal of Consumer Research*, Vol. 29, No. 4,2003,pp.595-600.

[14]Linda Klebe Trevino, Laura Pincus Hartman and Michael Brown, "Moral Person and Moral Manager:How Executives Develop a Reputation for Ethical Leadership", *California Management Review*,Vol.42, No. 4,2000, pp. 72-74.

[15]Michael Hammer,"Reengineering Work: Don't Automate, Obliterate",*Harvard Business Review*, July-August 1990.

[16]Peter F. Drucker, "The Practice of Management", *Industrial and Labor Relations Review*, Vol.17,No.3,1968, pp.13-15.

[17]Philip Anderson, "Complexity Theory and Organization Science", *Organization Science*, Vol.10, No.3, 1999, pp. 216-232.

[18]Raymond Vernon, "Passing Through Regionalism: The Transition to Global Markets", *The World Economy*, Vol.19, No.6, 1996, pp.621-633.

[19]Robert J. House and Ram N. Aditya, "The Social Scientific Study of Leadership: Quo Vadis", *Journal of Management*, Vol.23, No.3, 1997, pp.409-473.

[20]Robin Dunbar, "Coevolution of Neocortical Size, Group Size and Language in Humans", *Behavioral and Brain Sciences*, Vol.16, No.4, 2009, pp. 681-694.

[21]Swinder Janda, Philip J.Trocchia and Kevin P.Gwinner, "Consumer Perceptions of Internet Retail Service Quality",*International Journal of Service Industry*

Management,Vol. 13, No. 5, 2002, pp. 412-431.

[22]Theodore Levitt, "The Globalization of Markets", *Harvard Business Review*, May–June 1983.

[21]William Ouchi, "Theory Z: How American Business Can Meet The Japanese Challenge", *Business Horizons*, Vol.24, No.6, 1981, pp.82-83.

[22]Xu Huang, Joyce Iun,Aili Liu and Yaping Gong, "Does Participative Leadership Enhance Work Performance by Inducing Empowerment or Trust? The Differential Effects on Managerial and Non–managerial Subordinates", *Journal of Organizational Behavior*, Vol.31, No.1, 2010, pp.122-143.

后　记

　　《周易》三易中的要义之一是简易，然而，想要简易地解读《周易》其实并不容易。《周易》是中国文化的源头，然而多数普通人往往会望《易》却步。本书的初衷就是，讲人们能够听懂、可以实践的周易领导力——易行领导力。但是，本书仅仅是努力的开始。从这本书的写作一开始，我就陷入了深深的焦虑当中，因为《周易》确实不易。尽管笔者力图做到用容易的文字来讨论《周易》，然而《周易》本身的厚重和严肃又让作者不能太轻松地去讨论易行领导力。这样的悖论一直在折磨着笔者。

　　另一个需要在后记回答的问题是，为什么研究《周易》？我的专业是政治学，近年来我在学术上着力的主要方向是比较政治和全球治理的研究。乍一看，这两者与《周易》似乎有相当大的距离。这里可以简单予以说明的是，在多年对西学的学习和研究之中，我日益感受到作为"地方性知识"的中国学的普遍性意义。譬如，《周易》的"阴"和"阳"的概念可以转化为"被动力"和"主动力"，而这一对概念对自然世界和社会世界都有非常强的解释力。另外，从《周易》中延伸出的"天时"、"地利"、"人和"概念，则可以提供一个新的结构政治学框架，这一框架比西方政治学中的结构（Structure）与行动者（Agent）的维度更周延，也更有意义。"天时"中的 timing 含义、"地利"中的 location 含义，都可以为历史社会学和比较历史分析的发展提供灵感。再者，《周易》中的周期和波段变化对解释社会世界也有重要启发。当然，这些内容还需要进一步的理论化。

　　本书的主要观照并不是理论研究，而是尝试把《周易》与西方现代领导理论做一种浅显易懂的会通。近年来，我在华东政法大学给本科生开了"周易与领导力"这样的课程。出版这本书，一则希望可以为课程准备一个较为完整的讲义和教材，二则希望把近年来的一些理解和思考整理出来，与大家共勉。当然，我的这些学习成果还较为粗浅，仍需大家批评指正。

我在知识上的进步与我的几位授业恩师俞可平教授、沈丁立教授、李路曲教授、丁建顺教授密切相关。俞老师、沈老师和李老师都是西学大家，同时他们对国学知识的开放与包容的态度一直激励着我不断学习前进。丁老师经常在茶余饭后用他在中华人文艺术史上的深厚造诣点拨我。丁老师是易学大家洪丕谟先生的高足。洪先生已经远去多年，然而在与丁老师的交流中，我也能多次感受到洪先生在治学上的严谨与真诚。这里还要特别感谢徐达华先生。徐先生是我生命中的贵人。徐先生特别强调中华文明对于世界的特殊意义，这使得我更加深入地学习国学知识。

这本书也是我在华东政法大学政治学研究院推动的"国学创新系列"中的一个阶段性成果。在另一个项目《国学中的领导力》中，我的同事阙天舒副教授、章远副教授、汪仕凯副教授、王金良讲师、吉磊讲师、游腾飞讲师、严行健讲师、郝诗楠讲师、杜欢讲师、花勇讲师以及王捷讲师等都贡献了热情与智慧。我们的研究生非常投入地参与了我院组织的一系列活动。这些研究生包括王建新、王海峰、陈建林、张佳威、蔡鑫、张晨阳、王子帅、王国伟、张瑞丹、任海燕、张剑波、李松、李阳、龚昊旻、武宇琪、郝巧英、周变霞、卢梦琳、王杨、刘秀梅、张结斌、李欢、孟必康、李虹、王威、王冠亚、张鹏、孙艺轩、潘显明、马俊英、杨靖新、靳艳霞、江培等。这里要特别提及的是李欢。李欢是一位在国学领域有超常造诣的研究生，他帮助我收集了大量相关的资料，并高效地协助我完成了这本书的写作。这本书的完成是一项集体工作。多名在绘画领域有杰出表现的华政本科生都参与这本书的创作，这些学生包括赵洁、马婧奕、文佳、陈佳莘、陈郁欣、何心月。此外，还要感谢王国伟发起和组织的"同人国学社"的本科生们：毛琦凤、刘伊扬、李心雨、李晓星、邹浩、张莹莹、张海燕、顾昊天、黄琳、琚思超、廖丹雨、魏诗洁。这些同学对国学知识的兴趣和探求一次次感动着我，也鼓励我快乐前行。

感谢我的妻子、女儿和两方父母。妻子张宪丽女士在繁重的博士学习工作之余，承担了大量的家务工作，特别是对女儿的养育和教导。张宪丽女士的专业是社会学和法学，她经常用这两个领域的知识与我对话，使得我可以在较为开阔的知识背景下理解国学。女儿高墨涵对各种新鲜事物的好奇和发问，总会激发我对国学知识的思考。我的父母（讳高玉明和宋俊香）和岳父母（讳张康锁和刘雪琴）都帮助我们分担了许多家庭工作，这使我可以有充裕的时间徜徉在国学的知识之中。

在这个著作的编辑和出版过程中，得到出版社孔令钢等编辑的鼎力帮助。孔老师高效的工作节奏、严谨的编辑态度、对文字精准的要求，让我受益匪浅。

在此，我谨向所有曾经给予我支持和帮助的老师、领导、同仁、朋友和家人，表示衷心的感谢！

高奇琦

2016 年 6 月 9 日于华东政法大学